FACULTÉ DE DROIT

THÈSE
POUR LE DOCTORAT

SOUTENUE

le mercredi 6 décembre 1871, à midi

PAR

JULES-JOSEPH-EDMOND MILLET

AVOCAT A LA COUR D'APPEL DE PARIS

PARIS

TYPOGRAPHIE LAHURE

9, RUE DE FLEURUS, 9

—

1871

DE L'ERREUR

ET

DE LA BONNE FOI

FACULTÉ DE DROIT DE PARIS

DE L'ERREUR
ET
DE LA BONNE FOI
EN DROIT ROMAIN ET EN DROIT FRANÇAIS

THÈSE POUR LE DOCTORAT

SOUTENUE

Le mercredi 6 decembre 1871, à midi

PAR

Jules-Joseph-Edmond MILLET
avocat à la Cour d'appel de Paris.

Né à Pontoise (Seine-et-Oise) le 23 juin 1847.

(Concours de licence, 1865, Droit français, 3ᵉ mention æquo.)

President : M. COLMET DE SANTERRE.

Suffragants } MM. VALETTE,
MACHELARD, } *Professeurs*
RATAUD,
BOISTEL, } *Agrégé*

PARIS

TYPOGRAPHIE LAHURE

RUE DE FLEURUS, 9

1871

A MON PÈRE, A MA MÈRE

A LA MÉMOIRE DE MES GRANDS-PARENTS

A MES PARENTS

A MES AMIS

INTRODUCTION.

La volonté humaine, envisagée dans les caracteres qu'elle doit réunir et dans la manière dont elle doit se manifester pour être juridiquement efficace, tient une grande place dans l'étude du droit. Elle est, en effet, la source de presque tous les rapports juridiques. En laissant de côté les matières dans lesquelles l'ordre public se trouve intéressé, c'est un grand principe que nul ne peut acquérir la propriété ou le droit réel qu'il n'a pas, perdre la propriété ou le droit réel qu'il a, s'obliger à faire ou à ne pas faire une chose, ou y obliger autrui envers lui sans un acte de sa volonté, d'où résulte directement ou implicitement son consentement à l'acquisition, à l'aliénation ou à l'obligation.

Mais toute volonté ne suffit pas pour pouvoir produire un effet juridique; il faut de plus que le consentement ne soit pas entaché de certains vices qui, sans le détruire absolument, diminuent

son efficacité et altèrent plus ou moins profondément l'acte juridique auquel il donne naissance. Ces
vices sont la violence, le dol et l'erreur. L'erreur
sera l'objet de cette étude; nous rechercherons dans
quels cas et de quelle manière elle modifie les effets
ordinaires du consentement.

Bossuet a dit : « Errer, c'est croire ce qui n'est pas;
ignorer, c'est simplement ne le savoir pas. » Il y a
donc là deux états de notre intelligence, tous deux
imparfaits, qu'il ne faut pas confondre : l'ignorance
et l'erreur. L'une est l'absence de toute idée sur un
certain point ; l'autre est l'existence d'une idée fausse.
L'erreur rentre donc dans l'ignorance; c'est comme
une ignorance qualifiée, aggravée ; elle se rencontre
dans la pratique beaucoup plus souvent que l'ignorance pure et simple. Toutefois, s'il importait au
point de vue théorique de les distinguer soigneusement au début de cette étude, il faut reconnaître
qu'en droit il n'y a aucun intérêt pratique à rechercher s'il y a, dans telle ou telle hypothèse donnée,
erreur ou simple ignorance. Nous suivrons donc
l'exemple de la loi et de tous les jurisconsultes qui,
sous le nom commun tantôt d'erreur et tantôt d'ignorance, parlent de ces deux états pour les soumettre
aux mêmes règles.

Si nous recherchons quelle est, en général, l'influence de l'erreur sur les actes juridiques, nous
voyons, le plus souvent, une personne qui, ayant
donné son consentement dans la croyance d'un fait qui
n'est pas, et découvrant plus tard son erreur, veut

échapper aux conséquences préjudiciables de l'acte qu'elle a ainsi imprudemment consenti; ainsi, l'erreur agit dans la plupart des cas comme une cause de nullité : l'une des parties n'ayant donné son consentement que dans l'ignorance d'un fait dont la connaissance l'eût empêchée de consentir, le contrat ou l'acte unilatéral de volonté qui avait créé un rapport de droit est rescindé, et le rapport de droit ne naît pas, ou, s'il avait déjà produit des effets, on revient sur ces effets, et les choses sont remises au même état que si le consentement n'eût pas été donné. Mais il est des cas où l'effet de l'erreur est tout différent, où, au lieu d'entraîner la nullité de l'acte, elle valide, au contraire, un acte qui serait nul si les parties ou l'une d'elles eussent exactement connu la réalité des faits; elle procure à celui qui est tombé dans l'erreur un avantage auquel il n'aurait eu aucun droit s'il ne s'était pas trompé. Envisagée sous ce rapport, l'erreur prend le nom de bonne foi, et produit des effets très-importants, comme nous le verrons par la suite.

DROIT ROMAIN.

L'étude de l'erreur dans le droit romain se ressent nécessairement du caractère général de cette législation. Logiciens admirables, mais plus formalistes, plus matérialistes, pour ainsi dire, surtout à l'origine, que les jurisconsultes modernes, les Romains n'ont approfondi nulle part la matière de l'erreur. Dans l'étude des faits d'où naissent les rapports juridiques, ce qui les a le plus arrêtés, c'est l'élément matériel, le détail des paroles à prononcer, des gestes à faire; de là vient que nous trouvons dans les Institutes tant de détails relatifs aux formes de la stipulation et que nous n'y trouvons pas une théorie générale des effets de l'erreur dans les contrats. Nous allons nous efforcer de combler cette lacune, en groupant autant que possible dans un ordre logique les diverses décisions de détail qui sont éparses dans tous les monuments du droit romain.

Certains textes semblent donner comme un prin-

cipe incontestable que l'erreur détruit complétement
le consentement : « Non consentiunt, qui errant :
quid enim tam contrarium consensui est, quam error, qui imperitiam detegit? » (Ulpien et Julien, loi 15
au Digeste, *de Juris dictione*, liv. II, tit. I.) « Non
videntur qui errant consentire. » (Ulpien, loi 116,
§ 2 au Dig., *de Regulis juris*, L. XVII. Voir aussi dans
le même sens la loi 20 au Dig., XXXIX, III, et la loi 2
au *Principium Dig.* V, I.) S'il était possible de
prendre à la lettre ce qu'Ulpien et Julien nous présentent ici comme un axiome, rien ne serait plus
simple que notre matière, et, dès que, dans un contrat, l'une des parties serait tombée dans une erreur
quelconque, on serait en droit d'annuler tout le
contrat pour défaut absolu de consentement. Mais il
n'en est pas ainsi, et cette interprétation irait manifestement contre la pensée des jurisconsultes de qui
émanent ces fragments : si l'erreur par elle-même
était absolument destructive du consentement, les
jurisconsultes ne se seraient pas donné la peine d'or-
ganiser une théorie du dol. Le dol, en effet, n'est
qu'une espèce d'erreur : c'est l'erreur aggravée par
cette circonstance, qu'elle a été amenée dans l'esprit de l'une des parties par les manœuvres frauduleuses de l'autre partie. Si l'erreur par elle-même,
indépendamment de ces manœuvres, suffisait pour
frapper le contrat d'une nullité absolue, l'existence
du dol ne nous serait pas présentée par tous les jurisconsultes comme une circonstance importante et
décisive pour entraîner la nullité des contrats dans

les cas où l'erreur pure et simple n'aurait pas cet effet.

Il est deux sortes d'erreur que les jurisconsultes romains, et leurs commentateurs après eux, ont toujours soigneusement distinguées : ce sont l'erreur de fait et l'erreur de droit.

Beaucoup de lois font une différence entre ces deux sortes d'erreur, en disant : Dans telle ou telle espèce, l'erreur de fait profite, l'erreur de droit ne profite pas; l'erreur de fait ne nuit pas, l'erreur de droit nuit. (Voir au Dig. les lois 2, 4, 8, 9, *De juris et facti ignorantia*, XXII, VI.) La loi 2 nous donne même en quelque sorte la raison de la différence : « In omni parte error in jure non eodem loco, quo facti ignorantia, haberi debebit : cum jus finitum et possit esse, et debeat; facti interpretatio plerumque etiam prudentissimos fallat. » En toute matière, l'erreur de droit ne devra pas être traitée de la même manière que l'erreur de fait, car le droit est et doit être borné, tandis que l'interprétation des faits trompe le plus souvent les gens même les plus expérimentés. Nous avons donc à rechercher en quoi consistent ces deux branches de l'erreur, et quelle importance pratique il convient d'attacher à cette distinction.

Et d'abord, dans quels cas y a-t-il erreur de fait? Dans quel cas erreur de droit? Sur ce point, les textes du droit romain ne s'expriment que par exemples, et aucun ne nous donne une formule théorique. Il nous faut donc recourir aux commenta-

teurs : Mühlenbruch (*Doctrina Pandectarum*, § 95)
nous dit : « Factum id intelligimus, quodcumque
non ad juris objectivi nomen referri potest, adeoque
error facti vel de personis est, vel de rebus, vel de
jure subjectivo, denique de eventibus factisque, ut
proprie dicuntur ; quo in genere et facti proprii et
alieni error distinguitur. » Notre division de l'erreur
se rattache donc à la distinction du droit objectif et
du droit subjectif. Le droit est objectif quand il est
envisagé en lui-même d'une manière abstraite et indépendamment des faits auxquels il doit s'appliquer ;
il est subjectif, au contraire, quand il n'est considéré que d'une manière concrète dans son application à telle ou telle hypothèse déterminée. L'erreur
est une erreur de droit quand c'est le droit lui-
même, la législation établie, que l'on ignore ; c'est
une erreur de fait, quand on s'est trompé sur les
faits auxquels doit s'appliquer la règle de droit.

Doneau (première partie, chap. IX) développe la
même idée en termes beaucoup plus clairs, que
nous allons résumer : Tout droit, réel ou personnel,
toute action, toute exception a son origine, sa source,
dans certaines causes auxquelles la loi a attribué
l'effet de faire naître dans tel ou tel cas, tel ou tel
rapport de droit. Ces causes sont les faits antérieurs
à raison desquels la loi accorde tel ou tel effet de
droit. Quand une personne est dans l'erreur, de
deux choses l'une, ou, sachant très-bien que tel
droit naît quand certains faits se sont rencontrés,
elle ignore la réalisation des faits dont l'existence

est nécessaire à la formation du rapport de droit; alors son erreur est une erreur de fait; ou bien, sachant que tels et tels faits se sont produits, elle ignore l'efficacité que la loi a attachée à ces faits de produire un effet de droit, et, dans ce cas, elle est dans une erreur de droit. Quelques exemples empruntés aux textes vont bien faire ressortir cette idée : d'après la loi, quand un citoyen meurt ayant fait un testament régulier, l'héritier institué peut demander au préteur la *Bonorum possessio secundum tabulas*. Si l'héritier institué ignore la mort du testateur ou l'existence d'un testament régulier dans lequel il est institué, il est dans une erreur de fait, d'où Paul conclut que le temps pendant lequel on peut demander la *Bonorum possessio* ne court pas contre lui (Dig., Loi 2, § 1, *de j. et f. ign.*, XXII, VI). Si au contraire, sachant que le testateur est mort et que le testament existe à son profit, il ne croit pas ces faits suffisants pour l'autoriser à demander la *Bonorum possessio*, son erreur est une erreur de droit, et le délai court contre lui.

Autre exemple : La loi 2, § 15 (Dig., *pro emptore*, XLI, IV) s'exprime ainsi : « Si a pupillo emero sine tutoris auctoritate, quem puberem esse putem, dicimus usucapionem sequi : ut hic plus sit in re, quam in existimatione; quod si scias pupillum esse, putes tamen pupillis licere res suas sine tutoris auctoritate administrare, non capies usu, quia juris error nulli prodest; § 16 : Si a furioso, quem putem sanæ mentis, emero, constitit usucapere me posse; dans cette der-

nière hypothèse encore, il n'y a qu'une erreur dé
fait, il y aurait erreur de droit, et l'usucapion serait
impossible, si, sachant que le vendeur était fou,
l'acheteur avait cru qu'un fou pouvait aliéner un
de ses biens sans le consentement de son curateur
(voy. d'autres exemples : Dig , *de j. et f. ign.*, XXII,
VI, Loi 1, § 2, 3, 4).

Nous savons maintenant exactement en quoi consistent l'erreur de fait et l'erreur de droit. Voyons
quelle importance les jurisconsultes romains atta-
chaient à cette distinction, et sur quelles raisons ils
s'appuyaient. Au premier abord, cette importance
paraît énorme. Nous avons déjà cité plusieurs lois
d'où il semble résulter qu'en règle générale l'erreur
de fait est admise comme excuse, comme motif suffisant pour procurer un avantage à celui qui s'est
trompé, ou pour lui épargner les conséquences préjudiciables d'un acte qu'il a fait sous l'influence de
l'erreur, tandis que l'erreur de droit, moins favorablement traitée, n'est considérée comme une excuse
qu'à l'égard de certaines personnes, auxquelles, par
un privilége spécial, il est permis d'ignorer le droit.
Nous avons même déjà vu dans un fragment de Nératius (Loi 2, D., *de j. et f. ign.*) l'idée qui a fait admettre cette différence. Tout le monde doit connaître
le droit, qui est établi pour que tout le monde lui
obéisse; c'est une idée qu'on rencontre souvent dans
les textes relatifs à notre matière : « Constitutiones
principum nec ignorare quemquam, nec dissimulare
permittimus, » disent les empereurs Valentinien,

Théodose et Arcadius dans la loi 12 au Code *de j.
et f. ign.*, I. XVIII. Leges sacratissimæ, quæ constringunt hominum vitas, intelligi ab omnibus debent, ut universi, præscripto earum manifestius cognito, vel inhibita declinent, vel permissa sectentur »
(Valentinien et Marcien, Loi 9, C. *de legibus et constitutionibus principum et edictis*, I, XIV). Ainsi, dans les idées romaines, tout le monde doit connaître les lois, et celui qui les ignore est inexcusable. Il semblerait même, d'après certains passages, que rien n'est plus facile que de savoir le droit : « Sciant, » nous disent Sévère et Antonin dans un rescrit cité par Paul dans la Loi 4, § 5, D., *de j. et f. ign.*, « ignorantiam facti, non juris, prodesse, » et le jurisconsulte ajoute durement : « nec stultis solere succurri, sed errantibus. » Nous verrons bientôt quelle portée exacte il faut attribuer à ces principes.

Si le droit, comme dit Nératius, est renfermé dans certaines limites précises, les faits sont de leur nature tellement variés et multiples, qu'il est impossible de ne pas s'y tromper, et que les hommes les plus expérimentés s'y méprennent le plus souvent. On ne peut donc pas exiger des citoyens la connaissance des faits comme on exige la connaissance du droit. Voilà pourquoi les Romains ont si complétement séparé l'erreur de fait de l'erreur de droit, excusant facilement la première et réservant pour la seconde toute leur sévérité. Voyons si cette distinction, telle que nous l'avons exposée jusqu'ici, n'est pas trop absolue.

Déclarer en principe que tout le monde doit savoir

le droit, que toute erreur de droit est inexcusable,
que toute erreur de fait au contraire est excusable,
c'est évidemment poser une règle trop absolue, et
souvent injuste; aussi les jurisconsultes durent-ils,
dans l'application, mitiger leur principe dans les
deux sens, déclarant souvent des erreurs de droit ex-
cusables, et souvent aussi des erreurs de fait inexcu-
sables. Ainsi, certaines personnes, à raison de leur
sexe, de leur âge, de leur profession (femmes, mineurs, soldats, paysans) furent dispensées de savoir
le droit, d'une manière plus ou moins large, et l'erreur de droit, quant à elles, fut traitée comme l'erreur de fait. On reconnut qu'il n'était pas possible
d'obliger tout le monde à savoir le droit, et que
ceux qui n'en avaient pas fait l'étude spéciale n'é-
taient en faute que s'ils avaient négligé de consulter
un homme instruit : « Juris ignorantiam non prodesse Labeo ita accipiendum existimat, si Juriscon-
sulti copiam haberet, vel sua prudentia instructus
sit : ut, cui facile sit scire, ei detrimento sit juris
ignorantia, quod raro accipiendum est. » (L. 9, § 3.
D. *de j. et f. ign.* V. dans le même sens la loi 10
Dig. *de bonorum possessionibus*, XXXVII. I et la loi
2 § 5, Dig. *quis ordo in possessionibus servetur*,
XXXVII. XV). Celui-là seul était donc inexcusable
de commettre une erreur de droit, qui connaissait
lui-même les affaires, ou, ne les connaissant pas personnellement, avait négligé, quand il le pouvait, de
consulter un homme instruit. Même pour les jurisconsultes, on admit la possibilité d'une erreur de

droit excusable sur les points controversés; il est en
effet bien des points de droit sur lesquels les auteurs
sont assez divisés pour qu'il soit permis de se tromper; et, parce qu'on n'a pas suivi l'opinion qui devait triompher devant le magistrat, on n'en est pas
moins bien souvent un très-bon jurisconsulte; il est
donc juste qu'on puisse se faire excuser si on est tombé
dans une erreur de ce genre.

Réciproquement, il est certaines erreurs de fait
qu'on ne peut guère excuser : par exemple, celle de
l'homme qui ignore son propre fait, son propre état,
est bien trop grossière pour qu'on y attache la
moindre faveur; de même, l'erreur qui porte sur
un point étranger à la personne qui se trompe, mais
très-facile à vérifier, si l'on ignore ce qui est de no-
toriété publique dans le pays. C'est ce que dit Paul
(Loi 9, § 2. Dig. *de j. et f. ign.*) : « Facti ignorantia
ita demum cuique non nocet, si non ei summa negligentia objiciatur : quid enim si omnes in civitate
sciant, quod ille solus ignorat? Et recte Labeo definit,
scientiam neque curiosissimi, neque negligentissimi
hominis accipiendam; verum ejus qui eam rem dili-
genter inquirendo notam habere possit. » Cette ignorance grossière, produit d'une excessive négligence,
est désignée sous le nom d'« ignorantia supina. »
Comme le dit Ulpien (L. 6, D. *de j. et f. ign.*) : « Nec
supina ignorantia ferenda est factum ignorantis, ut
nec scrupulosa inquisitio exigenda : scientia enim hoc
modo æstimanda est, ut neque negligentia crassa,
aut nimia securitas satis expedita sit, neque delatoria

curiositas exigatur. L'« ignorantia supina » n'est en quelque sorte plus une erreur ordinaire; on ne la comprend pas dans les lois qui parlent en termes généraux de l'erreur ou de l'ignorance, de même que dans l'édit « quod metus causa » on ne considère pas comme une crainte rentrant dans les termes de l'édit les craintes chimériques d'un esprit timoré, de même que la faute lourde, celle que l'on ne commet pas dans la gestion de ses affaires, n'est pas considérée comme une faute, mais comme un dol, l'eût-on commise de bonne foi, quand il s'agit de la gestion du bien d'autrui. (Voir les lois 5 et 6, D. *quod metus causa*, IV. 11 et 184 D. *de regulis juris*, L. XVII).

De tout ce que nous venons de dire relativement à l'erreur de fait et à l'erreur de droit et de tous les tempéraments que les jurisconsultes ont dû apporter à la rigueur primitive de leurs principes sur ce point, il résulte que cette distinction entre l'erreur de fait et l'erreur de droit a perdu à peu près toute son importance, et l'on peut dire que l'erreur de fait est excusable en général, et peut être invoquée parce qu'elle n'implique généralement aucune idée de faute grave, et que l'erreur de droit est inexcusable en général parce qu'on y tombe presque toujours par suite d'une excessive négligence, sauf à permettre de l'invoquer si, en fait, celui qui y est tombé était, par exception, exempt de faute grave. Tout se réduit donc au fond à une question de faute.

M. de Savigny, qui admet parfaitement toutes les idées que nous venons de développer, établit cepen-

dant une différence assez considérable entre l'erreur
de droit et l'erreur de fait ; d'après lui, dans l'erreur de fait, la négligence de celui qui invoque l'erreur doit être prouvée par son adversaire, tandis que
dans l'erreur de droit la négligence se présume, et
même que l'existence de l'erreur de droit est bien
plus difficilement admise (V. Savigny, t. III, appendice 8, n° 3 in fine). Nous croyons que l'examen de
ce point sera mieux placé dans la partie de ce travail
que nous consacrerons aux moyens de procédure à
employer pour invoquer l'erreur.

Si nous passons maintenant à l'étude de l'erreur
dans les différents contrats, à la recherche des cas
où elle vicie les actes juridiques, nous rencontrons
quelques règles générales sur lesquelles nous devons
tout d'abord nous expliquer. Suivant plusieurs textes, d'où on a voulu tirer des principes, il faudrait
distinguer d'après le but que se propose celui qui
invoque l'erreur : a-t-il pour but de réaliser un bénéfice, « lucrum, compendium, » de réparer un préjudice qu'il a éprouvé, « damnum rei amissæ, » ou
simplement « damnum, » ou de s'épargner une perte
non encore effectuée, « damnum rei amittendæ ? »
Suivant ces différents cas, les solutions devraient varier : « Jur ignorantia non prodest acquirere volen-
tibus, suum vero petentibus non nocet. Error facti
ne maribus quidem in damnis vel compendiis
obest : juris autem error nec feminis in compendiis prodest : ceterum omnibus juris error in damnis amittendæ rei suæ non nocet. » Ainsi s'ex-

prime Papinien dans les lois 7 et 8 D. *de j. et f. ign.*
De ces textes, on conclut que l'erreur de fait est
toujours admise, même pour réaliser un gain ; que,
pour l'erreur de droit, elle est admise quand il s'agit
d'arrêter une perte imminente mais non encore consommée ; qu'au contraire elle ne peut pas être invoquée (au moins par les personnes non privilégiées)
dans le but de réaliser un bénéfice ou de revenir
sur une perte déjà consommée. Nous nous ferons mieux comprendre en prenant un exemple de
chaque hypothèse : J'achète la chose d'un pupille en
traitant avec lui seul, sans l'« auctoritas tutoris, »
mais ignorant son âge, et le croyant pubère ; je suis
là dans une erreur de fait ; la vente n'en est pas moins
nulle, mais je pourrai invoquer mon erreur pour
usucaper. (D. *pro emptore,* XLI. IV, loi 2 § 15.
Or, dans l'usucapion, il ne s'agit certainement pas
de réparer une perte encourue, ou d'éviter une
perte imminente, mais bien d'acquérir une propriété
que l'on n'a jamais eue. Si au contraire, dans la
même hypothèse, je savais mon vendeur pupille,
mais j'ignorais qu'un pupille eût besoin pour vendre
ses biens de l'« auctoritas tutoris, » je suis dans une
erreur de droit, et je ne pourrai pas usucaper, car
l'erreur de droit n'est pas admise comme fondement
à une acquisition gratuite. (V. dans le même sens la
loi 10 au D. *de Bonorum possessionibus,* XXXVII,
I, et la loi 6 au Code « *qui admitti ad bonorum possessionem possunt et intra quod tempus.* » VI, IX.)
J'ai payé ce que je ne devais pas, croyant par erreur

de droit que je le devais ; les auteurs qui admettent la théorie que nous venons d'exposer décident que je ne pourrai pas exercer la « condictio indebiti, » car il s'agit de réparer un préjudice déjà effectué par l'aliénation de l'objet payé, aliénation qui est parfaitement valable malgré l'erreur. Mais ce point de savoir si l'erreur de droit peut autoriser la « condictio indebiti, » est controversé, et nous aurons occasion d'y revenir plus loin. Un fonds m'ayant été laissé par un codicille dont j'ai parfaitement connaissance, je crois par erreur de droit que les formalités dont ce codicille est revêtu ne sont pas suffisantes pour sa validité, et je reconnais ainsi imprudemment que le fonds appartient à l'héritier. Cet aveu ne m'a pas fait perdre mon droit, et, si plus tard je découvre mon erreur, je pourrai toujours revendiquer le fonds contre l'héritier, parce que l'erreur de droit ne nuit pas quand il s'agit d'une perte qui n'est pas encore consommée. (V. loi 79. D. *de legatis* 2°, XXXI).

Cette distinction, faite d'après leurs résultats entre les différents actes à propos desquels s'élève la question d'erreur, doit-elle être suivie ? Nous ne le croyons pas, et nous lui adresserons de graves critiques : d'abord elle manque de netteté, et il est souvent bien difficile de savoir si l'on veut réaliser un bénéfice, éviter une perte imminente, ou réparer une perte consommée ; tout cela au fond dépend du point de vue auquel on se place, et, pour nous, réparer un préjudice que l'on a éprouvé, c'est améliorer sa condition actuelle, et par conséquent réaliser un bénéfice ; éviter un préjudice dont on était menacé, c'est se délivrer d'une chance dangereuse, et, par conséquent, rendre sa condition meilleure, et réaliser un bénéfice. Bien plus, il est impossible de prendre à la lettre le système que nous combattons sans tomber dans des conséquences inadmissibles : Exemple : propriétaire d'un cheval qui vaut cent fr., je vous l'ai vendu pour cinquante, croyant qu'il ne valait pas plus, mais je ne l'ai pas encore livré ; j'en suis donc encore propriétaire, et la perte résultant du mauvais marché que j'ai fait n'est pas encore consommée. Pourrai-je, si je découvre mon erreur avant la livraison, m'en prévaloir pour dire : Je suis tombé dans une erreur ; or l'erreur doit pouvoir être invoquée lorsqu'il y a « damnum rei amittendæ ; » donc, j'invoque mon erreur, et je refuse de vous livrer le cheval aux conditions convenues ? Évidemment, nul n'ira jusqu'à admettre une pareille prétention. N'est-ce pas cependant la conséquence nécessaire de la doctrine que nous nous efforçons de réfuter ? N'est-ce pas même le cas le plus fréquent où il s'agira d'un « damnum rei amittendæ ? » La distinction tripartite que nous avons exposée a donc le double tort d'être trop vague, et de conduire à des résultats inadmissibles. Malgré les autorités qui l'ont proposée, nous dirons avec M. de Savigny (tome III, appendice 8, n°ˢ 6 et suivants) qu'il n'y a là qu'un faux principe, auquel il ne faut pas s'arrêter.

Restent les textes sur lesquels on a voulu l'appuyer, et surtout les deux lois de Papinien (lois 7 et 8 au

D. *de j. et f. ign.*). Mais il n'est pas très-difficile de
démontrer qu'on a abusé de ces textes en généralisant trop leur décision : Papinien voulait seulement
parler des femmes, qui, relativement à l'erreur,
étaient soumises à l'époque classique à un droit tout
particulier, comme nous le verrons plus tard. Du
temps de Papinien, elles avaient le privilége de pouvoir invoquer même l'erreur de droit dans tous les
cas où l'influence de l'erreur était admise, excepté
dans les donations, actes qui, non-seulement ont
pour résultat de procurer un avantage à une partie,
mais sont faits dans ce seul but, d'après la volonté
commune des contractants. Voilà tout ce que Papinien a voulu dire dans cette phrase : « Juris error nec
feminis in compendiis prodest : » la faveur accordée
aux femmes ne s'étend pas jusqu'à leur permettre
d'invoquer l'erreur de droit en matière de donations.
Les commentateurs qui ont voulu tirer de là des
principes généraux ont dépassé et faussé l'idée du
grand jurisconsulte.

Nous allons maintenant passer en revue les différentes catégories d'actes dans lesquels l'erreur peut
se présenter, et voir sur quoi elle doit porter pour
modifier les rapports de droit dans chaque hypothèse. Nous nous occuperons successivement des contrats et quasi contrats, de la transmission des droits
à cause de mort, des procès, et enfin nous dirons
quelques mots du dol, avant de passer à la seconde
partie de notre travail, qui sera consacrée à la bonne
foi.

PREMIÈRE PARTIE.

DE L'ERREUR.

CHAPITRE PREMIER.

DE L'ERREUR DANS LES CONTRATS ET QUASI CONTRATS.

Dans les contrats, l'erreur peut porter sur plusieurs points ; il faut donc examiner les divers éléments qui concourent à la formation d'un contrat et voir quelle est l'influence de l'erreur qui porte sur chacun d'eux. Il est impossible de donner une règle générale précise. Tout ce que l'on peut dire, c'est que l'erreur, pour annuler le contrat, doit-être telle que celui qui y est tombé n'aurait pas contracté, ou tout au moins aurait stipulé d'autres conditions s'il eût connu la vérité. L'erreur qui a ce caractère prend le nom d'erreur essentielle, celle qui ne l'a pas s'appelle erreur concomitante, et nuit à celui qui l'a commise, sans qu'il puisse revenir sur le consentement qu'il a donné. Nous allons donc avoir à rechercher dans quels cas une erreur est essentielle.

L'erreur peut porter, soit sur la nature, sur l'espèce du contrat formé, soit sur la chose qui en est objet, soit sur la personne des contractants, soit sur

la cause ou le motif qui pousse chacun d'eux à contracter.

I. *De l'erreur sur la nature du contrat.*

Chaque contrat a sa nature propre : la vente a
peu de rapport avec le prêt, et la société ne ressemble pas au mandat. Qu'arrive-t-il donc, si les parties
se font illusion sur leur intention réciproque, l'une
croyant vendre une chose, et l'autre croyant em-
prunter la même chose? Ici, l'erreur ne peut être
que réciproque, chacune des parties ayant un contrat en vue, et croyant que l'autre se propose le
même but qu'elle. Plusieurs textes au *Digeste* prévoient un malentendu de ce genre, et tous sont una-
nimes à déclarer qu'aucun des deux contrats n'est
formé : « Si ego pecuniam tibi quasi donaturus de-
dero, tu quasi mutuam accipias, Julianus scribit,
donationem non esse : sed an mutua sit, videndum.
Et puto (Ulpianus) nec mutuam esse, magisque
nummos accipientis non fieri, cum alia opinione
acceperit. Quare, si eos consumpserit, licet condictione teneatur, tamen doli exceptione uti poterit :
quia secundum voluntatem dantis nummi sunt consumpti. » (Loi 18, *in princ. Dig. de rebus creditis*
XII. 1.) Julien disait déjà qu'il n'y avait pas donation,
mais il semblait hésiter à déclarer qu'il n'y avait pas
non plus prêt de consommation; Ulpien, plus affir-
matif, le décide. Pourquoi cette divergence? Peut-
être Julien avait-il été arrêté par cette idée, que

celui qui consent une donation consent à plus forte raison un prêt de consommation, contrat bien moins onéreux pour l'aliénateur que la donation. Mais cette idée n'arrête pas Ulpien, et à bon droit selon nous : quand je veux former un contrat, on n'a pas le droit de m'obliger à en former un tout autre, fût-il même moins onéreux, quand il a un caractère tout différent ; je peux vouloir donner, et ne pas vouloir prêter.

Un autre texte de Julien suppose la même hypothèse ; il est plus explicite que le premier. « Cum in corpus quidem, quod traditur, consentiamus, in causis vero dissentiamus, non animadverto, cur inefficax sit traditio : veluti si ego credam, me ex testamento tibi obligatum esse, ut fundum tradam, tu existimes, ex stipulatu eum deberi. Nam et si pecuniam numeratam tibi tradam donandi gratia, tu eam quasi creditam accipias : constat proprietatem ad te transire, nec impedimento esse, quod circa causam dandi atque accipiendi dissenserimus. » (Loi 36 au *D. de acquirendo rerum dominio*, XLI. 1.) Julien ici n'envisage pas la question au même point de vue que dans le premier texte ; il suppose décidé qu'il n'y a ni donation, ni prêt ; il se demande seulement si la tradition est efficace, si l' « accipiens » est devenu propriétaire des deniers ; et il décide que oui. En effet, dans l'opération qui a eu lieu, il faut bien distinguer deux choses : la tradition elle-même, et le contrat en exécution ou pour la formation duquel elle se fait. Quant au contrat, les deux parties ne s'étant pas entendues, il n'a pas pu se former ; mais la tradition n'est nullement viciée, les deux parties y ont concouru dans l'intention d'opérer une translation de propriété, et le désaccord entre elles ne porte que sur le but qu'elles se proposaient en la faisant, c'est-à-dire sur le motif ; or, nous verrons plus loin que l'erreur sur le motif n'est pas une cause de nullité.

Une phrase du texte d'Ulpien que nous avons transcrit plus haut semble contredire sur ce point la décision de Julien : Ulpien décide : « nec mutuam esse pecuniam, magisque nummos accipientis non fieri. » Cela semble bien dire que dans sa pensée le « tradens » reste propriétaire des écus, et que l'erreur des parties empêche la tradition d'être translative de propriété. Cependant, nous ne pensons pas qu'Ulpien ait eu en réalité une autre idée que celle de Julien, et la divergence nous semble plus apparente que réelle. Rien d'abord dans le texte d'Ulpien ne montre qu'il ait pensé spécialement à la question de l'efficacité de la tradition que Julien posait si clairement. Au contraire, le contrat de « mutuum », comme l'indique son nom, suppose si essentiellement un transport de propriété, qu'il est presque toujours pris comme le type de la translation de propriété ; c'est comme le contrat translatif de propriété par excellence ; qu'y a-t-il d'étonnant alors à ce qu'Ulpien, prenant en quelque sorte l'effet pour la cause, ait dit : La propriété ne passe pas, au lieu de dire : Le « mutuum » n'est pas formé ?

Au reste, dans ses résultats pratiques, la solution
d'Ulpien, même prise à la lettre, diffère peu de celle
de Julien : si « l'accipiens » a consommé l'argent, le
« tradens » ne pouvant plus le revendiquer aura une
«condictio sine causa;» mais s'il l'intente, l'«accipiens»
lui opposera l'exception de dol : « quoniam secundum voluntatem dantis nummi consumpti sunt. »

II. *De l'erreur sur la chose.*

L'erreur sur la chose peut être de bien des sortes,
elle peut porter sur la chose dans son identité, sur
les qualités de la chose, sur la quantité, sur l'existence, sur le commerce ou sur la propriété de la
chose. Nous avons donc à faire de nombreuses distinctions.

A. De l'erreur sur l'identité de la chose.

Ici comme dans l'erreur sur la nature du contrat,
nous devons supposer nécessairement une erreur réciproque, un malentendu. Je vous vends le fonds
Cornélien, vous me l'achetez croyant acheter le fond
Sempronien, que faut-il décider ? Il ne peut y avoir
de doute sur ce point : les volontés des deux parties
ne se sont pas rencontrées ; il n'y a donc pas de convention, et la vente est absolument nulle, inexistante.
Il ne faudrait pas donner la même décision, et la
vente serait valable dans le cas où elle comprendrait
deux objets distincts, l'un principal et l'autre acces-

soire, les parties étant bien d'accord sur le principal, et le malentendu ne portant que sur l'accessoire. Les textes nous fournissent de ce cas un exemple remarquable : « Si in emptione fundi dictum sit, accedere Stichum servum, nec intelligatur, quis ex pluribus accesserit, cum de alio emptor, de alio venditor senserit, nihilominus fundi venditionem valere constat; sed Labeo ait, eum Stichum deberi, quem venditor intellexerit. Nec refert, quanti sit accessio, sive plus in eo sit, quam in ipsa re, an minus : plerasque enim res aliquando propter accessiones emimus, sicut cum domus propter marmora et statuas et tabulas pictas ematur. » (Paul, Loi 34 *in princ. Dig. de contrah. emptione* XVIII. 1.) L'accord des parties sur l'objet principal de la vente suffit pour maintenir le contrat pour le tout malgré le malentendu sur l'accessoire : « accessorium sequitur principale. » Mais reste à savoir quel accessoire, dans l'espèce quel esclave du nom de Stichus le vendeur devra livrer à l'acheteur. Paul tranche la question en faveur du vendeur, à qui il permet de livrer l'esclave qu'il avait en vue en contractant; il est probablement poussé à cette solution par l'analogie que présente ce cas avec celui d'une obligation de genre, dans laquelle le choix de l'objet appartient au débiteur; or, dans l'espèce, le débiteur, c'est le vendeur.

Il faut bien se garder de confondre avec l'erreur qui porte sur l'identité de la chose l'erreur sur le nom de cette chose : « Si in nomine dissentiamus, verum de corpore constet, nulla dubitatio est quin valeat emptio et venditio : nihil enim facit error nominis, cum de corpore constat. » (Loi 9, § 1, *Dig. de contrah. empt.* XVIII. 1.).

B. De l'erreur sur les qualités de la chose.

Les parties étant d'accord sur l'identité de la chose qui fait l'objet de leur contrat, il peut arriver que l'une d'elles ait attribué dans sa pensée à cette chose des qualités qu'elle n'a pas, le vendeur la croyant moins précieuse qu'elle n'est, l'acheteur la croyant de plus de valeur qu'elle n'en a. Nous n'avons plus besoin de supposer ici une erreur réciproque; au contraire, l'une des parties saura presque toujours à quoi s'en tenir sur les qualités de la chose, et une seule d'entre elles sera dans l'erreur. Le plus souvent, ce sera le vendeur qui sera le mieux instruit; l'acheteur qui sera trompé. Nous supposons, bien entendu, qu'il n'y a aucun dol de la part de celui qui est le mieux instruit, sans quoi nous serions obligé de modifier radicalement nos solutions.

Quel sera sur les effets du contrat l'influence d'une erreur de ce genre? Il faut faire une distinction. La qualité sur laquelle comptait l'acheteur (pour supposer le cas le plus fréquent) et qui fait défaut en réalité était-elle de telle nature qu'il n'eût pas acheté s'il avait su qu'elle n'existait pas, ou n'y attachait-il au contraire qu'une importance secon-

daire? Dans le premier cas, on dit que l'erreur porte
sur la substance de la chose, et elle vicie le contrat;
dans le second, elle n'est qu'accessoire et ne vicie
pas le contrat. Mais quelles sont les qualités substantielles de la chose? Quelles en sont au contraire les
qualités accessoires? Il y a là une pure question de
fait, à laquelle on ne peut pas faire de réponse précise. Tout dépend de l'intention des parties; telle
qualité est substantielle ou accessoire dans la vente
du même objet suivant le but que l'on se proposait
en contractant, par exemple, dans la vente d'une
statue d'or, ce que j'ai en vue est la matière si je
l'achète pour la fondre; c'est le mérite artistique si
je l'achète pour la faire entrer dans une galerie;
c'est le nom de son ancien propriétaire ou la date
où elle a été faite si je suis un collectionneur ou un
antiquaire, et ainsi de suite. Mais la qualité qui est
le plus fréquemment considérée comme substantielle, c'est la matière de la chose; les jurisconsultes
romains ont donc prévu plusieurs fois le cas d'erreur sur la matière de la chose.

« Quæritur, si in corpore non erratur, sed in substantia error sit, utputa si acetum pro vino veneat,
æs pro auro, vel plumbum pro argento, vel quid
aliud argento simile, an emptio et venditio sit? Mar-
cellus scripsit, emptionem esse et venditionem, quia
in corpus consensum est, etsi in materia sit erratum;
ego in vino quidem consentio, quia eadem prope
οὐσία, id est substantia est, si modo vinum acuit :
cæterum si vinum non acuit, sed ab initio acetum

fuit, ut embamma, id est intinctus, aliud pro alio ve-
nisse videtur; in cæteris autem nullam esse venditionem puto, quotiens in materia erratur. » (Ulpien,
loi 9, § 2 *Dig. de contrah. empt.* XVIII, 1.) Ainsi,
quand il y a erreur sur la matière, le contrat est
nul.

On a opposé à cette décision d'Ulpien, pourtant
bien formelle et bien logique, un autre texte dont
on prétendait tirer une solution contraire; c'est la
loi 45 au *Dig. de contrah. empt.* Dans ce texte,
Marcien s'exprime ainsi : « Labeo scribit, si vesti-
menta interpola quis pro novis emerit, Trebatio pla-
cere, ita emptori præstandum, quod interest; si ignorans interpola emerit: quam sententiam et Pomponius
probat, in qua et Julianus est, qui ait, si quidem
ignorabat venditor, ipsius rei nomine teneri; si sciebat, etiam damni quod ex eo contingit; quemadmo-
dum si vas aurichalcum pro auro vendidisset ignorans, tenetur, ut aurum, quod vendidit, præstet. »
Labéon a dit que si l'on avait acheté pour neufs des
vêtements usés, Trébatius voulait que l'on donnât à
l'acheteur une indemnité, s'il ne les avait achetés, usés
que par erreur, avis partagé par Pomponius et aussi par
Julien; d'après celui-ci, si le vendeur était de bonne
foi, il doit la valeur de la chose; s'il était de mauvaise foi, il doit indemniser l'acheteur de tout le
préjudice que celui-ci a éprouvé; de même que s'il
avait vendu de bonne foi pour de l'or un vase d'aurichalcum, il devrait fournir l'or qu'il a vendu. La
première partie de ce texte ne présente pas de diffi-

culté ; mais la fin est obscure : le vendeur doit
fournir « aurum quod vendidit ; » mais il n'a rien
vendu qui fût en or. Aussi les commentateurs se
sont-ils évertués à expliquer ce passage, et plusieurs
opinions se sont produites : Cujas (ad legem 62 *Dig.
de contrah. empt.* — Ad legem 21, § 2, *Dig. de actionibus empti et venditi* XIX, I) décide que la vente
est nulle et que le vendeur garde son vase d'aurichalcum, mais doit livrer un vase semblable en or.
— Averanius, au contraire, dit que le contrat est
parfaitement valable, mais, pour expliquer la fin du
texte, il suppose que le vendeur, ayant deux vases
semblables, l'un d'or et l'autre d'aurichalcum qu'il
croyait d'or aussi, en a vendu un sans désigner lequel, et livré celui d'aurichalcum. La vente, n'ayant
porté que sur un genre, est parfaitement valable,
mais l'erreur reconnue, le vendeur reprendra le vase
livré, et livrera à la place celui qui est vraiment en
or. — M. Molitor, dans son savant traité des obligations en droit romain, t. I, n° 102, tient également
la vente pour valable, mais pour une raison bien
différente de celle d'Averianus : selon lui, l'aurichalcum est un or d'une espèce particulière ; l'erreur ne
porte donc pas sur une qualité essentielle, mais seulement sur le titre de l'objet vendu. Pour expliquer
la fin du texte, il dit que le vendeur devra consentir
une diminution en raison de l'or que le vase devrait
contenir s'il était au titre qu'on lui croyait. De ces
trois opinions, quelle est la bonne ? La question nous
paraît fort difficile : Cujas, en annulant la vente et

en obligeant le vendeur à fournir un vase en or tombé, il semble, dans l'arbitraire. L'hypothèse d'Averanius est fort ingénieuse et donnerait une explication très-satisfaisante si rien dans le texte pouvait faire supposer que les faits se sont passés ainsi ; mais il faut bien reconnaître qu'elle ne trouve aucun fondement dans le passage de Marcien. Enfin, le système de M. Molitor a le grand mérite de ne rien supposer qui ne soit dans le texte ; son opinion que l'aurichalcum est de l'or d'un titre inférieur paraît fort probable, et établit une liaison parfaite entre la fin du texte et l'exemple cité auparavant, où il s'agit également d'une erreur sur une qualité accidentelle ; mais elle torture un peu les derniers mots de la loi. Cependant, ce système nous paraît préférable aux deux autres et c'est à lui que nous nous rangerons.

Cette discussion nous amène à une espèce voisine de la précédente, celle où l'objet vendu est bien de la matière que les parties ou l'une d'elles avait en vue, mais d'un titre différent ; l'erreur alors ne porte que sur une qualité accidentelle. Nous allons, à propos de ce cas, nous occuper en général de l'erreur sur les qualités accidentelles de la chose. Cette erreur n'est pas une cause de nullité, nous venons d'en voir la preuve dans la loi 45 *de contrahenda emptione*. La loi 14 au même titre, loi d'Ulpien, est encore relative au même sujet, mais avec quelques circonstances particulières : « Quid tamen dicemus, si in materia et qualitate ambo errarent ? ut puta si et ego me vendere aurum putarem, et tu emere, cum æs esset? Ut puta coheredes viriolam, quæ aurea dicebatur, pretio exquisito uni heredi vendidissent, eaque inventa esset magna ex parte ænea? Venditionem esse constat: ideo, quia auri aliquid habuit: nam si inauratum aliquid sit, licet ego aureum putem, valet venditio: si autem æs pro auro veneat, non valet. » Ici, on suppose que l'erreur était réciproque, existait tant chez le cohéritier acheteur que chez les cohéritiers vendeurs, et que le prix du bracelet avait été fixé à dire d'expert. Mais ces circonstances ne doivent pas influer sur la décision : dès que l'erreur porte sur une qualité purement accidentelle de la chose, le contrat est valable, et l'erreur sur le titre du métal vendu ne porte que sur une qualité accidentelle.

Mais si dans ce cas la vente est valable, il ne s'en suit nullement que la partie qui est tombée dans l'erreur, ordinairement l'acheteur, soit absolument sans recours : elle peut demander des dommages et intérêts qui se résoudront en une diminution de prix si le vendeur est de bonne foi, et seront égaux à tout le préjudice éprouvé par l'acheteur si le vendeur était de mauvaise foi. Notre loi 14 ne tranche pas ce point, peut-être parce que, le prix du bracelet ayant été fixé par un expert, celui-ci avait tenu compte dans son estimation du titre inférieur du métal. Mais nous trouvons une solution parfaitement claire dans la loi 45 que nous avons déjà expliquée.

A l'erreur sur les qualités de la chose se rattache toute la théorie des actions édiliciennes. A l'origine, il fallait supposer, pour qu'il y eût lieu à ces actions, une vente faite dans un des marchés publics qui étaient sous l'inspection des édiles curules, mais par la suite l'édit des édiles s'étendit à toutes les ventes, même d'immeubles : la chose vendue ayant au moment de la vente des vices cachés qui supprimaient ou du moins diminuaient considérablement son utilité pour l'acheteur, quand plus tard celui-ci découvrait les vices, il pouvait avoir, suivant les circonstances, plusieurs actions : d'abord l'action « ex stipulatu, » en vertu de la stipulation « duplæ » qu'il était d'usage de faire en achetant pour les cas où se decouvriraient les vices les plus fréquents et les plus faciles à prévoir : puis, en dehors de la stipulation, l'action « redhibitoria » qui tendait à obtenir la résolution de la vente, ou l'action « æstimatoria » ou « quanti minoris, » tendant à faire rendre à l'acheteur la portion du prix qu'il aurait payée en moins s'il eût connu les vices de la chose. Quand le vendeur était de mauvaise foi, l'acheteur pouvait encore exercer l'action « ex empto » qui avait l'avantage d'être perpétuelle, tandis que l'action « redhibitoria » ne durait que six mois, et l'action « æstimatoria » qu'un an. Dans tous les cas, l'acheteur n'avait d'action que s'il avait été trompé, si les vices de la chose lui avaient été inconnus lors de la vente.

Terminons cette matière de l'erreur sur les qualités de la chose par deux observations générales :

1° Il ne peut dans cette matière y avoir rien d'absolu ; tout dépend de l'intention de celui qui con-

tracte; et si celui qui se met en rapport avec autrui
n'est pas la personne même à qui le contrat doit profiter, c'est à l'intention du contractant lui-même
qu'il faut s'attacher, et non à celle du père ou du
maître à qui doit revenir en définitive le bénéfice de
l'acte qu'il fait. C'est ce que nous dit la loi 12 D. *de
contrah. Emptione :* « In hujus modi quæstionibus
personæ ementium et vendentium spectari debent,
non eorum quibus acquiritur ex eo contractu actio:
nam si servus meus vel filius, qui in mea potestate
est, me præsente, suo nomine emat, non est quæren-
dum quid ego existimem : sed quid ille, qui contrahit. » Le jurisconsulte (Pomponius) suppose en fait
que le fils a contracté en son propre nom, car, s'il
avait contracté au nom de son père, c'eût été comme
si le père avait contracté lui-même, et il eût fallu
s'attacher à l'intention du père, et non à celle du
fils.

2° Ce que nous avons dit relativement à l'erreur
sur les qualités de la chose ne peut pas s'appliquer
indifféremment à tous les contrats. En effet, toutes
ces règles reposent sur ce principe, que nul ne doit
être obligé de subir une convention onéreuse qu'il a
consentie par erreur; or il est bien des cas où la convention peut être exécutée sans qu'il en résulte un
préjudice pour celui qui est tombé dans l'erreur, et
où il a encore intérêt à ce que la convention soit
maintenue telle quelle. Tel est le cas des contrats
unilatéraux. Les règles que nous avons données ne
sont applicables qu'aux contrats commutatifs, dans

3

lesquels la partie trompée a intérêt à être relevée des
conséquences de son erreur à cause de la contrepres-
tation qu'elle est obligée de fournir ; mais cela ne se
rencontre pas dans les contrats unilatéraux ou dans
les contrats pignoratifs. Ce principe est exprimé
dans deux textes ; le premier prévoit le contrat pi-
gnoratif : loi 1 § 2 Dig. *de pigneratitia actione*, XIII,
VII. « Si quis tamen, cum æs pignori daret, affirma-
verit hoc aurum esse, et ita pignori dederit, videndum
erit, an æs pignori obligaverit : et numquid, quia in
corpus consensum est, pignori esse videatur? Quod
magis est ; tenebitur tamen pigneratitia contraria actione qui dedit, præter stellionatum quem fecit. » Le
contrat de gage est valable, mais le créancier a une
action pignératicienne pour obtenir un supplément
de sûreté. Le second texte est relatif à un contrat
unilatéral : « Si id quod aurum putabam, cum æs
esset, stipulatus de te fuero, teneberis mihi hujus
æris nomine : quoniam in corpore consenserimus :
sed ex doli mali clausula tecum agam, si sciens me
fefelleris. » (Dig. L. 22 *de verborum obligationibus*,
XLV. I.) Le contrat étant de droit strict, le stipulant
n'aura de recours par la « clausula doli » que si le promettant a été de mauvaise foi ; si le promettant a été
de bonne foi, le stipulant n'a pas d'action contre
lui.

C. De l'erreur sur la quantité.

L'erreur sur la quantité de la chose qui fait l'objet
du contrat peut se produire dans deux hypothèses
parfaitement distinctes.

1re hypothèse. L'objet vendu est un corps certain sur l'identité duquel les deux parties sont parfaitement d'accord, mais auquel l'une d'elles ou toutes deux ont attribué une certaine mesure qu'il n'a pas en réalité : par exemple, je vous vends le fonds Sempronien comme ayant une contenance de cinquante arpents, et, vérification faite, il se trouve n'en avoir que quarante-cinq. Ce point est prévu par deux lois du Digeste au titre *de actionibus empti et venditi* XIX, 1), les lois 4 § 1 et 42. Voici la première : « Si modus agri minor inveniatur, pro numero jugerum auctor obligatus est : quia ubi modus minor invenitur, non potest æstimari bonitas loci, qui non exstat : sed non solum, si modus agri totius minor est, agi cum venditore potest, sed etiam de partibus ejus, ut puta si dictum est, vineæ jugera tot esse, vel oliveti, et minus inveniatur. Ideoque his casibus pro bonitate loci fit æstimatio. » Cette loi prévoit deux cas : il y a moins de contenance totale que cela n'a été convenu, ou bien il y a la contenance totale, mais le vendeur avait dit que cette contenance était répartie dans une certaine proportion entre plusieurs cultures séparées, et il se trouve que cette répartition n'est pas exactement celle qu'il avait annoncée. Dans la première hypothèse, le vendeur ne peut pas devoir une indemnité égale à la valeur de ce qui manque, puisqu'une chose inexistante ne peut pas être estimée ; il y a lieu à une diminution proportionnelle du prix. Sur la seconde hypothèse s'élève la question de savoir si ce qui, dans une culture, excède la

mesure promise, ne doit pas se compenser avec ce
qui manque dans une autre culture. Sur ce point, il
y avait controverse entre Paul, auteur de notre loi 4,
et Labéon, dont il reproduit et critique l'opinion
dans la loi 42 au même titre. D'après Labéon, il ne
doit pas y avoir compensation; l'excédant de mesure
qui se trouve dans une partie du fonds est un avantage pour l'acheteur, et ne doit pas profiter au vendeur, à la charge de qui reste le risque du défaut de
contenance de l'autre partie. Si l'acheteur se prévaut
de ce droit, le vendeur n'aura pas l'exception de dol.
Mais cette solution, beaucoup trop rigoureuse pour
le vendeur, n'est pas suivie par Paul : « Sed rectius
est, dit-il après avoir rapporté l'opinion de Labéon,
et in omnibus suprascriptis casibus lucrum cum
damno compensari : et si quid deest emptori, sive
pro modo, sive pro qualitate loci, hoc ei resarciri, »
Cette opinion de Paul nous semble beaucoup plus
humaine que celle de Labéon, et, surtout, beaucoup
plus conforme au caractère de la vente, qui est un
contrat de bonne foi.

Il pourrait se rencontrer un cas absolument inverse de celui que nous venons d'examiner : les deux
parties ayant l'une vendu, l'autre acheté un fonds
d'une contenance annoncée de cent arpents, par
exemple, il s'en trouve cent dix. Nous ne connaissons pas de texte au Digeste sur ce cas, mais il nous
semble que les principes généraux doivent suffire
pour trancher la difficulté : renversant les solutions
données par Paul dans les lois 4 et 42 *de actionibus*

empti et venditi, nous dirons que l'acheteur en ce cas doit au vendeur un supplément de prix proportionnel à l'excédant de quantité. Si par hasard l'acheteur se trouvait dans l'impossibilité de payer cet excédant, et que la différence fût énorme, le caractère de bonne foi qui s'attache au contrat de vente ne lui permettrait-il pas d'échapper aux conséquences du contrat?

Il est bien entendu que les règles que nous exposons sur l'erreur sur la quantité reçoivent exception dans le cas où les parties ont formellement fait dépendre la validité du contrat de la condition que l'objet aura une quantité déterminée, ou n'aura que cette quantité; dans ce cas, en effet, il faut absolument annuler la convention dès que l'objet n'a pas le minimum ou excède le maximum de quantité promis.

2ᵉ hypothèse. L'objet vendu est une chose de genre, par exemple une somme d'argent, et les deux parties ne sont pas d'accord sur le chiffre; l'une offre cinquante, l'autre demande cent. La solution dans ce cas doit varier suivant qu'il s'agit d'un contrat unilatéral ou d'un contrat commutatif.

1° Pour le contrat unilatéral, le cas est prévu en ces termes par les Institutes (§ 5 *de Inutilibus stipulationibus*. III. XIX) : « Inutilis est stipulatio, si quis ad ea quæ interrogatus fuerit non respondeat : veluti si decem aureos a te dari stipulanti, tu quinque promittas, vel contra. » La stipulation est inutile si la réponse n'est pas conforme à l'interrogation; si,

par exemple, à celui qui stipule de toi dix pièces
d'or, tu réponds en en promettant cinq, ou réciproquement. Ce texte n'est pas suffisamment explicite :
Il va de soi que la stipulation est inutile pour tout ce
qui excède la somme la plus faible : dans l'espèce
prévue, le promettant ne devra certainement pas
plus de cinq pièces d'or; mais encore doit-il ces cinq
pièces, jusqu'à concurrence desquelles les deux volontés se sont rencontrées. De quel droit en effet vou-
drait-il contester une obligation qu'il a librement et
sciemment consentie? Et quel intérêt le stipulant
aurait-il à faire annuler un contrat qui ne lui est nullement onéreux, puisqu'il est unilatéral, et qu'il est
encore plus avantageux de gagner cinq pièces d'or
quand on en voulait gagner dix, que de ne rien gagner du tout. Ce système, qui est l'application de la
maxime : « Quod magis est, minus in se continet,
est confirmé d'ailleurs par la loi 1 § 4 au Dig. *de verborum obligationibus*, XLV, 1 : Si stipulanti mihi
decem, tu viginti respondeas, non esse contractam
obligationem nisi in decem constat. Ex contrario
quoque, si me viginti interrogante tu decem respondeas, obligatio nisi in decem non erit contracta : licet
enim oportet congruere summam, attamen mani-
festissimum est viginti et decem inesse. » Ulpien réfute ici la seule objection qu'on puisse faire, et qui
est tirée de ce que la réponse doit être exactement
conforme à l'interrogation et conçue dans les mêmes
termes. Nous savons combien on s'était écarté de
cette rigueur de l'ancien droit.

2° Quand il s'agit d'un contrat commutatif, on ne peut pas appliquer sans distinction la règle « Quod magis est, minus in se continet. » Dans la vente, par exemple, je vous offre mon cheval pour cinquante pièces d'or; vous ne m'en voulez donner que quarante; si l'on maintenait le contrat pour quarante, on violerait manifestement le droit du vendeur, obligé de livrer une valeur bien supérieure à ce qu'il reçoit en retour. Dans cette hypothèse, le contrat est nul; il serait valable, au contraire, dans l'hypothèse inverse, où l'acheteur offre un prix supérieur à celui que demande le vendeur, alors, la vente sera valable pour la plus faible des deux sommes, car il est évident que quand on consent à donner cinquante écus d'une chose, on consent à bien plus forte raison à en donner quarante.

D. de l'erreur sur l'existence de la chose.

Quand la chose qui fait l'objet d'un contrat vient à périr après le contrat formé, il n'y a pas une question d'erreur, mais une question de risques: nous n'avons donc pas à nous occuper de ce cas, mais seulement de celui où la chose n'avait jamais existé ou était déjà détruite au moment de la formation du contrat. Alors, le contrat, étant inexécutable, est frappé de nullité; la seule question qui puisse s'élever est celle de savoir si une des deux parties doit des dommages et intérêts à l'autre. Quatre hypothèses peuvent se présenter : ou bien les deux par-

ties connaissaient la destruction de la chose ;
ou bien le vendeur la connaissait, l'acheteur l'i-
gnorant ; ou bien l'acheteur au contraire la savait,
le vendeur l'ignorant ; ou enfin les deux parties
étaient de bonne foi, croyant que la chose existait. Les
trois premiers cas sont prévus dans une loi de Paul,
la loi 57 au Dig. *de contrah. empt.* Mettons d'abord
de côté la première hypothèse, d'ailleurs bien peu
pratique, où les deux parties savaient qu'elles faisaient un acte nul, chacun espérant tromper l'autre.
Personne n'ayant été trompé, personne n'a de dommages-intérêts à demander, « dolo inter utramque
partem compensato, » nous dit Paul au § 3 de la
loi 57.

La deuxième hypothèse sera de beaucoup la plus
fréquente : le vendeur, qui a été de mauvaise foi,
devra des dommages-intérêts à l'acheteur qu'il a
voulu tromper (§ 1). Dans la troisième, où l'acheteur a acheté sciemment une maison détruite d'un
vendeur qui la croyait encore sur pied, la vente tient ;
l'acheteur ne peut pas se dispenser de payer tout le
prix ou le répéter s'il l'a payé. Si le contrat est désavantageux pour lui, c'est lui qui l'a voulu ainsi ; il est
censé avoir voulu faire une donation au vendeur
(§ 2). Quant au quatrième cas possible, qui n'est
pas prévu par la loi 57, où les deux parties igno-
raient la destruction de la maison, il faut annuler
la vente, sans condamner le vendeur à aucuns dommages et intérêts : la destruction de la maison est
en effet un accident fortuit, qu'il pouvait ignorer

sans être en faute; on peut dire qu'il est dans une erreur de fait excusable. Il va sans dire que l'acheteur pourrait réclamer des dommages et intérêts s'il pouvait prouver que le vendeur, en fait, a été négligent.

E. De l'erreur sur le commerce de la chose.

L'erreur sur le commerce de la chose doit être, en principe, régie par les mêmes règles que l'erreur sur l'existence de la chose; car une chose qui n'est pas dans le commerce est considérée comme inexistante au point de vue des actes de disposition qu'on pourrait être tenté de faire sur elle. La vente de cette chose est donc nulle; c'est ce que nous dit la loi 62 § 1. Dig. *de contrah. empt.* « Qui nesciens loca sacra, vel religiosa vel publica pro privatis comparavit, licet emptio non teneat, ex empto tamen adversus venditorem experietur, ut consequatur quod interfuit ejus ne deciperetur. » Cette vente peut donc produire un certain effet, donner lieu à des dommages et intérêts en faveur de l'acheteur de bonne foi. Cela est dit aussi implicitement dans la loi 4 Dig. *de contrah. empt.* « Et liberi hominis, et loci sacri et religiosi qui haberi non potest, emptio intelligitur, si ab ignorante emitur. » Il y a pourtant une différence entre la vente de la chose hors du commerce et celle de la chose périe : Celui qui vend une chose qui est détruite ne doit des dommages et intérêts que s'il l'a vendue de mauvaise foi, sachant

qu'elle n'existait plus; au contraire, celui qui vend
une chose hors du commerce croyant qu'elle est
dans le commerce peut devoir des dommages et intérêts nonobstant sa bonne foi, car il est en faute
d'avoir ignoré la condition de la chose; il est facile
en effet de savoir si une chose est ou n'est pas dans
le commerce, et l'erreur sur ce point est inexcusable,
tandis qu'il est bien permis d'ignorer l'accident qui
a détruit une chose.

La chose qui est actuellement hors du commerce
peut, par la suite, devenir susceptible d'appropria-
tion privée; par exemple, une route ou un édifice
public peut cesser d'être affecté à un usage public,
et tomber alors dans le commerce. Cette possibilité
d'un changement dans la situation de la chose n'empêche pas la nullité du contrat d'être radicale. C'est
ce que nous dit la loi 137, § 6, au Dig. *de verborum
obligationibus* XLV. 1 : « Nec ad rem pertinet, quod
jus mutari potest, et id quod nunc impossibile est,
postea possibile fieri : non enim secundum futuri
temporis jus, sed secundum præsentis æstimari debet stipulatio. » Le contrat nul ne revit donc pas si
plus tard la chose vient à rentrer dans le commerce
des hommes.

F. De l'erreur sur la propriété de la chose.

En droit romain, la vente de la chose d'autrui
était parfaitement valable comme contrat simplement
générateur d'obligations, sauf au vendeur à se pro-

curer la chose comme il pourra pour la livrer à l'acheteur, et le droit du véritable propriétaire restant bien entendu entier. Cette possibilité de vendre la chose d'autrui ne tenait pas, comme on l'a dit à tort, à ce que le vendeur ne s'obligeait pas à transférer la propriété, car on pouvait très-bien, en dehors de la vente, être obligé à transférer la propriété de la chose d'autrui, par un legs « per damnationem, » par exemple, ou par stipulation, car on pouvait parfaitement stipuler «rem alienam dari. »

De ce qu'on peut vendre la chose d'autrui, il résulte que la vente n'est pas nulle si elle a porté sur une chose que le vendeur croyait sienne, et qui appartenait en réalité à autrui. La découverte de l'erreur rendra le contrat peut-être un peu plus onéreux pour le vendeur si le vrai propriétaire ne veut pas lui céder sa chose à des conditions modérées; mais ce sera la juste punition de sa faute s'il a ignoré que la chose n'était pas à lui, de son dol si, le sachant il n'en a pas averti l'acheteur.

Il est cependant un cas où l'erreur sur la propriété de la chose annule le contrat; c'est le cas où une personne achète ou stipule sa propre chose par erreur : la chose est en quelque sorte considérée comme hors du commerce à l'égard de son propriétaire. Voici deux textes qui prévoient, l'un le cas de la vente, et l'autre le cas de la stipulation :
« Suæ rei emplio non valet, sive sciens sive ignorans emi : sed si ignorans emi, quod solvero repetere potero, quia nulla obligatio fuit. » (Loi 16 *in princ.*,

de contrah. empt.) L'acheteur qui a su qu'il achetait
sa propre chose n'a rien à réclamer, car il est censé
avoir fait une donation au vendeur; celui qui a acheté
de bonne foi sa chose peut demander la restitution
de son prix, mais il n'a droit à aucuns dommages-
intérêts, car il est en faute de n'avoir pas reconnu la
chose pour la sienne. C'est là une différence avec le
cas où on achète une chose qui est hors du commerce. « Nemo rem suam utiliter stipulatur, sed
pretium rei suæ non inutiliter : sane rem meam mihi
restitui recte stipulari videor. » (Loi 82 *in princ.*
Dig. *de verborum obligationibus*, XLV, I.) Les deux
dernières propositions de ce second texte vont de
soi : en effet, le prix de ma chose, c'est-à-dire une
somme d'argent, est une chose de genre, qui n'appartient à personne, et peut être stipulée par tout le
monde; stipuler du possesseur de ma chose qu'il
me la restituera, c'est en quelque sorte stipuler la
détention matérielle de ma chose, détention que je
n'ai pas, puisque ma chose est entre les mains du
promettant.

Il peut se présenter une hypothèse assez singulière; c'est celle où je vends ma chose croyant vendre la chose d'une autre personne, dont je suis mandataire. Ce cas a été prévu par la loi 35 au Dig. *de
acquirendo rerum dominio :* « si procurator meus vel
tutor pupilli rem suam, quasi meam vel pupilli, alii
tradiderint, non recessit ab eis dominium, et nulla
est alienatio, quia nemo errans rem suam emittit. »
La vente est valable, mais la propriété n'est pas

transférée; le mandataire qui s'est ainsi trompé reste donc propriétaire; mais s'il veut intenter la revendication, il sera repoussé par l'exception *rei vendita: et traditæ*, car, dans les principes du droit romain, le mandataire qui traite avec un tiers s'oblige personnellement. Tout ce qu'on pourra·accorder au mandataire, si son erreur n'a pas été trop grossière, c'est son recours en indemnité contre le mandant, par l'action *mandati ou tutelæ contraria*.

III. — *De l'Erreur sur la Personne.*

Les parties étant d'accord sur toutes les conditions du contrat, il se peut que l'une d'elles ait cru traiter avec une personne autre que celle avec qui elle traitait en réalité. Quelle sera l'influence de cette erreur sur la validité du contrat?

La règle générale est que le contrat est nul en cas d'erreur sur la personne quand il a été consenti en considération de la personne, quand il y a *intuitus personæ*. Il faut à cet égard faire d'assez nombreuses distinctions entre les différentes espèces de contrats.

Nous devons distinguer : 1° les contrats ordinaires, à titre onéreux, tels que la vente et le louage; 2° certains contrats à titre onéreux dont chacun a le droit de se départir sous certaines conditions; 3° les contrats à titre onéreux qui consistent *in faciendo*; 4° enfin les contrats à titre gratuit et la transaction.

1° Dans les contrats à titres onéreux ordinaires, dont on ne peut pas se départir, et qui ne consis-

tent pas *in faciendo*, la considération de la personne
est indifférente; les parties n'ont envisagé que les
conditions matérielles de l'affaire : peu importe à
un acheteur qu'il achète la chose de Seius ou de
Sempronius, s'il achète bon marché une chose qui
lui convient. L'erreur sur la personne n'est donc
pas une cause de nullité de ces contrats. Dans cette
classe nous comprenons la vente, le louage, l'échange
(qui n'est qu'un pacte, mais pacte soumis aux règles des contrats relativement à l'erreur). Nous y
rangeons aussi le prêt, quoique la considération de
la personne y joue un certain rôle, en ce sens que le
prêteur tient à ne prêter qu'à un homme solvable;
mais il ne lui servirait à rien de pouvoir demander
la nullité du prêt, l'insolvabilité de l'emprunteur
l'empêchant de rendre la somme prêtée. La question
deviendra plus intéressante quand il s'agira d'une
ouverture de crédit : le banquier qui, par une stipulation, a promis de prêter, peut-il demander la nullité de son obligation au moyen d'une exception
qu'il opposera au moment où l'emprunteur le pour-
suivra en exécution de l'ouverture de crédit, s'il
croyait promettre à un individu plus solvable que
celui à qui il promettait en réalité? Nous ne le pensons pas; le banquier n'avait qu'à ne pas promettre
sans bien connaître l'emprunteur ou sans exiger des
garanties accessoires; et aucune exception ne nous
semble applicable à cette hypothèse.

Il y a un cas où la vente et les autres contrats à
titre onéreux seraient nuls pour cause d'erreur sur

la personne; c'est le cas où les parties se seraient expliquées à cet égard, manifestant leur intention de ne traiter qu'avec telle ou telle personne et non avec une autre. Dans ce cas, la partie trompée peut demander la nullité du contrat; elle aura droit, en outre, à des dommages et intérêts, qu'elle obtiendra par l'action du contrat s'il est de bonne foi, par l'action de dol s'il est de droit strict.

2° Il est certains contrats dans lesquels la considération de la personne joue un grand rôle, mais dont il est inutile de donner à la partie trompée le droit de demander la nullité; par exemple, le mandat ou la société : ces contrats n'ont pas en effet la force obligatoire contre les parties, en ce sens que le mandant peut toujours révoquer son mandataire, le mandataire renoncer à son mandat, l'associé se retirer de la Société. (V. aux *Institutes*, livre III, titre xxv, *de Societate*, § 4, et titre xxvi, *de Mandato*, §§ 9 et 11.)

3° Les contrats à titre onéreux qui consistent *in faciendo* renferment tous plus ou moins la considération de la personne; en effet il n'est pas indifférent qu'une chose soit faite par une personne ou par une autre, surtout quand elle exige du talent ou de l'habileté. Celui qui a chargé un artiste d'un travail peut donc demander la nullité du marché s'il a traité avec un artiste obscur, croyant avoir affaire à un artiste illustre, sauf, bien entendu, à indemniser l'artiste de bonne foi, à qui il a ainsi fait perdre son temps et sa peine.

4° Enfin, les contrats à titre gratuit sont nuls en cas d'erreur sur la personne gratifiée; ces contrats, dont le but est de procurer un avantage à une des parties, de l'enrichir en appauvrissant l'autre, sont toujours faits en vue de la position du donataire, et jamais sa personne n'y est indifférente. Sous ce rapport, on assimile souvent les transactions aux donations; ce n'est pas qu'elles soient inspirées en général à chaque partie par le désir d'avantager la partie adverse; bien au contraire, chacun n'est poussé à transiger que par son propre intérêt, et par l'idée qu'un mauvais arrangement vaut mieux qu'un bon procès; mais on suppose que dans la transaction la considération de l'adversaire est importante; sans faire de concession qui ressemble à une libéralité, on est plus ou moins conciliant, suivant les rapports que l'on a avec son adversaire; mais on en pourrait dire autant de la vente et de tous les contrats, et nous ne voyons pas pourquoi la transaction sous ce rapport serait soumise à des règles particulières.

La loi 3, § 2, au Dig. *de transactionibus*, II, xv, prévoit un cas tout différent : on découvre que celui avec qui on a transigé n'était pas la personne même avec qui on était en litige; alors, dit ce texte, si l'adversaire véritable se montre, il ne pourra pas réclamer le profit de la transaction faite avec l'adversaire apparent. Mais il s'agit là de savoir si la transaction faite avec telle personne peut être invoquée par telle autre et lui être imposée, ou si, au contraire, elle est pour elle *res inter alios acta*. Selon nous, c'est bien plutôt une question de chose jugée qu'une question d'erreur.

A propos de l'erreur sur la personne comme à propos de l'erreur sur la chose, nous devons faire observer que l'erreur sur le nom ne vicie pas le contrat, quand il est prouvé qu'il n'y avait pas d'erreur sur l'identité de la personne.

L'erreur sur les qualités de la personne ne peut pas non plus êt.e, au moins en général, une cause de nullité du contrat, à moins que les parties ne s'en soient formellement expliquées, en faisant dépendre la validité de leur convention de l'existence de telle ou telle qualité chez l'une d'elles ; par exemple, de sa parenté avec l'autre partie. En dehors de ce cas, permettre de demander la nullité du contrat pour un pareil motif, ce serait ouvrir la porte à des procès sans nombre, dans lesquels la preuve serait presque impossible à faire, celle des parties qui se voit engagée dans une affaire onéreuse voulant' toujours prouver, par exemple, qu'elle croyait, en contractant, son adversaire plus solvable qu'il n'est réellement.

IV. — *De l'erreur sur la cause ou le motif du contrat.*

La cause et le motif sont deux mots qui, en droit, ne sont nullement synonymes ; nous allons voir qu'il y a un grand intérêt, dans la matière de l'erreur, à les distinguer soigneusement. La cause est ce pourquoi on s'oblige, c'est-à-dire le but immédiat qu'on

4

se propose d'atteindre en s'obligeant. Le motif est le
but médiat que se propose la partie qui s'oblige,
c'est-à-dire la raison plus ou moins éloignée qui la
porte à contracter l'obligation; par exemple, dans
la vente d'une maison, la cause de l'obligation du
vendeur est la créance qu'il acquiert contre l'acheteur pour le paiement du prix; le motif est qu'il a
besoin d'argent pour faire un voyage, ou pour doter
un de ses enfants, ou pour faire des réparations à un
de ses immeubles, etc. La cause de l'obligation de
l'acheteur est dans l'obligation que contracte le vendeur de lui livrer la maison vendue; le motif est le
désir qu'il a de posséder cette maison, soit pour l'ha-
biter lui-même, soit pour la louer, soit pour la dé-
molir et tirer meilleur partie du terrain, etc. Dans
tous les contrats synallagmatiques, on peut dire que
l'obligation de chacune des parties a pour cause l'o-
bligation de l'autre. Dans les contrats à titre gratuit,
que l'on appelle souvent contrats de bienfaisance,
la cause de l'obligation du donateur est toujours l'intention qu'il a d'enrichir le donataire; le motif est
la raison qui pousse le donateur à être ainsi bienfai-
sant pour le donataire : la reconnaissance d'un service rendu, par exemple, l'affection qu'on a pour ses
parents, etc. La cause d'une obligation est donc toujours très-facile à connaître; elle consiste, soit dans
le désir d'obliger, soit dans un équivalent que l'on
reçoit ou s'attend à recevoir. Le motif au contraire
est bien moins simple, et il y en a des variétés infi-
nies.

Cette distinction bien établie, passons aux solutions pratiques : l'erreur sur le motif n'est jamais
une cause de nullité des actes juridiques, et rien
n'est plus juste, car décider autrement, ce serait accorder à la partie qui s'est trompée un véritable privilége au préjudice de l'autre partie, En effet, les
motifs de nos actions ne sont jamais connus; il est
rare qu'en contractant nous disions à l'autre partie
à la suite de quels événements nous nous décidons
à contracter; si plus tard on revenait sur ce qui a été
fait sous prétexte d'erreur sur le motif, ne serait-ce
pas priver l'autre partie du bénéfice de l'opération,
à raison d'une erreur qu'il lui était impossible de
prévoir et de faire éviter par ses conseils? Ne serait-
ce pas ouvrir la porte à des fraudes sans nombre,
dont on ne pourrait jamais faire la preuve? Par
exemple, croyant que mon cheval est mort, j'en
achète un autre; si plus tard je découvre que mon
cheval n'est pas mort, je ne pourrai pas revenir sur
l'achat que j'ai fait imprudemment; si je veux faire
annuler ce contrat, le vendeur aura le droit de me
répondre : Je ne savais pas si vous achetiez un cheval pour remplacer l'autre que vous croyiez mort ou
pour en avoir deux; tant pis pour vous si vous avez
acheté un cheval sans savoir si vous en aviez besoin.

La même erreur peut se produire dans un contrat
à titre gratuit : croyant qu'un individu m'a rendu
autrefois un grand service, je lui fais une donation;
mon erreur se découvrant plus tard, je ne pourrai
pas lui réclamer ce que je lui avais donné, car il

pourrait me dire : Vous ne m'aviez pas dit pourquoi
vous me faisiez une donation, et, si vous me l'aviez
dit, je vous aurais tiré d'erreur. Tant pis pour vous
si vous faites des donations sans savoir pourquoi;
c'est une imprudence sur laquelle vous ne pouvez
plus revenir pour m'enlever ce que j'ai cru légitimement acquis, un enrichissement en raison duquel j'ai
augmenté mes dépenses habituelles.

L'erreur sur le motif ne peut donc pas autoriser à
revenir sur un contrat terminé, mais cela ne doit
s'entendre que de l'erreur simple, c'est-à-dire où la
partie adverse de celle qui s'est trompée n'a joué
qu'un rôle passif; si au contraire elle avait contribué
par des manœuvres frauduleuses à faire naître l'erreur à cause de laquelle l'autre partie a contracté, si,
pour rester dans notre premier exemple, le vendeur
avait fait accroire à l'acheteur que son cheval était
mort, il y aurait dol, et nous verrons plus loin que
l'existence du dol permet de faire annuler les actes
juridiques dans les cas où l'erreur simple ne serait
pas suffisante pour cela.

L'erreur sur la cause, au contraire, est essentielle,
et entraîne la nullité de l'opération faite sous son empire. En conséquence, si j'ai opéré une tradition ou
consenti une obligation croyant y être tenu juridiquement ou au moins naturellement, quand j'aurai
découvert mon erreur, je pourrai, dans le premier
cas, réclamer la restitution de ce que j'ai livré croyant
faire un paiement, dans le second, opposer une exception à la demande de celui envers qui je me suis

engagé, ou même exiger ma libération sans attendre
ses poursuites. J'aurai la « condictio indebiti » ou la
« condictio liberationis. »

La « condictio indebiti » était fondée sur ce principe,
que nul ne doit s'enrichir aux dépens d'autrui. Pour
autoriser cette « condictio, » le droit romain exigeait
deux conditions : 1° qu'il y eût paiement d'une chose
indue ; 2° que ce paiement eût été fait par erreur.
Cette seconde condition doit seule nous arrêter. La
raison pour laquelle on l'exige est exposée en termes concis, mais clairs, par Ulpien dans la loi 53
Dig. *de regulis Juris*, L. XVII, ainsi conçue : « Cujus
per errorem dati repetitio est, ejus consulto dati donatio est. » Si le paiement de ce qui n'est pas dû est
fait sciemment, il y a donation ; s'il est fait par erreur,
il y a lieu à répétition. Mais là nous trouvons une
grosse question : tout le monde admet que le paiement de l'indu fait par erreur de fait donne ouverture à la « condictio indebiti, » tandis que beaucoup
d'auteurs contestent qu'on puisse répéter ce que
l'on a payé indûment par erreur de droit. Prenons
un exemple : J'ai été institué héritier par Titius en
vertu d'un testament régulier ; je suis donc chargé
d'acquitter tous les legs qu'il a laissés tant par le testament où je suis institué, que par codicilles. Un codicille a été fait, à la confection duquel on a appelé
seulement quatre témoins, au lieu de cinq qu'exige
le droit de Justinien. Ignorant ce point de droit, et
négligeant de consulter un Jurisconsulte, je paie les
legs contenus dans ce codicille. Mieux instruit plus

tard, pourrai-je répéter ? C'est un point extrémement
controversé, certainement entre les commentateurs,
et peut-être aussi entre les Jurisconsultes Romains,
car des deux côtés on a invoqué des textes. Nous
allons exposer les deux opinions :

D'après un système que M. de Savigny a soutenu
avec beaucoup d'énergie, l'erreur de droit ne peut
pas donner ouverture à la « condictio indebiti. »
Cette « condictio » n'est admise que quand elle porte
sur une erreur de fait (excepté le cas où une femme
veut l'exercer, les femmes pouvant invoquer l'erreur
de droit là où les hommes ne pourraient invoquer
que l'erreur de fait). M. de Savigny appuie son opinion sur des raisons de principes et sur des textes :
suivant lui, celui qui a payé a aliéné volontairement,
et, si on lui permet de répéter ce qu'il a payé, c'est
par une faveur fondée sur l'équité. Or, l'équité ne
permet d'admettre qu'une erreur excusable, et l'erreur de droit ne l'est pas. Il admet du reste des exceptions à son principe dans le cas où l'erreur de
droit est excusable (quand elle a été occasionnée par
le dol de « l'accipiens, » quand elle porte sur un droit
local ou particulier, ou sur un point controversé). Si
on objecte à M. de Savigny le grand principe que
« nul ne doit s'enrichir aux dépens d'autrui, » il répond qu'il trouve cette maxime trop vague, et que
prise à la lettre, elle entraînerait à annuler, par
exemple, une vente trop chère, ce que personne
n'admet. A l'argument tiré contre lui du principe
que l'on peut invoquer l'erreur de droit pour éviter

un préjudice, sinon pour réaliser un bénéfice, le savant romaniste oppose que cette distinction a déjà
été réfutée, et sur ce point nous partageons complétement son opinion. Enfin, si l'on ajoute que l'erreur de droit aussi bien que l'erreur de fait est exclusive de l'idée de donation, il répond que la « condictio indebiti » a un autre fondement que l'absence
de l'idée de donation, qu'elle se fonde aussi sur l'erreur, mais seulement sur l'erreur excusable. M. de
Savigny cite aussi à l'appui de son opinion plusieurs
textes dont voici les principaux : « Cum quis jus ignorans indebitam pecuniam solverit, cessat repetitio.
Per ignorantiam enim facti tantum repetitionem indebiti soluti competere tibi notum est. » (Rescrit de
Constantin et Maximien, loi 10 au Code *de j. et f.
ignor*. I. XVIII.) « Error facti necdum finito nego-
tio, nemini nocet : nam causa decisa tali velamento
non instauratur. » (Rescrit des mêmes empereurs,
loi 7, au même titre). « Si per ignorantiam facti non
debitam quantitatem pro alio solvisti, et hoc, adito
rectore provinciæ, fuerit probatum, hanc ei, cujus
nomine soluta est, restitui eo agente providebit. »
(Rescrit de Constantin et Maximien, loi 6 au code
de condictione indebiti, IV, V). « Fidei commissum
vel legatum indebitum per errorem facti solutum repeti posse explorati juris est. » (Rescrit des mêmes
empereurs, loi 7 au même titre). « Error facti, quæ
tæ ex causa fideicommissi non retentæ, repetitionem non impedit. Is autem qui sciens se posse reti-
nere universum restituit, condictionem non habet :

quin etiam si jus ignoraverit, cessat repetitio. » (Rescrit de Gordien, loi 9 au Code *ad legem Falcidiam*, VI, L.) « Indebito legato, licet per errorem juris a minore soluto, repetitionem ei decerni : si necdum tempus, quo restitutionis tribuitur auxilium excesserit, rationis est. » (Rescrit de Dioclétien et Maximien, loi 2 au Code *si adversus solutionem*. II, XXXIII). « Si quis jus ignorans lege Falcidia usus non sit, nocere ei dicit epistola Divi Pii, sed et Imperatores Severus et Antoninus in hæc verba rescripserunt...... nec stultis solere succurri, sed errantibus. » (Paul, loi 9, § 5, Dig. *de j. et f. ign.*).

A ces argumens et à ces textes, les adversaires de M. de Savigny opposent d'autres arguments et d'autres textes, pour soutenir que l'erreur de droit aussi bien que l'erreur de fait peut autoriser la répétition de l'indu. D'abord ils invoquent, nous l'avons déjà dit, le fondement même de la « condictio indebiti, » qui repose sur deux grandes idées : « Nul ne doit s'enrichir injustement aux dépens d'autrui, » et « ce qui est payé par erreur ne peut être considéré comme donation : « Hoc natura æquum est, neminem cum alterius detrimento fieri locupletiorem. » (Loi 14, au Dig. *de condict. indeb.* XII, VI.) « Cujus per errorem dati repetitio est, ejus consulto dati donatio est. » (Loi 53, D. *de regulis Juris*, L, XVII.) Or il est bien certain que l'erreur de droit commise par mon adversaire ne peut être pour moi une cause légitime d'enrichissement, et que ce qui est payé par erreur de droit n'est pas plus donné que ce qui est payé par erreur de fait. A ces deux arguments, M. de Savigny n'a pas trouvé de réponses concluantes. En vain soutient-il que l'erreur doit être excusable, et que l'erreur de droit ne l'est pas. Nous avons déja démontré qu'il ne fallait attacher aucune importance à cette distinction entre l'erreur de fait et l'erreur de droit. Il dit que si l'on prenait à la lettre l'idée que l'on ne doit pas s'enrichir aux dépens d'autrui, on serait amené à permettre d'attaquer une vente sous prétexte qu'elle est trop chère ; mais nous n'admettons pas du tout cette conséquence ; autre chose est revenir sur les conséquences d'un contrat que l'on a formé en toute liberté et en pleine connaissauce de cause parce qu'on le trouve désavantageux, autre chose réparer un préjudice que l'on a éprouvé par suite d'une erreur.

Voyons maintenant si les textes cités à l'appui de la première opinion sont aussi concluants qu'ils sont nombreux. Nous en avons cité sept, dont six du Code et un du Digeste. Quant aux textes du Code, on peut leur objecter que ce sont des rescrits énonçant des solutions particulières et non des principes généraux. Il en est même (lois 6 et 7 *de condict. indebiti* et loi 9 *ad legem Falcidiam*) dont on ne peut tirer argument pour exclure l'erreur de droit qu'au moyen d'un *a contrario ;* or, cet argument est très-faible, surtout quand on le tire de textes qui supposent plus qu'ils ne disposent. Dans les espèces auxquelles ces textes s'appliquent, il s'agissait d'une erreur de fait; mais s'il y avait eu erreur de droit, rien ne dit que les empereurs n'eussent pas donné la même solution. La loi 2 *si adversus solutionem* paraît n'autoriser la répétition en cas d'erreur de droit qu'exceptionnellement, au profit d'un mineur, et seulement par la voie de la *restitutio in integrum;* mais on peut aussi considérer cette loi comme répétant une chose qui va de soi, et comme n'ayant nullement l'intention d'exclure l'erreur de droit à l'égard des majeurs. Les lois 7 et 10 *de j. et f. ign.* sont beaucoup plus précises, à cause des formules vraiment restrictives qu'on y trouve, et l'on peut y voir l'expression d'un système suivi par les conseillers des empereurs Constantin et Maximien, auteurs de ces lois. Il est permis cependant de regretter la forme concise de ces rescrits; si les rédacteurs du Code nous avaient conservé l'exposé de l'espèce en même temps que la solution, nous pourrions peut-être trouver de ces lois une explication satisfaisante sans adopter l'opinion de M. de Savigny. C'est ce qui nous arrive pour la loi 9 au Code *ad legem Falcidiam,* et pour la loi 9, § 5 au Dig. *de j. et f. ign.* : dans ces deux lois, l'hypothèse est la même : un héritier, ayant le droit d'opérer sur des fidéicommis la retenue autorisée par la loi *Falcidie,* mais ignorant son droit à cet égard, n'a pas retenu sa quarte; les deux textes lui refusent la *condictio indebiti.* Mais là, si on la leur refuse, c'est parce qu'il n'y a pas *indebitum.* En effet, il n'y a *indebitum* que quand il n'y a aucune obligation, non-seulement civile, mais même naturelle. Or, ici, il semble qu'il y a bien une obligation

naturelle, qui est le devoir de conscience imposé à
tout héritier d'exécuter toutes les dispositions du testateur. Cette obligation, en droit romain, était sa-
crée, même quand la volonté du défunt n'était pas
conforme au droit. Nous en trouvons la preuve dans
plusieurs textes, et, notamment, dans une loi de
Paul, la loi 38 au Dig., *De fideicommissariis libertatibus*, XL, V : « In testamento, quod perfectum non
erat, alumnæ suæ libertatem et fideicommissa dedit.
Cum omnia ut ab intestato egissent, quæsiit imperat-
or, an ut ex causa fideicommissi manumissa fuisset?
Et interlocutus est, etiam si nihil ab intestato pater
petisset, pios filios debuisse manumittere eam, quam
pater dilexisset : pronuntiavit igitur, recte eam ma-
numissam, et ideo fideicommissa etiam ei præstanda.
(V. aussi la loi 1 au Code *de testamentis*, VI, XXIII.) »
Si l'institution de la quarte *Falcidie* est une déroga-
tion importante à ce principe, puisqu'elle permet à
l'héritier de n'exécuter que les trois quarts des volontés du défunt, cependant son motif vient bien à
l'appui de ce que nous disons, puisque la loi *Falcidie*
a eu pour but de donner à l'héritier un certain intérêt à faire addition, de peur que son refus ne fit tomber toutes les dispositions. Il nous est donc bien
permis de supposer que, dans les deux lois 9 *ad legem Falcidiam*, et 9, § 5 *de j. et f. ign.*, il n'y a
qu'une application de cette idée. D'ailleurs, aux textes cités par M. de Savigny, nous pouvons opposer
d'autres textes non moins concluants. D'abord Ulpien, dans la loi 1 au princip. D. *ut in possessionem*

legatorum xxxvi, iv, admet la répétition de l'indu
payé par erreur de droit; voici dans quelle espèce :
dans l'usage, quand un legs ne pouvait pas s'exécuter
de suite, l'héritier donnait au légataire une caution
qui en garantissait l'exécution ultérieure. C'est ce
qu'on appelait la *cautio legatorum*. Il était toutefois
permis au testateur, depuis un rescrit de Marc-Aurèle, de dispenser l'héritier de cette caution; la loi
suppose cette dispense : « Si quis, cum vetitus esset
accipere, acceperit, an repeti satisdatio ista possit, ut
heres condicat liberationem? Et quidem si sciens heres indebitum cavit, repetere non potest; quid deinde
si ignoraverit remissam sibi satisdationem? posse condicere; si vero hoc non potuisse remitti crediderit,
numquid condicere possit, qui jus ignoravit? Adhuc
tamen benigne quis dixerit satisdationem condici
posse : quid deinde, si commissa sit stipulatio? Fidejussores putamus exceptione uti posse, an non?
Et magis est, ut utantur exceptione : quia ex ea causa
intercessit satisdatio, ex qua non debuit. » Ce texte
est parfaitement clair dans l'exposition de l'espèce,
et positif dans sa décision; cependant on a objecté
qu'Ulpien s'exprimait d'une manière timide : *benigne
quis dixerit;* mais si le système qu'a proposé M. de
Savigny avait été dominant du temps d'Ulpien, il n'y
aurait pas fait une exception aussi considérable; il
nous aurait au moins exposé les raisons de douter.
On a répondu qu'en réalité il s'agissait d'un point de
droit incertain, le rescrit de Marc-Aurèle n'ayant pas
force de loi; mais cette opinion paraît assez singu-

lière dans la bouche d'un auteur qui, pour appuyer
son propre système, ne peut guère invoquer d'autres
textes que des rescrits; d'ailleurs, elle n'est nullement confirmée par les expressions d'Ulpien, qui dit:
Jus ignoravit, de celui qui croit la dispense de la
caution impossible. Si la question avait été vraiment
incertaine, il est probable que le jurisconsulte se serait servi d'une expression moins dure.

Les partisans du second système invoquent encore
à l'appui de leur opinion plusieurs autres textes qui
admettent la *condictio indebiti* dans des cas où il
semble bien qu'il y a erreur de droit. Par exemple,
Papinien, dans la loi 17, § 10 D. *ad municipalem et
de incolis*, L. 1, s'exprime ainsi : « Error ejus, qui
se municipem aut colonum existimans munera civi-
lia suscepturum promisit, defensionem juris non ex-
cludit. » (Voir aussi les lois 16, § 2, Dig. *de minoribus* xxv *annis*, iv, iv; 10 au Code *de condict. indeb.*
iv, v; 38 au Dig. *de condict. indeb.* xii, vi; 37 Dig.
de auro, argento, etc., xxxiv, 11; 79 D. *de legatis,*
2°, xxxi; 20 *in princ.* Dig. *familiæ erciscundæ*, x, 11.)

Nous avons reproduit les raisons qu'on a fait valoir en faveur de l'une ou de l'autre opinion. Quant
à nous, la question nous semble fort délicate; si cependant nous avions à prendre parti, nous préfére-
rions nous ranger parmi les partisans du second
système, qui nous paraît plus rationnel, et qui a le
grand avantage, à nos yeux, de ne pas faire entre
l'erreur de droit et l'erreur de fait une différence
fort difficile à justifier.

CHAPITRE II.

DE L'ERREUR DANS LA TRANSMISSION DES DROITS
CAUSE DE MORT.

Les textes du droit romain nous fournissent plusieurs décisions dans des hypothèses où l'erreur se
rencontre en matière de testaments, de legs, de succession *ab intestat*. Il nous est impossible de rapporter toutes ces décisions ; encore plus de les ramener
à une théorie générale. Tout ce que nous pouvons
faire est de reproduire les principales, en les rattachant autant que possible aux principes que nous
avons posés sur l'erreur dans les contrats.

I. Pour faire un testament, il faut être citoyen
romain, pubère et sui juris et se savoir tel ; celui qui
n'est pas sûr de son état ne peut pas faire un testament valable. C'est ce que nous dit Ulpien (Règles,
XX, 11.) « Qui de statu suo incertus est (fac ita,
quod patre peregre mortuo ignorat se sui juris esse)
testamentum facere non potest. Ulpien encore, dans
la loi 15 Dig. *qui testamenta facere possunt*, XXVIII,
1, dit : « De statu suo dubitantes, vel errantes, testamentum facere non possunt, ut Divus Pius rescripsit. » Et le jurisconsulte ne fait aucune distinction
suivant que l'erreur est ou n'est pas excusable,
qu'elle porte sur un fait ou sur le droit ; dans tous
les cas, le testament est nul. Cette solution nous pa-

rait découler du principe suivant lequel le contrat entaché d'erreur sur la cause est nul.

II. Le testament n'est valable que quand il a été fait en présence d'un certain nombre de témoins, qui doivent être citoyens romains et pubères. Dans la loi 1 au Code *de testamentis*, VI. XXIII, loi citée aux Instituíes, II. X, § 7, l'empereur Adrien prévoit le cas où on admettrait par erreur un esclave parmi les témoins; il décide que le testament n'en sera pas moins valable, pourvu que l'erreur fût commune, que cet esclave fût généralement considéré dans le pays comme un citoyen : « Testes, servi an liberi fuerint, non in hac causa tractari oportet, cum eo tempore, quo testamentum signabatur, omnium consensu liberorum loco habiti sint, nec quisquam eis adhuc status controversiam moverit. » Cette décision ne peut guère se rattacher à aucun principe général; elle a été probablement inspirée par cette idée, qu'il serait injuste de rendre l'héritier responsable d'une erreur excusable, et qui n'est pas la sienne, mais celle du testateur.

III. Le testateur qui avait des héritiers siens devait, s'il ne les instituait pas, les exhéréder s'il voulait préserver son testament de la nullité ou ses héritiers institués du *jus accrescendi*, suivant les cas. Les textes nous citent deux hypothèses où l'exhérédation est nulle quand elle a été faite par erreur :

1° Le testateur, croyant que le fils qu'il a sous sa puissance n'est pas né de lui, l'exhérède en mentionnant ce motif dans le testament, s'il est plus tard prouvé que le fils était vraiment né du testateur, l'exhérédation tombe. « Si quis ita scripserit : ille, quem scio ex me natum non esse, exheres esto; hanc exheredationem ita nullius momenti esse ait, si probetur ex eo natus : non enim videri quasi filium exheredatum esse cum elogium pater, cum filium exheredaret, proposuisset, et adjecisset propter eam causam exheredare probaturque circa causam exheredationis errasse. (Africain, loi 14, § 2. Dig. *de liberis et posthumis heredibus*, etc., XXVIII, II.) Ici, on considère sans doute le motif que le testateur a cru devoir donner de l'exhérédation comme une condition en l'absence de laquelle il entend ne pas exhéréder. Cela est parfaitement conforme à l'intention du testateur. On peut dire qu'il y a là une nullité pour cause d'erreur sur le motif, ce qui est exceptionnel.

2° Un testateur a prononcé une exhérédation générale dans laquelle se trouve compris un fils qu'il croyait mort. Ce fils peut-il, en prouvant l'erreur, faire tomber l'exhérédation? Paul le lui permet dans la loi 25 au Dig. *De liberis et posth*, etc. Cette solution se justifie comme la précédente par l'intention du père.

IV. Quand le testateur, dans l'institution d'héritier, a nommé une personne croyant en désigner une autre, l'institution n'est pas régulière, car il y a erreur sur la personne, et ici la considération de la personne a une influence capitale. C'est ce que dit Ulpien dans la loi 9 in princ. *de heredibus insti-*

tu'ndis. « Quotiens volens heredem alium scribere alium scripserit, in corpore hominis errans (veluti frater meus, patronus meus), placet neque eum heredem esse qui scriptus est, quoniam voluntate deficitur : neque eum quem voluit, quoniam scriptus non es .»

V. En principe, l'institution d'héritier est parfaitement valable quoique le testateur l'ait faite dans la croyance d'un fait qui n'était pas exact ; par exemple, dans le cas où il croyait, par erreur, qu e 'hritier institué lui avait rendu autrefois un grand service, l'institution n'en est pas moins valable ; il y a là, en effet, erreur sur le motif, plutôt que sur la cause même, qui est toujours le désir d'enrichir l'héritier institué. Cependant, par exception, il est deux cas où l'institution tombe :

1° Elle tombe si elle a été faite dans la supposition erronée de la mort d'un héritier ab intestat ou institué antérieurement : « cum mater militem filium falso audisset decessisse, et testamento heredes alios instituisset, divus Hadrianus decrevit, hereditatem ad filium pertinere : ita ut libertates et legata præstentur. Hic illud adnotatum, quod de libertatibus et legatis adjicitur : nam, cum inofficiosum testamentum arguitur, nihil ex eo testamento valet. (Paul, Loi 28 Dig. *de inofficioso testamento*, V. 11.) Cette solution, dont Paul nous fait remarquer lui-même le caractère exceptionnel, se justifie par la volonté certaine de la mère, qui n'aurait pas institué d'autres héritiers que son fils, si elle l'avait su vivant.

2° L'institution faite dans la croyance erronée d'un
lien de parenté entre le testateur et l'institué est nulle
si plus tard on découvre que ce lien de parenté n'existait pas : « Si pater tuus eum quasi filium suum heredem instituit, quem, falsa opinione ductus, suum
esse credebat, non instituturus si alienum nosset, is-
que postea subditus esse ostensus est : auferendam ei
successionem divorum Severi et Antonini placitis
continetur. » (Rescrit de Gordien. Loi 4 au Code *de
heredibus instituendis*, VI, XXIV. — Voir aussi Hermogénien, Loi 46 Dig. *de Jure fisci*, XLIX-XIV.)
Là encore, l'erreur ne porte que sur le motif de l'institution.

VI. Le legs de la chose d'autrui est valable si le
testateur savait que la chose appartenait à autrui, et
c'est au légataire à prouver qu'il le savait. Le legs est
donc nul en cas d'erreur, c'est-à-dire, si le testateur
croyait que la chose lui appartenait. « Quod autem
diximus, alienam rem posse legari, ita intelligen-
dum est, si defunctus sciebat alienam rem esse, non
etsi ignorabat ; forsitan enim si scisset alienam, non
legasset. Et ita divus Pius rescripsit ; et verius esse,
ipsum qui agit, id est legatarium, probare oportere
scisse alienam rem defunctum, non heredem probare oportere ignorasse alienam : quia semper neces-
sitas probandi incumbit illi qui agit. » (Institutes, II,
XX, § 4.) Papinien nous donne la même solution
avec son motif dans la loi 67, § 8, Dig. *de legatis*.
2° XXXI. « Succursum est heredibus ne cogerentur
redimere, quod testator suum existimans reliquit,

sunt enim magis in legandis suis rebus, quam in alienis comparandis, et onerandis heredibus faciliores voluntates: quod in hac specie non evenit, cum dominium rei sit apud heredem. » Le cas où la chose que le testateur croyait sienne est à l'héritier fait donc exception et alors le legs est valable.

VII. Le legs accompagné d'une fausse démonstration n'en est pas moins valable : on entend par démonstration une désignation que le testateur ajoute à l'indication de la chose léguée, une sorte d'épithète. Par exemple, léguant l'esclave Stichus, il l'appelle *verna*, quoiqu'il l'ait acheté, ou il dit l'avoir acheté de Seius, quand c'est un autre que Seius qui le lui a vendu. Cette erreur n'empêche pas le legs de valoir. C'est comme l'erreur qui porte sur le nom de la personne d'un contractant ou de l'objet du contrat, les parties étant parfaitement d'accord sur l'identité (Institutes, § 30, *de legatis*, ii, xx.)

VIII. Si la « falsa demonstratio » ne nuit pas au légataire, il en est de même à plus forte raison de la « falsa causa; » si le testateur a cru devoir dire pour quelle cause il fait une libéralité à tel ou tel individu, les faits qu'il rappelle seraient-ils faux, le légataire n'en peut pas moins réclamer son legs; il y a là au reste erreur sur le motif, et non sur la cause proprement dite du legs. (Institutes, § 31, *de legatis*, ii, xx: loi 17, § 2, Dig. *de conditionibus et demonstrationibus, xxxv, i*) La fin du § 31 et la loi 72, § 6, *de conditionibus et demonstrationibus*, apportent à ce principe une exception bien rationnelle: si la

cause a été exprimée sous forme de condition, et
qu'elle soit fausse, le legs n'est pas dû; *si condi-
tionaliter enuntiata fuerit causa, aliud juris est* (§ 31)
et même sans cela il se peut que l'héritier puisse repousser le légataire par l'exception de dol ; c'est ce
qui arrive quand l'héritier prouve que le testateur
n'aurait pas légué sans l'erreur où il était : « plerumque doli exceptio locum habebit, si probetur alias
legaturus non fuisse (loi 72, § 6). Præterea sciendum
est, si quis quid ex testamento contra voluntatem
petat, exceptione eum doli mali repelli solere, et
ideo heres qui non habet voluntatem per exceptionem doli repellitur. » (Ulpien, Dig. loi 4, § 10, *de
doli mali et metus exceptione*, XLIV, IV.) Le juge avait
donc un pouvoir discrétionnaire pour appliquer la
règle ou la mettre de côté. (M. Demangeat, cours
élémentaire de droit romain, p. 766.)

IX. L'adition d'hérédité était nulle quand l'héritier était dans l'erreur sur la nature de sa vocation à
l'hérédité, ou s'il n'était pas sûr que le *de cujus* fût
mort ; « Si quis dubitet vivat testator, necne, repu-
diando nihil agit. » (Loi 13, § 1, Digeste, *de acquirenda vel omittenda hereditate*, XXIX, II.) Ce qui
est vrai de l'adition l'est aussi de la répudiation. « Is
qui se putat necessarium, cum sit voluntarius, non
poterit repudiare... et e contrario qui se putat necessarium, voluntarius existere non potest (lois 15, 16,
D. *de acquirenda vel omittenda hereditate*). Ut quis
pro herede gerendo obstringat se hereditati, scire
debet qua ex causa hereditas ad eum pertineat (loi

22 Dig., xxix, ii.) In repudianda hereditate vel legato, certus esse debet de suo jure is qui repudiat (loi 23, même titre). Cur si suam ignoret conditionem adire potest, si testatoris non potest? Illa ratio est quod qui conditionem testatoris ignorat, an valeat testamentum dubitat; qui de sua, de testamento certus est (loi 34, au même titre). » Cela se rattache à la nullité pour défaut de cause. Celui qui ne sait pas, par exemple, s'il est appelé en vertu d'un testament ou *ab intestat*, ne sait réellement pas ce qu'il fait quand il accepte ou répudie la succession.

·X. L'héritier nécessaire a le bénéfice de séparation, l'héritier sien et nécessaire a le bénéfice d'abstention à condition de ne pas s'immiscer dans les affaires du défunt. Celui-là ne s'immisce pas, qui vend, par exemple, un objet de la succession croyant vendre une chose à lui personnelle. Il y a là une erreur sur la propriété de la chose, qui suffit pour faire disparaître la présomption légale en vertu de laquelle l'acte d'héritier entraîne renonciation au bénéfice.

XI. L'adition une fois faite en connaissance de cause, l'héritier ne peut plus invoquer aucune erreur pour revenir sur les conséquences de l'adition. C'est un acte trop grave pour qu'on soit présumé le faire sans réflexion suffisante. L'héritier ne serait donc pas admis, par exemple, à soutenir que la succession lui avait paru plus riche et que sans cela il n'aurait pas fait adition, pas plus qu'on ne peut faire annuler un contrat librement et sciemment

consenti sous prétexte qu'on ne le trouve plus assez
avantageux. (Gaïus, commentaire ii, § 163.) Adrien
accorda la *restitutio in integrum* dans un cas particulier à un héritier qui avait découvert beaucoup de
dettes cachées lors de l'adition. Gordien fit de cette
restitution un bénéfice général pour les soldats. Enfin, Justinien le supprima et mit à la place le bénéfice d'inventaire; la *restitutio* fut cependant encore
ouverte aux soldats qui avaient négligé de faire l'inventaire dans le délai légal (trente jours à partir du
jour où l'héritier a connaissance de sa vocation)
voir la loi 3 au principium Dig. *si quid in fraudem
patroni factum sit*, xxxviii. v., le § 6 aux Instituts *de
heredum qualitate*, ii, xix, et la loi 22, § 2, au Code
de jure deliberandi, vi, xxx). Depuis cette dernière
constitution, l'héritier qui veut ne pas courir de
danger peut faire inventaire; S'il ne l'a pas fait, et
qu'il se trouve lésé, il ne doit s'en prendre qu'à sa
négligence.

XII. Si les créanciers du défunt, croyant avoir
dans les biens de la succession un gage suffisant et
croyant l'héritier insolvable ont demandé la sépara-
t on des patrimoines,' ils peuvent, en justifiant de
leur erreur, se faire restituer contre la séparation
imprudemment demandée: « si temere separationem
petierunt creditores defuncti, impetrare veniam possunt, justissima scilicet ignorantiæ causa allegata. »
(Ulpien, loi 1, § 17, Dig. *de separationibus*, xli, vi)
Ils y auront intérêt pour se payer sur les biens de
l'héritier.

XIII. La personne appelée à une succession devait demander le *bonorum possessio* dans un certain délai, qui était d'un an pour les descendants du de cujus, de cent jours pour les autres héritiers (§ 8 aux Instituts *de bonorum possessionibus*, III, IX). Ce délai est un *tempus utile*, c'est-à-dire que l'on ne compte que les jours pendant lesquels l'héritier sait qu'il a droit à la *bonorum possessio* et peut la demander. (Ulpien, l. 2 au principium Digeste *quis ordo in possessionibus servetur*, XXXVIII, XV.) Le temps pendant lequel l'héritier avait ignoré les faits d'où naissait son droit ne court donc pas contre lui, mais cette protection ne s'étendait pas à l'erreur de droit : Paul nous le dit dans la loi 10 *de bonorum possessionibus* XXXVII. I : « In bonorum possessionibus juris ignorantia non prodest, quominus dies cedat : et ideo heredi instituto et ante apertas tabulas dies cedit : satis est enim, scire mortuum esse, seque proximum cognatum fuisse, copiamque eorum, quos consuleret, habuisse, scientiam enim non hanc accipi, quæ juris prudentibus sit : sed eam, quam quis aut per se habet, aut consulendo prudentiores adsequi potest. » Ainsi l'héritier qui a ignoré la longueur du délai ou l'ordre des successions ne jouit d'aucune suspension de délai. (Voir aussi la loi 6 au Code, livre VI, titre IX.) Cette erreur semble ici trop grossière pour être excusable.

XIV. Quand un citoyen mourait assassiné, ses héritiers devaient faire mettre tous ses esclaves à la torture pour trouver le meurtrier, aux termes du sénatus consulte Silanien. Jusque-là le testament ne devait pas être ouvert. Or, il pouvait arriver que dans ce testament le *de cujus* eût imposé à l'héritier certaines conditions à remplir dans un délai fixé. Si le retard apporté par le sénatus-consulte a seul empêché l'héritier d'accomplir la condition dans le temps voulu, il sera restitué : « Si conditioni intra diem ex die mortis præstitutum parere jussi, ignorantia non paruerunt; si idcirco ignoratum est, quia metu senatus-consulti aperiri tabulæ non potuerunt : succurritur eis ad implendam conditionem. » (Loi 3, §, 31 D., *de senatus-consulto Silaniano*, XXIX, V.)

CHAPITRE III.

DE L'ERREUR DANS LES ACTES DE PROCÉDURE.

Nous trouvons dans les textes quelques cas où l'erreur exerce une certaine influence sur les actes de procédure, généralement au moyen de la *restitutio in integrum*. Nous allons les parcourir rapidement.

I. Si les deux parties se sont présentées devant un magistrat incompétent, non pas d'un commun accord et en connaissance de cause, mais le défendeur n'ayant fait aucune objection parce qu'il croyait le magistrat compétent, tout ce qui est fait devant ce

magistrat est nul : « Si per errorem alius pro alio
prætor fuerit aditus, nihil valebit, quod actum est :
nec enim ferendus est, qui dicat consensisse eos in
præsidem : cum (ut Julianus scribit) non consen-
tiant, qui errent. Quid enim tam contrarium con
sensui est, quam error, qui imperitiam detegit? »
(Ulpien, loi 15, Dig. *de Jurisdictione*, II. 1.) Il est
probable que dans cette hypothèse l'erreur de droit
elle-même serait admise, car on ne doit pas être très-
exigeant ; il ne s'agit pas en effet d'accorder une faveur en annulant un acte régulier, mais au contraire de revenir au droit commun en réduisant à
néant un jugement qui n'aurait jamais dû être
rendu par un juge incompétent. Ce n'est pas l'annulation d'un pareil jugement qui sort du droit commun, ce serait plutôt sa validation.

II. Sous le régime formulaire, la rédaction de la
formule pouvait renfermer des erreurs nombreuses
et variées ; nous allons les parcourir d'après Gaius,
commentaire IV, § 50 et suivants. Il faut distinguer
suivant que l'erreur se trouve dans telle ou telle partie de la formule.

α. Si il y a erreur dans la *Demonstratio*, cette
erreur n'entraîne aucune conséquence juridique. En
effet ce n'est pas à la *demonstratio* mais à l'*intentio*
qu'on se reporte pour savoir ce qui est déduit en
justice, c'est ce que l'on exprime en disant *falsa
demonstratione nihil perimi* (§ 58).

β. L'erreur dans l'*Intentio* est beaucoup plus importante : De trois choses l'une; ou on demande

plus que ce qu'on doit demander, ou on demande moins, ou on demande autre chose.

1° On demande plus. C'est le cas de la plus pétition, cas très-compliqué. On peut « plus petere re, tempore, loco ou causa. » La plus pétition, quand l'*intentio* était *incerta*, n'était pas compromettante, le juge pouvant restreindre la condamnation à ce qui était réellement dû. Dans les actions personnelles à *intentio certa*, mais de bonne foi, comme l'action *venditi*, la plus pétition était également impossible ; restent donc les actions personnelles *in jus*, les actions réelles *in jus* et les actions *in factum*, qui sont les seules dans lesquelles la plus pétition puisse entraîner une déchéance. Cette déchéance consiste dans la perte du procès, et en même temps de l'action qui a été déduite en justice, en vertu de la règle : *bis de eadem re ne sit actio*. On disait *petitor causa cadit et rem amittit*.

Le préteur remédia bientôt à la rigueur du droit civil sur ce point en accordant la *restitutio in integrum* pour les causes ordinaires (minorité, dol, erreur inévitable), et en établissant l'action arbitraire de *eo quod certo loco* pour corriger ce que la plus pétition *loco* avait de gênant pour la pratique des affaires.

Enfin, depuis Zénon, il n'y eut plus de plus pétition possible ; la règle *bis de eadem re ne sit actio* n'existait plus. Le juge peut diminuer la condamnation si le demandeur a demandé trop. Le demandeur qui a agi *ante tempus* peut recommencer à agir, mais en accordant au défendeur un délai double de celui dont la première demande tendait à le priver, et ce sans pouvoir exiger d'intérêt (Voir Institutes, § 33 *de Actionibus*, IV. VI, et au Code les deux constitutions de Zénon, lois 1 et 2, au Code *de plus petitionibus*, III, X.)

2° Le demandeur demande moins qu'il ne lui est dû. Cette erreur n'est pas compromettante : d'abord il obtient ce qu'il a demandé, et, le reste n'étant pas déduit en justice, il peut le demander par un procès postérieur, sauf à laisser passer la préture actuelle avant d'agir *de reliquo* s'il ne veut pas se voir opposer l'exception *litis dividuæ* (Gaius, IV, § 56 et § 122.) Zénon supprima même cette nécessité, et permit au juge de condamner à tout ce qui était dû même quand on n'en avait demandé qu'une partie : (Institutes, § 34, *de actionibus*. Loi 1, § 3 au Code *de plus petitionibus*, III, X.)

3° Si l'on avait demandé une chose autre que la chose due, *aliud pro alio*, on perdait le procès, mais rien n'était déduit en justice, on pouvait agir de nouveau sans même avoir besoin d'attendre la préture suivante. Cela est même inutile depuis le § 35 des Institutes *de actionibus* qui permet au demandeur de se reprendre, et de corriger son erreur *in eodem judicio*. (Gaius, IV, § 55.)

γ. L'erreur peut enfin porter sur la *condemnatio*. Si cette partie énonce une somme plus forte qu'il ne faut, le défendeur la fera diminuer au moyen d'une *restitutio in integrum*. Si elle mentionne une somme moindre, le demandeur n'obtient pas plus, tout étant déduit en justice. Et le Préteur ne lui accordera pas de restitution, à moins qu'il ne soit mineur, car il l'accorde plus facilement aux défendeurs qu'aux demandeurs. (Gaius, IV, § 57.)

III. Le défendeur à une action réelle devait, dans le droit classique, fournir la caution *Judicatum solvi*. Si, la caution étant fournie, le demandeur vient à découvrir que le fidéjusseur n'est qu'un esclave, il pourra demander la restitution *in integrum* et exiger un autre fidéjusseur, capable : « Si servus inveniatur qui, antequam judicium accipiatur, fidejussit judicatum solvi, succurrendum est actori, ut de integro caveatur. (Paul, Loi 8, § 2, Dig., *qui satisdare cogantur*, II. VIII.) Bien entendu, pour que le demandeur ait droit à cette restitution, il faut qu'il ne soit pas tombé dans une erreur grossière; il n'aurait rien à réclamer s'il avait accepté l'engagement de celui qui est esclave au vu et au su de tout le monde

IV. Le demandeur qui a agi contre un pupille assisté d'un *falsus tutor* peut demander la *restitutio in integrum*. L'édit est ainsi conçu : « Quod eo auctore, qui tutor non fuerit, actum fuerit, si id actor ignoravit, dabo in integrum restitutionem. » (Loi 1 au Dig., *quod falso tutore auctore gestum esse dicatur*, XXVII. VI.) Ici encore, il faut que l'erreur n'ait pas été trop grossière.

V. Il y aura encore lieu à restitution dans l'hypothèse suivante : j'agis contre un héritier qui, interrogé *in jure*, se prétend faussement seul héritier, et, condamné, se trouve insolvable : « Qui ex parte dimidia

heres erit, cum absentem coheredem suum defen-
dere vellet, ut satisdationis onus evitare possit, respondit se solum heredem esse, et condemnatus est :
quærebat actor cum ipse solvendo non esset, an,
rescisso superiore judicio, in eum qui revera heres
erat, actio dari deberet? Proculus respondit, rescisso judicio posse agi. Idque est verum. » Julien,
Loi 18, Dig., *de interrogationibus in jure*, xi, 1.)

VI. Celui qui dans un procès a fait l'aveu d'un
fait faux peut plus tard revenir sur son aveu et en
prouver la fausseté pourvu qu'il ne soit pas tombé
dans une erreur trop grossière (et l'erreur de droit
serait considérée comme telle). « Si quis hominem
vivum falso confiteatur occidisse, et postea paratus
sit ostendere hominem vivum esse, Julianus scribit,
cessare Aquiliam, quamvis confessus sit se occidisse :
hoc enim remittere actori confessoriam actionem,
ne necesse habeat docere eum occidisse; ceterum
occisum esse hominem a quocunque oportet. (Ulpien
Loi 23, § 11, Dig., *ad legem Aquiliam*, ix, 1.)

CHAPITRE IV.

DE LA PROCÉDURE A SUIVRE POUR INVOQUER L'ERREUR.

Nous avons énuméré les cas où l'erreur exerce
une influence sur le droit en matière de contrats,
d'actes translatifs de droits à cause de mort, ou
d'actes de procédure; mais nous n'avons pas vu par

quels procédés pratiques l'erreur exerce cette influence, comment la partie qui est victime de l'erreur peut s'y prendre pour invoquer cette erreur, et échapper à ses conséquences désastreuses; c'est ce que nous allons rechercher rapidement.

La procédure romaine nous offre plusieurs moyens qui peuvent tous servir à invoquer l'erreur, mais il y a entre eux de bien grandes différences, et ce serait une erreur grossière de croire que, dans toutes les hypothèses où l'erreur vicie un rapport de droit, la partie lésée puisse à son choix prendre l'une ou l'autre de ces voies. Nous allons les comparer entre elles; après quoi, passant en revue les principaux cas d'erreur que nous avons rencontrés dans le cours de cette étude, nous dirons dans chaque hypothèse à quel moyen de procédure il nous semble qu'il y a lieu de recourir.

Il est d'abord des cas très-nombreux où, pour échapper aux conséquences de son erreur, la partie qui s'est trompée n'a besoin d'aucune action ni d'aucune exception spéciales; il lui suffit alors, suivant les cas, soit d'intenter l'action même qui naît naturellement du contrat ou plus généralement de l'acte juridique dans lequel elle s'est laissé entraîner par erreur, soit de repousser par une simple dénégation appuyée d'une preuve suffisante l'action que son adversaire voudra intenter contre elle. C'est ce qui arrive bien plus souvent dans les contrats de bonne foi que dans les contrats de droit strict, car le caractère de bonne foi dont sont pourvues certai-

nes actions permet au juge d'y corriger les principes
rigoureux du droit civil par des considérations d'é-
quité, et ainsi de sous-entendre certaines exceptions,
notamment l'exception de dol, qui sont conformes
à la bonne foi, mais qui ont besoin d'être insérées
dans la formule des actions de droit strict. En outre,
il y a certains moyens, organisés par les jurisconsultes romains ou par le préteur dans le but spécial de
secourir ceux qui sont tombés dans une erreur excusable ; ces moyens sont la *condictio indebiti*, l'action
de dol, l'exception de dol, et enfin la *restitutio in
integrum*.

De ces moyens, le premier, la *condictio indebiti*,
nous est assez connu déjà pour que nous n'ayons pas
besoin d'en exposer les principes en détail. Cette
condictio appartient à celui qui a payé ce qu'il ne
doit pas par erreur de fait ou même par erreur de
droit d'après une opinion à laquelle nous nous
sommes rangé.

L'action de dol appartient à celui qui soutient que
son adversaire a commis un dol antérieurement au
procès (nous verrons tout à l'heure qu'il n'en est
pas de même de l'exception de dol). Cette action
présente deux particularités notables : 1° elle est
infamante, c'est-à-dire que le défendeur condamné
sur cette action étant convaincu d'avoir commis une
action déloyale, est noté d'infamie ; 2° elle est subsidiaire, c'est-à-dire qu'on la refuse à celui qui pourrait arriver au même but par une autre action ou
même par une exception. Il est tout naturel en effet

d'employer de préférence les moyens qui n'exposent pas l'adversaire à la note d'infamie.

L'exception de dol, comme l'action, suppose un dol commis par l'adversaire, par le demandeur, mais ici il n'est pas nécessaire que ce dol ait été commis antérieurement au procès; il peut consister dans le fait même d'avoir commencé ou continué le procès, de n'avoir pas abandonné une demande dont la réponse du défendeur devait montrer le mal-fondé. C'est même seulement grâce à ce principe que l'exception de dol trouve sa place dans la matière de l'erreur simple, et nous verrons qu'elle y a un vaste champ d'application. L'exception de dol diffère encore de l'action, sous ce rapport qu'elle n'entraîne pas l'infamie de celui à qui elle est opposée avec succès.

Enfin, la *Restitutio in integrum* est le rétablissement par fiction des choses dans un état antérieur à un acte que le droit civil reconnaît, et dont le Préteur trouve les effets iniques (Sentences de Paul, I, VII, § 1). Le Préteur, après avoir examiné *extra ordinem* la vérité des faits qui motivaient la demande de restitution, considérait l'acte comme non avenu, puis il renvoyait devant un juge en délivrant une formule pour faire reconnaître le droit qu'avait fait perdre l'acte rescindé. Cette formule reposait sur la fiction que le fait rescindé ne s'était pas accompli. La restitution avait sur l'action de dol l'avantage de procurer une véritable action *in rem*, le transport de propriété étant rescindé s'il y avait lieu, tandis

que l'action de dol ne pouvait être intentée que
contre l'auteur même du dol et ses héritiers, mais en
revanche la restitution ne pouvait être demandée que
pendant l'année utile, à compter du jour où l'on
commençait à pouvoir agir. La *Restitutio in inte-*
grum étant un moyen exceptionnel de sa nature, et
contraire aux principes, est tout à fait subsidiaire,
et ne doit être employée que là où les voies ordinaires ne suffisent pas. Nous pensons donc que l'action de dol, quoique subsidiaire aussi, devra, en cas
de concours, être employée de préférence à la restitution, car elle est plus conforme aux principes, et
n'offre pas ce caractère exceptionnel de l'autorité
judiciaire intervenant *extra ordinem* pour modifier
le droit au moyen d'une fiction.

Les voies de recours que la procédure Romaine
nous offre contre l'erreur étant ainsi connues dans
leurs caractères principaux, il ne sera pas difficile de
voir en général à laquelle il faut recourir dans les
diverses hypothèses :

Dans un grand nombre de cas, l'erreur influe sur
le contrat ou l'acte juridique d'une manière directe
et absolue, en l'empêchant de naître ; dans ces cas,
nulle obligation ne peut prendre naissance ; il n'y a
donc nulle action à exercer, et la partie qui est tombée dans l'erreur, si son adversaire veut poursuivre
contre elle l'exécution du contrat, n'aura besoin
d'aucune exception pour repousser cette prétention;
il lui suffira de nier la formation du contrat en
prouvant son erreur. Par exemple, si un vendeur

6

a entendu vendre le fonds Comélien, l'acheteur
croyant acheter le fonds Sempronien, quand l'acheteur exercera l'action « *empti* » pour avoir ce
dernier fonds, le vendeur n'aura qu'à répondre :
mais je n'ai pas cru vous vendre ce fonds, et en
prouvant son erreur il échappera à la condamnation.
Il en sera de même en cas d'erreur sur les qualités
essentielles de la chose, ou s'il y a eu erreur sur la
personne dans un contrat à titre gratuit ou « *in faciendo* » (Le donateur ou le maître invoquera son
erreur quand il sera poursuivi soit en exécution de
la donation, soit en payement du salaire promis).
Dans le cas où à une stipulation de 100, on a répondu en promettant 50, le procédé sera le même,
mais si le demandeur n'a pas la précaution de faire
insérer une prescription en tête de la formule de sa
« *condictio;* » la condition posée dans « *l'intentio* » ne se trouvant pas vérifiée, le défendeur ne
sera pas condamné, même à payer 50. S'il y a eu
erreur sur l'existence ou sur le commerce de la
chose vendue et que le vendeur soit de bonne foi,
ce qui ne le soumet à aucune obligation de dommages-intérêts, l'acheteur n'ayant rien à lui demander,
le vendeur pourra encore se soustraire à l'exécution
de la vente en prouvant l'inexistence ou l'inaliénabilité
de la chose et son erreur, quand il sera poursuivi
par l'action « *empti*. » Si un homme incertain de sa
propre condition a fait un testament, la nullité de
cet acte sera prouvée par les héritiers ab intestat
quand l'héritier institué intentera contre eux la pé-

lition d'hérédité ; de même pour tous les cas où une
institution d'héritier est nulle. Si, la chose d'autrui
étant léguée, l'héritier croit que le testateur ignorait
qu'elle fût à autrui, il n'a qu'à le dire quand le
légataire exercera la « *condictio ex testamento,* »
et il ne sera pas tenu d'acheter et de livrer la chose
tant que le légataire n'aura pas prouvé que cette
obligation lui a été imposée en connaissance de cause
par le testateur. Dans une matière complétement
différente, nous avons vu que ce qui était fait devant
un magistrat incompétent était nul ; comment la
partie trompée pourra-t-elle faire valoir son erreur?
En répondant à l'action « *judicati;* » quand elle
sera poursuivie en exécution de la sentence rendue à
raison de la formule délivrée par le magistrat incompétent.

Dans tous les cas où la partie qui s'est trompée ne
doit pas s'attendre à être poursuivie, il ne lui suffit
pas d'avoir une défense contre une action; elle a
besoin d'avoir un moyen d'attaque pour demander à
son adversaire la réparation du tort que l'erreur lui
a causé. L'action du contrat lui permettra bien souvent d'atteindre ce but, si le contrat est de bonne
foi : par exemple, dans le cas d'erreur sur la substance de la chose vendue ou sur son existence, si le
vendeur est de mauvaise foi, ce qui l'oblige à donner des dommages et intérêts, l'acheteur pourra réclamer ces dommages et intérêts par l'action *empti;*
de même, l'acheteur qui, n'ayant pas trouvé dans le
terrain vendu la contenance désignée, a droit à une

indemnité, se la fera payer au moyen de l'action *empti*. De même, l'acheteur qui a acheté sans le savoir une chose hors du commerce, et a eu affaire à un vendeur de mauvaise foi, n'aura pas besoin d'une autre action pour se faire indemniser. De même encore, celui qui, dans un contrat de bonne foi, a traité avec une personne autre que celle à laquelle il pensait, et avec laquelle seule il avait expressément déclaré vouloir contracter. Si un objet donné en gage n'a pas les qualités substantielles sur lesquelles le créancier comptait, nous avons vu qu'il a droit à un supplément de gage; l'action *pigneratitia contraria* lui permettra de l'obtenir. Dans tous ces cas et autres analogues, si, au lieu d'une action de bonne foi, nous supposions une action de droit strict, elle ne serait pas suffisante, et la partie trompée devrait avoir recours à l'action de dol, à moins que l'on n'eût eu la précaution de joindre au contrat de droit strict la stipulation *dolum abesse, dolum abfuturum*. Cette *clausula doli* permettrait à la partie lésée, à condition de prouver le dol de son adversaire, d'en obtenir réparation par la *condictio ex stipulatu*, sans avoir besoin de recourir à l'action de dol. Dans la matière des successions, quand un héritier sien se voit exclu par une exhérédation qui lui semble rentrer dans un des deux cas de nullité pour erreur que nous avons exposés, il peut, pour le prouver, prendre la voie de la pétition d'hérédité.

L'action de dol sera rarement applicable en cas d'erreur, parce qu'elle n'est ouverte que là où au-

profiter, nous l'appliquons indistinctement à toute espèce d'erreur, de fait ou de droit. Celui qui veut invoquer son erreur doit prouver que pour une raison ou pour une autre il ignorait la vérité; mais là se borne son obligation de preuve; il n'a pas besoin d'aller jusqu'à la cause de son erreur pour prouver qu'elle est excusable. C'est à l'adversaire, une fois l'erreur prouvée, à soutenir et à démontrer, s'il le peut, que cette erreur ne doit pas être admise, parce qu'elle est trop grossière, par exemple, ou provient d'une trop grande négligence, et n'est pas excusable. Telle n'est pas l'opinion de M. de Savigny : suivant lui, il faut faire une distinction entre l'erreur de fait et l'erreur de droit; dans l'erreur de fait, la négligence doit être prouvée par l'adversaire, tandis que dans l'erreur de droit, elle se présume et doit être écartée par une preuve fournie par celui qui invoque l'erreur. (Savigny, tome III, Appendice 8, n° 3.) Ici encore, nous ne saurions adopter l'opinion du savant Romaniste : les textes sur lesquels il l'appuie (Loi 42, *de Regulis juris*, Dig., L. XVII; Loi 25, *de Probationibus*, Dig. XXII, III; Loi 5, § 1, *Pro suo*, Dig., XLI, x.) ne nous paraissent pas assez précis pour qu'on y puisse asseoir une différence aussi profonde entre l'erreur de fait et l'erreur de droit. Mais si nous repoussons entre ces deux sortes d'erreurs cette différence de principes, nous ne pouvons pas nous dissimuler que dans la pratique il y aura une différence assez grande : il est évident que dans l'erreur de droit la négligence, sans être présu-

cune autre action ne serait efficace; cependant elle trouvera son application dans les contrats de droit strict, là où la partie lésée, n'ayant rien à faire pour l'exécution du contrat, aura une indemnité à obtenir, et n'aura pas eu le soin de stipuler la *clausula doli*. Nous en avons déjà cité un exemple. Je prête de l'argent à Primus, que je crois être Secundus, en lui disant : « Je ne vous prête que parce que vous êtes Primus; je ne prêterais pas à un autre. » Secundus, en recevant l'argent, commet un dol, dont le prêteur ne pourra obtenir la réparation que par l'action de dol.

L'exception de dol ne trouvera aussi sa place que dans les actions de droit strict, puisqu'elle est sous-entendue dans les actions de bonne foi. Voici deux cas où elle s'appliquera certainement, les textes nous le disent : « Je vous livre une somme d'argent, croyant vous la donner; vous la recevez, croyant la recevoir à titre de prêt. Il n'y a ni donation, ni prêt; mais si je vous demande la restitution de la somme après que vous l'aurez consommée, vous me repousserez par l'exception de dol, « quoniam secundum voluntatem dantis nummi sunt consumpti. » (Loi 18. Dig. *de rebus creditis*, XII, I.) En général, la *falsa causa* d'un legs ne l'empêche pas d'être valable : cependant, si un légataire réclame son legs contrairement à la volonté du testateur, l'héritier lui opposera l'exception de dol. (Loi 4, § 10. Dig. *de doli mali et metus exceptione*, XLIV, IV.)

La *restitutio in integrum* doit être demandée dans

les cas où les actions dont nous avons parlé jusqu'ici ne suffisent pas, ce qui arrive en matière de succession ou d'actes de procédure entachés d'erreur : par exemple, l'héritier a fait adition sans savoir s'il était appelé *ab intestat* ou comme héritier institué; si la succession est bonne, il n'invoquera pas son erreur, et ce sont les autres héritiers qui l'opposeront à son action en pétition d'hérédité; mais si la succession est mauvaise, personne ne sera tenté de la prendre, et c'est sur la poursuite des créanciers héréditaires que l'héritier invoquera la nullité de son adition; il ne le pourra que par voie de *restitutio in integrum*. Il en sera de même des créanciers héréditaires qui auront imprudemment demandé la séparation des patrimoines par erreur sur la consistance de la succession, sur la solvabilité des héritiers. Les textes nous apprennent aussi que c'est par la restitution que le préteur corrigeait dans le droit classique la rigueur du droit civil dans la matière de la plus pétition. (Institutes, § 33, *de actionibus*, IV, VI.) Si celui qui avait droit à la *cautio judicatum solvi* recevait par erreur l'engagement d'un incapable, c'est par la restitution qu'il pouvait obtenir une caution nouvelle. C'est par la même voie que celui qui avait plaidé *cum falso tutore* pouvait faire rescinder le jugement. (Loi 8, § 2. Dig. *qui satisdare cogantur*, II, VIII; Loi 1. Dig. *quod falso tutore auctore*, etc..., XXVII, VI.) Dans toutes ces hypothèses, en effet, les voies ordinaires de droit ne fournissaient aucun recours à la partie lésée.

Quelle que soit d'ailleurs la voie de procédure que l'on emploie, l'erreur devra toujours être prouvée pour pouvoir modifier les effets de droit qui se seraient produits si elle n'avait pas existé. En général, ce sera à la partie qui l'invoque à en prouver l'existence, en vertu du principe : « Probatio ei incumbit, qui dicit. » Car, si des philosophes ont pu dire avec vérité qu'il est dans la nature de l'esprit humain de se tromper toujours, le jurisconsulte doit partir du principe contraire, et considérer l'erreur comme une circonstance exceptionnelle, qu'il faut prouver pour en profiter, et que l'on ne doit jamais présumer. Cependant, ce principe reçoit une exception notable (indépendamment de ce que nous verrons quand nous nous occuperons de la bonne foi); dans le cas de legs de la chose d'autrui, ce n'est pas à l'héritier à prouver que le testateur croyait la chose sienne et que le legs est partant nul, c'est au contraire au légataire à prouver que le testateur savait ce qu'il faisait en léguant une chose qui ne lui appartenait pas. (Institutes, § 4, *de Legatis*, II xx.) Cette solution se justifie par cette idée, que le legs de la chose d'autrui est lui-même un fait exceptionnel, auquel on ne doit croire que quand celui qui en veut profiter a fait une preuve complète, à défaut de laquelle preuve il est plus naturel de supposer l'erreur du testateur que sa volonté d'imposer une charge aussi lourde à son héritier.

Ce système, d'après lequel l'erreur doit toujours être prouvée par celui qui prétend en

mée, sera pour l'adversaire d'une preuve beaucoup
plus facile que dans l'erreur de fait. L'erreur de fait
par elle-même sera beaucoup plus facile à établir que
l'erreur de droit, car elle résultera presque toujours
de l'existence seule de l'acte attaqué.

CHAPITRE V.

DU DOL.

La théorie du dol ne rentre pas tout à fait dans
le sujet de notre étude ; cependant il est impossible
de parler de l'erreur sans dire quelques mots du
Dol.

Au fond, le dol est une espèce d'erreur ; c'est
l'erreur qualifiée par cette circonstance aggravante,
qu'elle a été produite ou au moins entretenue par
des manœuvres frauduleuses de l'adversaire. Cette
définition n'est applicable qu'au dol proprement dit,
appelé souvent aussi en droit romain « Dolus malus »,
r opposition au « Dolus bonus ». On entend par
ce mot de « Dolus bonus » l'habileté qu'il est permis
à chacun d'employer pour la défense de ses intérêts
légitimes, habileté qui est licite surtout quand on
l'emploie contre un ennemi ou un voleur (Loi 1, § 3,
Dig., de Dolo malo, IV, XII). Le « Dolus malus »,
au contraire, est un acte immoral qui n'est jamais
licite ; en voici une définition donnée par les jurisconsultes : « Dolum malum, Labeo definit esse

omnem calliditatem, fallaciam, machinationem, ad
circumveniendum, fallendum, decipiendum, alterum adhibitam. Labeonis definitio vera est. » (Ulpien,
Loi 1, § 2, Dig., *de Dolo malo*, IV, III.)

Si l'erreur produite ou encouragée par le dol de
l'adversaire ne devait pas avoir d'effets différents de
ceux que produit l'erreur ordinaire, née spontanément dans l'esprit de celui qui se trompe, toute la
théorie du dol serait sans objet; mais il n'en est pas
ainsi. Nous avons vu que l'erreur simple, en dehors
du dol, n'a pas toujours d'influence sur le contrat;
très-souvent, les choses se passent absolument comme
si la partie qui s'est trompée avait agi sciemment, et
son erreur produit pour elle une perte dont elle ne
peut pas se faire indemniser. C'est ce qui arrive,
notamment, quand l'erreur est inexcusable : celui
qui s'est laissé aller à une pareille erreur n'a rien à
réclamer, et ne peut s'en prendre qu'à lui de sa simplicité. Au contraire, quand il y a eu dol, toute erreur, quelle qu'elle soit, devient irritante et vicie
l'action juridique.

Le dol donne naissance à deux moyens de procédure dont nous avons déjà eu occasion de parler :
l'action de dol et l'exception de dol. Nous n'avons
pas besoin d'y revenir de nouveau ; mais nous devons signaler une différence notable entre l'action
et l'exception de dol et deux moyens de procédure
analogues sous bien des rapports, l'action *quod metus causa* et l'exception *metus*. Par *metus*, on entend la crainte, c'est-à-dire les menaces qui, met-

tent une personne dans l'alternative, ou de consentir
un acte préjudiciable à ses intérêts, ou d'éprouver
un mal considérable et présent. Voici donc la différence que nous avons annoncée: pour qu'il y ait
lieu à l'action ou à l'exception de dol, il faut
que les manœuvres frauduleuses aient été l'œuvre
de l'adversaire même contre qui on dirige l'action
ou l'exception, tandis que l'action ou l'exception de
crainte (de violence, comme on dit dans le droit
français) peuvent être dirigées soit contre l'auteur
de la menace ou ses héritiers, soit même contre
ceux qui, sans en être les auteurs ou les complices,
tenteraient néanmoins d'en profiter. Telle est l'idée
qu'on exprime en disant que l'action ou l'exception
metus est *personalis in rem scripta*.

DEUXIÈME PARTIE

DE LA BONNE FOI.

Nous avons déjà donné une idée de ce qu'est la bonne foi tout au commencement de cette étude ; mais nous devons le rappeler ici : au fond, la bonne foi, c'est l'erreur, mais l'erreur envisagée à un point de vue tout différent de celui sous lequel nous l'avons considérée jusqu'à présent : en effet, nous avons déjà parcouru bien des cas d'erreur ; dans tous, l'erreur nous a apparu comme exerçant sur les contrats ou actes juridiques une influence irritante : presque toujours, une partie, ayant consenti par erreur à un acte qui pouvait lui être préjudiciable, essayait de se faire relever des conséquences de cette erreur ; si elle y arrivait, l'acte tombait ; sinon, c'est que l'erreur ne produisait aucun effet, ce que les jurisconsultes exprimaient en disant : *Nocet error.... non prodest error.* Nous allons voir maintenant des hypothèses différentes, dans lesquelles l'erreur, au lieu d'annuler plus ou moins complètement un acte qui serait valable si les parties avaient toutes agi en connaissance de cause, valide au contraire des actes qui, sans elle seraient nuls, ou procure à celui qui s'est trompé des avantages auxquels il n'aurait pas droit s'il ne s'était pas trompé. C'est

cune autre action ne serait efficace; cependant elle
trouvera son application dans les contrats de droit
strict, là où la partie lésée, n'ayant rien à faire pour
l'exécution du contrat, aura une indemnité à obtenir, et n'aura pas eu le soin de stipuler la *clausula
doli*. Nous en avons déjà cité un exemple. Je prête
de l'argent à Primus, que je crois être Secundus, en
lui disant : « Je ne vous prête que parce que vous
êtes Primus; je ne prêterais pas à un autre. » Secundus, en recevant l'argent, commet un dol, dont
le prêteur ne pourra obtenir la réparation que par
l'action de dol.

L'exception de dol ne trouvera aussi sa place que
dans les actions de droit strict, puisqu'elle est sous-
entendue dans les actions de bonne foi. Voici deux
cas où elle s'appliquera certainement, les textes nous
le disent : « Je vous livre une somme d'argent,
croyant vous la donner; vous la recevez, croyant la
recevoir à titre de prêt. Il n'y a ni donation, ni prêt;
mais si je vous demande la restitution de la somme
après que vous l'aurez consommée, vous me repousserez par l'exception de dol, « quoniam secundum
voluntatem dantis nummi sunt consumpti. » (Loi
18. Dig. *de rebus creditis*, XII, I.) En général, la
falsa causa d'un legs ne l'empêche pas d'être valable ; cependant, si un légataire réclame son legs contrairement à la volonté du testateur, l'héritier lui
opposera l'exception de dol. (Loi 4, § 10. Dig. *de
doli mali et metus exceptione*, XLIV, IV.)

La *restitutio in integrum* doit être demandée dans

les cas où les actions dont nous avons parlé jusqu'ici ne suffisent pas, ce qui arrive en matière de succession ou d'actes de procédure entachés d'erreur : par exemple, l'héritier a fait adition sans savoir s'il était appelé *ab intestat* ou comme héritier institué; si la succession est bonne, il n'invoquera pas son erreur, et ce sont les autres héritiers qui l'opposeront à son action en pétition d'hérédité; mais si la succession est mauvaise, personne ne sera tenté de la prendre, et c'est sur la poursuite des créanciers héréditaires que l'héritier invoquera la nullité de son adition; il ne le pourra que par voie de *restitutio in integrum*. Il en sera de même des créanciers héréditaires qui auront imprudemment demandé la séparation des patrimoines par erreur sur la consistance de la succession, sur la solvabilité des héritiers. Les textes nous apprennent aussi que c'est par la restitution que le préteur corrigeait dans le droit classique la rigueur du droit civil dans la matière de la plus pétition. (Institutes, § 33, *de actionibus*, IV, VI.) Si celui qui avait droit à la *cautio judicatum solvi* recevait par erreur l'engagement d'un incapable, c'est par la restitution qu'il pouvait obtenir une caution nouvelle. C'est par la même voie que celui qui avait plaidé *cum falso tutore* pouvait faire rescinder le jugement. (Loi 8, § 2. Dig. *qui satisdare cogantur*, II, VIII; Loi 1. Dig. *quod falso tutore auctore*, etc..., XXVII, VI.) Dans toutes ces hypothèses, en effet, les voies ordinaires de droit ne fournissaient aucun recours à la partie lésée.

Quelle que soit d'ailleurs la voie de procédure que l'on emploie, l'erreur devra toujours être prou-Vée pour pouvoir modifier les effets de droit qui se seraient produits si elle n'avait pas existé. En géné-ral, ce sera à la partie qui l'invoque à en prouver l'existence, en vertu du principe : « Probatio ei incumbit, qui dicit. » Car, si des philosophes ont pu dire avec vérité qu'il est dans la nature de l'esprit humain de se tromper toujours, le jurisconsulte doit partir du principe contraire, et considérer l'erreur comme une circonstance exceptionnelle, qu'il faut prouver pour en profiter, et que l'on ne doit jamais présumer. Cependant, ce principe reçoit une exception notable (indépendamment de ce que nous verrons quand nous nous occuperons de la bonne foi); dans le cas de legs de la chose d'autrui, ce n'est pas à l'héritier à prouver que le testateur croyait la chose sienne et que le legs est partant nul, c'est au contraire au légataire à prouver que le testateur savait ce qu'il faisait en léguant une chose qui ne lui appartenait pas. (Institutes, § 4, *de Legatis*, II xx.) Cette solution se justifie par cette idée, que le legs de la chose d'autrui est lui-même un fait exceptionnel, auquel on ne doit croire que quand celui qui en veut profiter a fait une preuve complète, à défaut de laquelle preuve il est plus naturel de supposer l'erreur du testateur que sa volonté d'imposer une charge aussi lourde à son héritier.

Ce système, d'après lequel l'erreur doit toujours être prouvée par celui qui prétend en

profiter, nous l'appliquons indistinctement à toute
espèce d'erreur, de fait ou de droit. Celui qui veut
invoquer son erreur doit prouver que pour une raison ou pour une autre il ignorait la vérité; mais là
se borne son obligation de preuve; il n'a pas besoin
d'aller jusqu'à la cause de son erreur pour prouver
qu'elle est excusable. C'est à l'adversaire, une fois
l'erreur prouvée, à soutenir et à démontrer, s'il le
peut, que cette erreur ne doit pas être admise, parce
qu'elle est trop grossière, par exemple, ou provient
d'une trop grande négligence, et n'est pas excusable.
Telle n'est pas l'opinion de M. de Savigny : suivant
lui, il faut faire une distinction entre l'erreur de fait
et l'erreur de droit; dans l'erreur de fait, la négligence doit être prouvée par l'adversaire, tandis que
dans l'erreur de droit, elle se présume et doit être
écartée par une preuve fournie par celui qui invoque
l'erreur. (Savigny, tome III, Appendice 8, n° 3.) Ici
encore, nous ne saurions adopter l'opinion du savant
Romaniste : les textes sur lesquels il l'appuie (Loi
42, *de Regulis juris*, Dig., L. xvii; Loi 25, *de
Probationibus*, Dig. XXII, iii; Loi 5, § 1, *Pro
suo*, Dig., XLI, x.) ne nous paraissent pas assez
précis pour qu'on y puisse asseoir une différence
aussi profonde entre l'erreur de fait et l'erreur de
droit. Mais si nous repoussons entre ces deux sortes
d'erreurs cette différence de principes, nous ne pouvons pas nous dissimuler que dans la pratique il y
aura une différence assez grande : il est évident que
dans l'erreur de droit la négligence, sans être présu-

mée, sera pour l'adversaire d'une preuve beaucoup
plus facile que dans l'erreur de fait. L'erreur de fait
par elle-même sera beaucoup plus facile à établir que
l'erreur de droit, car elle résultera presque toujours
de l'existence seule de l'acte attaqué.

CHAPITRE V.

DU DOL.

La théorie du dol ne rentre pas tout à fait dans
le sujet de notre étude ; cependant il est impossible
de parler de l'erreur sans dire quelques mots du
Dol.

Au fond, le dol est une espèce d'erreur; c'est
l'erreur qualifiée par cette circonstance aggravante,
qu'elle a été produite ou au moins entretenue par
des manœuvres frauduleuses de l'adversaire. Cette
définition n'est applicable qu'au dol proprement dit,
appelé souvent aussi en droit romain « Dolus malus »,
r opposition au « Dolus bonus ». On entend par
ce mot de « Dolus bonus » l'habileté qu'il est permis
à chacun d'employer pour la défense de ses intérêts
légitimes, habileté qui est licite surtout quand on
l'emploie contre un ennemi ou un voleur (Loi 1, §3,
Dig., *de Dolo malo*, IV, III). Le « Dolus malus »,
au contraire, est un acte immoral qui n'est jamais
licite ; en voici une définition donnée par les jurisconsultes : « Dolum malum, Labeo definit esse

omnem calliditatem, fallaciam, machinationem, ad circumveniendum, fallendum, decipiendum, alterum adhibitam. Labeonis definitio vera est. » (Ulpien, Loi 1, S 2, Dig., *de Dolo malo*, IV, III.)

Si l'erreur produite ou encouragée par le dol de l'adversaire ne devait pas avoir d'effets différents de ceux que produit l'erreur ordinaire, née spontanément dans l'esprit de celui qui se trompe, toute la théorie du dol serait sans objet; mais il n'en est pas ainsi. Nous avons vu que l'erreur simple, en dehors du dol, n'a pas toujours d'influence sur le contrat; très-souvent, les choses se passent absolument comme si la partie qui s'est trompée avait agi sciemment, et son erreur produit pour elle une perte dont elle ne peut pas se faire indemniser. C'est ce qui arrive, notamment, quand l'erreur est inexcusable : celui qui s'est laissé aller à une pareille erreur n'a rien à réclamer, et ne peut s'en prendre qu'à lui de sa simplicité. Au contraire, quand il y a eu dol, toute erreur, quelle qu'elle soit, devient irritante et vicie l'action juridique.

Le dol donne naissance à deux moyens de procédure dont nous avons déjà eu occasion de parler : l'action de dol et l'exception de dol. Nous n'avons pas besoin d'y revenir de nouveau ; mais nous devons signaler une différence notable entre l'action et l'exception de dol et deux moyens de procédure analogues sous bien des rapports, l'action *quod metus causa* et l'exception *metus*. Par *metus*, on entend la crainte, c'est-à-dire les menaces qui, met-

quand elle est envisagée à ce point de vue que l'erreur prend le nom de bonne foi. Nous allons parcourir les effets que produit la bonne foi, d'abord dans la matière des contrats, puis dans le mariage, puis quand elle est jointe à la possession. Nous verrons que ces effets, s'ils sont très-importants, sont restreints à un très petit nombre d'hypothèses.

Nous venons de voir à propos de l'erreur proprement dite qu'elle ne se présume pas, et que l'on ne peut jamais l'invoquer qu'à condition de prouver son existence. Il n'en est pas de même de la bonne foi ; dans les cas où elle produit les effets les plus importants, elle se présume, et l'on pourrait dire que ce que la loi exige, c'est moins la bonne foi elle-même que l'absence de la mauvaise foi démontrée ; mais ce n'est pas là une règle générale, et dans un grand nombre de cas aussi, la bonne foi, comme l'erreur, a besoin d'être prouvée par celui qui en invoque le bénéfice.

CHAPITRE I.

DE LA BONNE FOI DANS LES CONTRATS.

Dans notre étude sur l'erreur, nous avons déjà eu plusieurs fois l'occasion de distinguer suivant que l'une ou l'autre des parties était de bonne ou de mauvaise foi. Cette distinction avait pour but de savoir si la partie qui n'était pas tombée dans l'er-

reur devait ou non des dommages et intérêts à la
partie trompée ; elle en devait si elle était de mauvaise foi, c'est-à-dire si elle avait profité sciemment
de l'erreur de son voisin, mais elle n'était tenue a
rien si elle était de bonne foi, c'est-à-dire si elle
avait ignoré l'erreur de l'autre partie ; dans ce cas,
en effet, elle n'était coupable d'aucune faute, et c'é-
tait déjà assez rigoureux pour elle de perdre, à cause
de l'erreur de l'autre partie, le bénéfice légitime
qu'elle espérait tirer d'un contrat loyalement consenti. Ce n'est pas de ce point de vue que nous
avons à nous occuper maintenant : nous allons seulement examiner les hypothèses où un contrat, qui
serait nul s'il était fait en connaissance de cause,
produit des effets à cause de la bonne foi de l'une
ties. Nous ne trouvons que deux hypothèses de ce
genre.

I. En vertu du sénatus-consulte macédonien,
celui qui prêtait de l'argent à un fils de famille était repoussé par une exception quand il agissait pour se
faire rendre son argent, soit contre le fils, soit contre
le père *de peculio*. (Institutes, § 7, *quod cum eo,
contractum est qui in aliena potestate est*, IV,
VII). Le sénatus-consulte souffrait exception quand
le père avait consenti au prêt, ou quand l'argent
avait tourné à son profit, ou quand le fils avait
emprunté pour l'administration de son pécule *cas-
trens* (il n'était, dans ce dernier cas, obligé que
dans les limites de ce pécule.) Les jurisconsultes
finirent par introduire une nouvelle exception :

quand le créancier avait eu juste sujet de croire,
lors du prêt, qu'il traitait avec un père de famille,
l'exception *senatusconsulti Macedoniani* ne pouvait
pas lui être opposée. C'est ce que Ulpien nous dit
en ces termes dans la loi 3 au principium Dig. *de
senatusconsulto Macedoniano*, XIV, VI : « Si quis
patrem familiam esse credidit, non vana simplicitate
deceptus, nec juris ignorantia, sed quia publice pater-
familias plerisque videbatur, sic agebat, sic contra-
hebat, sic muneribus fungebatur : cessabit senatus-
consultum. » On voit par ce texte qu'il ne suffisait
pas au créancier de prouver une erreur quelconque;
il lui fallait une erreur bien excusable, une erreur
commune, même, comme le texte la suppose, et
que jamais une erreur de droit n'aurait été admise
ici.

II. Le sénatus-consulte velleien défendait aux
femmes mariées ou non, *sui juris* ou *alieni juris*, de
se porter cautions ou, plus généralement, *d'intercedere* pour autrui; on examinait au fond si la femme
était, oui ou non, la principale intéressée dans l'affaire; si elle avait intercédé, l'acte n'était pas nul,
mais la femme avait une exception, qu'elle était
libre de ne pas opposer. On admettait que la femme
n'avait pas cette exception quand celui envers qui
elle s'était engagée croyait qu'elle avait contracté
dans son propre intérêt : « Tunc locus est senatus-
consulto, cum scit creditor eam intercedere »
(Paul loi 12 *ad senatus-consultum velleianum*,
Dig. XVI. 1.) Et Ulpien dans la loi 6 au même titre

nous donne un exemple : « Si fidejussores pro defensione absentis filii ex mandato matris ejus intercesserint, quæritur, an etiam his senatus-consulto subveniatur? Et ait Papinianus exceptione eos usuros. Nec multum facere, quod pro defensione fidejusserunt : cum contemplatione mandati matris intervenerunt. Plane, inquit, si qui acceperit eos fidejussores matrem eis mandasse ignoravit, exceptionem Senatus-consulti replicatione doli repellendam. » Ici, l'on est moins exigeant que dans le cas du sénatus-consulte macédonien, Paul et Ulpien semblent se contenter, pour écarter l'exception, d'une erreur quelconque, et il n'est plus nécessaire que l'erreur soit particulièrement excusable ; cependant une erreur de droit ne serait pas admise : Ulpien paraît bien l'exclure quand il écarte l'exception seulement dans le cas où le créancier ignore que c'est la mère qui a donné le mandat, ignorance qui est toujours nécessairement une ignorance de fait.

CHAPITRE II.

DE LA BONNE FOI DANS LE MARIAGE.

La Bonne foi peut avoir dans une certaine hypothèse la force de valider un mariage qui serait nul s'il avait été contracté en connaissance de cause, et en même temps de donner à l'un des époux et aux enfants nés du mariage une condition supérieure à celle qu'ils avaient auparavant. C'est ce que l'on appelle l'*Erroris causæ probatio*. Voici comment Gaïus nous la présente (Commentaire I, § 67 et suivants) : Il arrive quelquefois que des enfants, qui au moment de leur naissance n'étaient pas sous la puissance de leurs parents, y entrent par la suite. Ainsi, si un citoyen Romain épouse une Latine ou une pérégrine la croyant citoyenne Romaine, et en a un fils, ce fils n'est pas sous sa puissance, n'étant pas citoyen Romain, mais Latin ou pérégrin, c'est-à-dire de la condition de sa mère, car l'enfant ne suit la condition de son père que s'il y a *connubium* entre son père et sa mère. Mais un sénatus-consulte permet de prouver la cause de l'erreur, et ainsi la mère et le fils parviennent à la cité Romaine et le fils entre de ce jour sous la puissance paternelle. Il en est de même, sauf que la femme ne devient pas citoyenne, quand on a épousé par erreur une femme affranchie déditice, car les affranchis déditices ne peuvent jamais changer leur condition. Il faudrait donner les mêmes solutions dans le cas où ce serait une femme citoyenne Romaine qui épouserait un Latin ou un pérégrin le croyant citoyen ; si une citoyenne épousait par erreur un déditice, l'*Erroris causæ probatio* rendrait l'enfant citoyen, mais le père ne pourrait pas devenir citoyen, ni par conséquent acquérir la puissance paternelle.

Pour que ces effets pussent se produire, le sénatus-consulte dont nous parle Gaïus exigeait deux conditions : 1° il fallait qu'il y eût du mariage un enfant :

Gaïus dit un fils, mais il prend probablement ce mot dans un sens général, comprenant les deux sexes; 2° il fallait que l'époux citoyen prouvât *causam erroris;* on ne nous dit pas quel caractère devait avoir cette erreur, ni si elle devait nécessairement être une erreur de fait, et non de droit; il est probable qu'il n'y avait pas à cet égard de règle absolue, mais qu'une erreur plausible était seule admise.

Il ne faut pas confondre avec l'*Erroris causæ probatio,* dont nous venons de parler, une autre institution Romaine également dans la matière du mariage, que l'on appelle la *Causæ probatio,* et dont voici l'application : Un affranchi Latin épouse une femme citoyenne ou Latine coloniaire, ou Latine junienne comme lui, devant sept témoins citoyens et pubères, il a de ce mariage un fils qui arrive à l'âge d'un an. La loi Ælia Sentia lui permet d'aller trouver le magistrat et de prouver devant lui qu'il s'est marié conformément à cette loi pour avoir des enfants, et qu'il a déjà un fils d'un an; s'il fait cette preuve, la cité Romaine lui est acquise, et aussi à l'enfant et à la femme si elle était elle-même Latine (Gaïus, Comment. I, § 29). Il y a là une disposition légale tout exceptionnelle, rendue dans le but d'encourager la procréation des enfants, dans laquelle l'erreur et la bonne foi n'ont rien à voir, et dont nous ne nous serions pas occupé si l'*Erroris causæ probatio* ne se combinait pas avec elle quelquefois, de la manière suivante : Un Latin épouse une pérégrine la croyant citoyenne ou Latine; il invoque

l'*Erroris causæ probatio*, ce qui rend sa femme
Latine ou citoyenne, mais ne peut pas valider le
mariage; il n'y a pas encore justes noces; alors le
Latin invoque la *Causæ probatio*, et ainsi arrive à
la cité en passant par deux degrés (Gaïus, Comment. I, § 68).

CHAPITRE III.

DE LA POSSESSION DE BONNE FOI.

La possession est le fait qui correspond au droit
de propriété; c'est l'exercice de ce droit, soit par le
propriétaire, soit par quelqu'un qui, sans être le
propriétaire, a la chose entre les mains; je possède
une chose quand je l'ai à ma disposition comme
mienne, que je sois ou non propriétaire, et quand
même je saurais qu'un autre est propriétaire, si je ne
veux pas le reconnaitre pour tel. (M. Pellat, Exposé
des principes généraux de la propriété, n° 7). Dans
ce dernier cas, où je sais qu'un autre est propriétaire
de la chose que je possède, je suis possesseur de
mauvaise foi; au contraire, quand je crois être propriétaire, je suis possesseur de bonne foi. Et peu importe de quelle nature est mon erreur : fût-elle même
des plus grossières, je n'en suis pas moins de bonne
foi et j'ai droit à tous les avantages que la loi accorde
au possesseur de bonne foi. Nous allons voir que ces
avantages sont considérables; ils ont trait soit à l'ac-

quisition des fruits de la chose possédée, soit au cas
où le possesseur a fait des constructions ou des plantations sur le fonds possédé, soit à l'acquisition de la
chose elle-même par l'usucapion.

I. — De l'acquisition des fruits par le possesseur de bonne foi.

Le principe de l'acquisition des fruits par le possesseur de bonne foi est posé par les Institutes dans
les termes suivants : « Si quis a non domino, quem
dominum esse crediderit, bona fide fundum emerit,
vel ex donatione aliave qualibet justa causa æque
bona fide acceperit, naturali ratione placuit fructus
quos percepit, ejus esse pro cultura et cura ; et ideo,
si postea dominus supervenerit, et fundum vindicet,
de fructibus ab eo consumptis agere non potest. Ei
vero qui alienum fundum sciens possederit, non
idem concessum est : itaque cum fundo etiam fructus, licet consumpti sint, cogitur restituere. (Institutes, § 35 *de divisione rerum*, II. I.) » Nous n'avons
qu'à commenter en quelque sorte chaque mot de ce
paragraphe pour avoir une idée assez complète de
la matière :

α Tout d'abord, pour accorder le droit aux fruits,
le texte exige deux conditions : la bonne foi et une
juste cause de possession. Nous savons déjà ce que
c'est que la bonne foi, ou plutôt l'absence de mauvaise foi, car tout possesseur est présumé de bonne
foi jusqu'à preuve du contraire. La bonne foi est

l'erreur de celui qui possède la chose d'autrui croyant posséder sa propre chose. Quant à la *justa causa*, dont nous n'avons pas à nous occuper en détail, les exemples donnés par les textes nous montrent ce que c'est : on entend par ce mot un acte de sa nature translatif de propriété, qui ne l'a cependant pas pu transférer parce que l'auteur était un *non dominus*, ou même un vrai *dominus*, mais incapable d'aliéner.

β On s'est demandé à quel moment devait exister la bonne foi, s'il suffisait qu'elle eût existé au moment de l'entrée en possession, ce qui est nécessaire de l'avis de tout le monde, ou s'il fallait de plus qu'elle persistât au moment de chaque perception de fruits, le possesseur n'acquérant que les fruits perçus de bonne foi. Julien paraît pencher pour la première opinion dans le texte suivant : « Bonæ fidei emptor sevit, et antequam fructus perciperet, cognovit fundum alienum esse; an perceptione fructus suos faciat, quæritur? Respondi, bonæ fidei emptor, quod ad percipiendos fructus, intelligi debet, quandiu evictus fundus non fuerit. » (Loi 25, § 2. Digeste *de usuris et fructibus*, XXII. I.) Ainsi d'après Julien, le possesseur est de bonne foi ou du moins a les avantages de la possession de bonne foi tant qu'il n'est pas évincé. On pourrait invoquer en ce sens ce qui se passe en matière d'usucapion, et dont nous aurons bientôt à nous occuper. Mais voici un texte de Paul qui est contraire : « Quæritur, si eo tempore quo mihi res traditur, putem vendentis esse, deinde cognovero alienam esse : quia perseverat per longum tempus capio, an fructus meos faciam? Pomponius, verendum ne non sit bonæ fidei possessor, quamvis capiat : hoc enim ad jus, id est capionem; illud ad factum pertinere, ut si quis bona aut mala fide possideat. Nec contrarium est, quod longum tempus currit : nam, e contrario, is, qui non potest capere propter rei vitium, fructus suos facit. » (Loi 48, § 1. Dig. *de acquirendo rerum dominio*, XLI. I.) Paul réfute très-bien l'argument d'analogie tiré de l'usucapion, et sa solution nous semble bien plus juste que celle de Julien. Aussi a-t-elle triomphé, car nous la retrouvons dans plusieurs autres textes. (Voir Ulpien, loi 23 et Julien, loi 40 *de acquirendo rerum dominio*, XLI. I.)

γ Quels fruits acquiert le possesseur de bonne foi ? Ici encore nous trouvons une controverse : Paul lui donne tous les fruits, naturels, industriels et civils, d'après la loi 48 *in principio de acquirendo rerum dominio* : « Bonæ fidei emptor non dubie percipiendo fructus etiam ex aliena re suos interim facit, non tantum eos, qui diligentia et opera ejus pervenerunt, sed omnes. » Pomponius semble restreindre son droit aux fruits industriels. « Fructus percipiendo uxor vel vir ex re donata suos facit : illos tamen, quos suis operis acquisierit, veluti serendo : nam si pomum decerpserit, vel ex sylva cædit, non fit ejus : sicuti nec cujuslibet bonæ fidei possessoris : quia non ex facto ejus is fructus nascitur. » (Loi 45 *in principio de usuris et fructibus*, XXII. I.) Cette seconde opinion nous semble préférable, et les Institutes, disant que le possesseur de bonne foi fait les fruits siens *pro cultura et cura*, paraissent bien lui donner raison.

δ Ces fruits auxquels le possesseur de bonne foi a droit, à partir de quel moment sont-ils à lui? Comment les acquiert-il? Il les acquiert du jour où ils sont séparés du sol, du jour où ils commencent à former l'objet d'un droit de propriété distinct de celui de la chose qui les produit : « Bonæ fidei possessor in percipiendis fructibus id juris habet, quod dominis prædiorum tributum est. Præterea, cum ad fructuarium pertineant fructus a quolibet sati, quanto magis hoc in bonæ fidei possessoribus recipiendum est, qui plus juris in percipiendis fructibus habent, cum fructuarii quidem non fiant antequam ab eo percipiantur, ad bonæ fidei autem possessorem pertineant, quoquo modo a solo separati fuerint : sicut ejus, qui vectigalem fundum habet, fructus fiunt simul atque solo separati sunt. » (Julien, loi 25, § 1. Dig. *de usuris et fructibus*, XXII. I.) Ainsi, le possesseur de bonne foi est assimilé sous ce rapport à l'emphytéote et au propriétaire; il est mieux traité que l'usufruitier qui n'acquiert les fruits qu'à condition de les avoir perçus lui-même et ne peut pas les revendiquer s'ils ont été séparés du fonds sans son ordre.

ε Le possesseur de bonne foi ne fait les fruits siens que tant qu'il est de bonne foi. Son droit aux fruits qu'il perçoit cesse dès qu'il n'est plus de bonne foi, même avant qu'il n'ait été évincé par le véritable propriétaire. Mais il ne faudrait pas dire d'une ma-

nière absolue que la bonne foi cesse dès que le vrai
propriétaire s'est fait connaître : il est très-possible
en effet que son droit ne soit pas très-clair et que le
possesseur l'ait contesté étant toujours de bonne foi;
dans ce cas, ce n'est qu'au moment de la sentence du
juge que le possesseur cessera d'être de bonne foi;
il devia néanmoins rendre les fruits par lui perçus
dans l'intervalle entre la *Litis contestatio* et la sentence, car tous les effets du jugement doivent se
passer absolument comme si la sentence avait été
rendue le jour de la *Litis contestatio*, sans tenir
compte du temps qu'a pu durer le procès devant le
juge.

ζ Le 35, aux Institutes *de divisione rerum* s'exprime ainsi : « Si postea dominus supervenerit et
fundum vindicet, de fructibus ab eo consumptis agere
non potest. » Il en résulte que, si le propriétaire survient, revendique le fonds, et triomphe, le possesseur
de bonne foi doit lui rendre, non-seulement les fruits
perçus depuis la *litis contestatio*, mais aussi les fruits
qu'il a perçus avant cette époque, s'il ne les a pas
encore consommés. Telle était, en effet, la législation
à l'époque de Justinien, législation établie probablement par les rescrits impériaux, notamment par un
rescrit de Dioclétien et Maximien, qui forme la loi 22
au Code *de rei vindicatione* III, XXXIII, rescrit ainsi
conçu : « Certum est malæ fidei possessores omnes
fructus solere cum ipsa re præstare, bonæ fidei vero
exstantes, post autem litis contestationem universos. »
(M. Pellat, explication du livre VI du Dig. sur la loi

48 *de rei vindicatione*). Autrefois, c'était une opinion générale que le possesseur de bonne foi avait toujours, même à l'époque classique, dû rendre les fruits non consommés, quoique perçus avant la *litis contestatio*, et cette opinion s'appuyait sur de nombreux textes du Digeste. Mais M. Pellat, contrairement à cette idée, démontra qu'il y avait eu sur ce point un changement dans la législation à une époque assez difficile à préciser, probablement à l'époque du rescrit de Dioclétien que nous venons de citer, et qu'à l'époque classique, le possesseur de bonne foi, les fruits une fois perçus, en était propriétaire irrévocable, et n'était pas tenu de les rendre au propriétaire revendiquant, qu'ils eussent ou non été consommés. Quant aux textes du Digeste que l'on invoquait en faveur de l'opinion contraire, M. Pellat prouva qu'ils contenaient des interpolations; que Tribonien et ses collègues, pour mettre les anciens jurisconsultes au courant du nouveau droit, avaient altéré leur texte, souvent aux dépens de la logique et de la correction des phrases. Nous n'avons pas à exposer en détail les arguments de M. Pellat, cette question ne rentrant pas directement dans notre étude de la bonne foi. Admettant du reste qu'il y a eu un changement de législation, nous reconnaîtrons avec lui que cette innovation était malheureuse ; cela nous amène directement à rechercher quel est le motif qui a fait attribuer les fruits au possesseur de bonne foi.

% D'après les Institutes, le possesseur gagnerait les fruits par lui perçus de bonne foi comme indem-

nité de ses soins de culture, *pro cultura et cura ;*
mais ce motif ne nous paraît pas être le vrai ; en
effet, il n'explique nullement pourquoi le possesseur
de mauvaise foi, qui peut, lui aussi, avoir donné de
grands soins à la culture du fonds, n'en acquerrait
pas les fruits aussi bien que le possesseur de bonne
foi. Nous dirons plutôt que le possesseur de bonne
foi gagne les fruits parce, se croyant propriétaire, il
a dû proportionner son train de vie à la plus grande
fortune qu'il se croyait, *latatius vivere,* et qu'on l'ex-
poserait à une ruine injuste en lui faisant rendre des
fruits sur lesquels il a sans doute compté pour payer
ses dépenses. On voit que ce motif s'applique aussi
bien aux fruits non consommés qu'il garde dans son
grenier qu'aux fruits qu'il a vendus, et qu'il n'y a aucun motif pour que, gardant le prix des uns, il doive
rendre les autres. Ce sera pour nous une raison de
plus d'adopter le système de M. Pellat.

0 De l'acquisition des fruits par le possesseur de
bonne foi, il faut rapprocher une situation presque
analogue, c'est le cas du possesseur de bonne foi
d'un esclave ou d'un homme libre, passant pour esclave. Ce possesseur acquiert tout ce qu'acquiert l'esclave possédé, par son travail ou *ex re possessoris,*
même après que la bonne foi du possesseur a cessé
(Instilutes, § 4, *per quas personas nobis acquiritur,*
II, IX). Plus d'une fois, les jurisconsultes tirent argument de ce qui se passe dans cette hypothèse pour
statuer sur l'acquisition des fruits par le possesseur
de bonne foi (Voir notamment la loi 25, §2 *in fine,*

de usuris et fructibus, Dig. xxii, 1, contredite, du reste,
par les lois 23 et 40 *de acquirendo rerum dominio*,
xli, 1, sur la question de savoir si cette acquisition
persiste après que la bonne foi a cessé, tant que le
possesseur n'a pas été évincé).

II. — *Des travaux faits par un possesseur de bonne foi sur le fonds qu'il possédait.*

Le § 30 aux Institutes *de divisione rerum* (ii, 1)
prévoit le cas où le possesseur d'un fonds a fait sur
ce fonds des constructions, et pose des règles qui
sont également applicables au cas de plantations. Aux
termes de ce paragraphe, « la maison appartient au
propriétaire du sol, et le maître des matériaux en
perd la propriété, parce qu'il les a aliénés volontairement, s'il savait qu'il construisait sur le fonds d'autrui; il ne peut donc pas les revendiquer, quand même
la maison serait détruite. Il est constant que, si le
constructeur étant en possession, le propriétaire du
sol revendiquait la maison sans vouloir payer les
frais de construction, il pourrait être repoussé par
l'exception de dol, au moins si le constructeur possédait de bonne foi; car s'il avait su construire sur
le fonds d'autrui, on pourrait lui imputer à faute d'a-
voir construit étourdiment sur un fonds qu'il savait
n'être pas à lui. »

Ainsi, le possesseur de mauvaise foi, si la maison
est détruite, ne peut pas revendiquer les matériaux;

il en faut conclure *a contrario* que le possesseur de bonne foi le pourrait. Mais le texte des Institutes est sur ce point un peu trop rigoureux; il semble présumer invinciblement que le possesseur de mauvaise foi, en construisant, a voulu faire une donation au propriétaire. Une constitution de Caracalla (Loi 2 au Code *de rei vindicatione* III, XXXII) ne voit plus là une présomption *juris et de jure*, et décide que le possesseur, même de mauvaise foi, aura la revendication de ses matériaux, *si non donandi animo ædificia alieno solo imposita sint*. La difficulté se réduisant ainsi à une question d'intention, on trouvera fort peu de cas où le possesseur ait voulu faire une donation au propriétaire; il est beaucoup plus naturel de supposer qu'en construisant il a voulu améliorer l'immeuble dans l'espérance de le garder toujours.

Quand la maison n'est pas détruite et que le constructeur reste en possession, si le propriétaire revendique, il peut reprendre le fonds avec la maison, à condition de payer tous les frais de construction. S'il refuse cette indemnité, le texte dit que le possesseur, s'il a construit de bonne foi, aura l'exception de dol, et, s'il a construit de mauvaise foi ne l'aura pas. Mais l'exception de dol ne peut avoir qu'un but : empêcher que le propriétaire ne s'enrichisse injustement aux dépens du possesseur en profitant des travaux qu'il a faits. Or, pour cela, il n'est pas nécessaire que le propriétaire paye au possesseur tout ce que celui-ci a dépensé, si ces dépenses sont supérieures à la plus-value procurée au fonds. Il suffira donc que le propriétaire paye cette plus-value pour que son action ne soit plus arrêtée par l'exception de dol.

Maintenant, cette exception de dol étant opposée, quel en pourra être l'effet ? C'est ce que nous dit Celsus (Loi 38 *de rei vindicatione*, D. VI, I) : « Tu as « bâti ou planté sur le fonds d'autrui que tu avais « acheté imprudemment, puis tu en es évincé. Un « bon juge devra statuer différemment suivant les « personnes et les circonstances. Si le propriétaire, « à ta place, eût fait les mêmes travaux, il ne devra « reprendre le fonds qu'en te remboursant ta dé-« pense jusqu'à concurrence de la plus-value, ou, si « la plus-value est supérieure à la dépense, la dé-« pense seulement. S'il est pauvre au point de ne « pouvoir te payer cette indemnité qu'en se dépouil-« lant de son foyer et du tombeau de ses pères, il « suffira qu'il te laisse enlever tout ce que tu pourras « de tes travaux sans diminuer la valeur qu'aurait « eue le fonds s'il n'y avait pas d'abord été bâti. Et « nous permettrons dans ce cas au propriétaire de « garder la maison s'il le veut en payant au posses-« seur le prix que celui-ci retirerait de ses matériaux « en les enlevant. Il ne faut pas non plus encourager « ce qui ne serait qu'une pure malice : si par « exemple tu voulais enlever tes lambris ou gratter « tes peintures sans autre profit que le plaisir de « nuire. Supposons maintenant que le propriétaire « soit sur le point de vendre le fonds qu'il vient de « recouvrer ; s'il ne rend pas tout ce que nous avons « dit dans notre première hypothèse (la plus-value

« ou la dépense), tu seras condamné à une somme
« d'argent dont le juge déduira cette indemnité que
« le propriétaire te doit.»

Enfin, le § 30 semble refuser l'exception de dol au
constructeur de mauvaise foi, ce qui, appliqué rigoureusement, permettrait au propriétaire de réaliser un
bénéfice injuste aux dépens du possesseur. Mais
Ulpien et l'empereur Gordien accordent à celui-ci le
droit d'enlever ses matériaux autant que cela se peut
faire *sine dispendio domini areæ* (Loi 37 Dig. *de rei
vindicatione*, VI, I, et loi 5 Code, même titre,
III, XXXII.

III. *De l'usucapion par le possesseur de bonne foi.*

Par l'usucapion, celui qui est en possession de
bonne foi et avec une juste cause acquiert, non-seulement les fruits de la chose, mais la chose elle-
même, à condition que sa possession ait duré un
certain temps, qui a varié suivant les époques.

Dans l'ancien droit romain, l'usucapion avait deux
applications bien distinctes :

1° Il y avait certains objets auxquels, dans les idées
romaines, on attachait une grande importance, sans
doute à cause de leur utilité pour l'agriculture, qui
était l'occupation la plus en honneur. C'étaient les
fonds en Italie, les esclaves, les bêtes *quæ dorso collo
ve domantur*, comme les bœufs, les chevaux, les ânes,
les mulets (Gaïus, Comm. II, § 15). La propriété de
ces choses, qu'on appelait *res mancipi*, ne pouvait

être pleinement et régulièrement transférée d'une personne à une autre que par un des modes d'aliénation reconnus par le vieux droit des Quirites, c'est-à-dire par la *cessio in jure*, la *mancipatio*, l'*adjudicatio*, le *legs*. D'où il résultait que si le propriétaire de l'une de ces choses la livrait à une autre personne par une simple tradition, la propriété civile n'en était pas transférée; il y avait donc dédoublement du droit de propriété, le *tradens* conservant par devers lui le *dominium ex jure quiritium*, l'*accipiens* en acquérant la propriété naturelle, ayant, suivant l'expression romaine, la chose *in bonis*. Ce propriétaire bonitaire avait du reste pour lui tous les avantages pratiques du droit de propriété, et il acquérait la propriété quiritaire par l'usucapion, s'il possédait la chose pendant un an ou deux ans, suivant qu'elle était mobilière ou immobilière.

2° Quand une chose, *mancipi* ou *nec mancipi*, peu importe, était livrée *ex justa causa* à une personne de bonne foi par quelqu'un qui n'avait pas pouvoir d'en transférer la propriété, l'*accipiens* n'en deve..ait pas immédiatement propriétaire, même bonitaire, mais il pouvait, par voie d'usucapion, devenir propriétaire en possédant la chose pendant un ou deux ans, suivant la distinction établie ci-dessus. Il acquérait ainsi la propriété parfaite, *ex jure quiritium*.

Plus tard, la distinction des choses *mancipi* et *nec mancipi* s'étant effacée, l'usucapion perdit la première de ces deux applications, nous ne nous occuperons donc que de la seconde, la seule du reste où la bonne foi fût exigée, car celui qui avait reçu par tradition une chose *mancipi* l'usucapait, quoiqu'il sût très-bien qu'on ne lui en avait pas transféré instantanément le *dominium ex jure quiritium*. Nous allons rechercher ce qu'on entend par la bonne foi en matière d'usucapion; à quel moment cette bonne foi doit exister; ce qu'on entend par *juste cause*; quelles choses sont susceptibles d'être usucapées; pendant combien de temps il faut posséder, et dans quels cas l'usucapion est interrompue. Puis nous nous occuperons de la *præscriptio longi temporis*, institution voisine de l'usucapion, et de la fusion opérée par Justinien entre ces deux institutions.

A. L'usucapion, dans le dernier état du droit romain, n'ayant plus lieu que dans le cas où une chose avait été livrée par quelqu'un qui n'avait pas le pouvoir d'en transférer la propriété, la bonne foi est l'erreur du possesseur qui croit avoir traité avec quelqu'un ayant ce pouvoir, et par conséquent avoir acquis la propriété. Il faut que cette erreur soit une erreur de fait; l'erreur de droit ne peut pas constituer une bonne foi suffisante pour usucaper; c'est ce que nous dit Pomponius dans la Loi 4 *de juris et facti ignorantia* (Dig. XXII. VI.) : « Juris ignorantiam in usucapione negatur prodesse : facti vero ignorantiam prodesse constat. » Et Paul nous en donne un exemple dans la Loi 2, § 15 *pro emptore* (Dig. XLI. IV.) : « Si a pupillo emero sine tutoris auctoritate, quem puberem esse putem : dicimus usucapionem sequi : ut hic plus sit in re quam in

existimatione; quod si scias pupillum esse, putes tamen pupillis licere res suas sine tutoris auctoritate
administrare, non capies usu : quia juris error nulli
prodest. » La bonne foi doit donc reposer sur une
erreur de fait; mais le possesseur n'a pas besoin de
la prouver; il est présumé de bonne foi tant que son
adversaire, le propriétaire revendiquant, ne prouve
pas qu'il est de mauvaise foi ou qu'il est dans une
erreur de droit.

β. A quel moment doit exister la bonne foi
pour que le possesseur puisse usucaper? Nous avons
vu que pour faire les fruits siens le possesseur devait
être de bonne foi au moment de chaque perception.
Un texte de Paul que nous avons cité à ce propos,
la Loi 48, § 1, *de acquirendo rerum dominio*, nous
a déjà appris que la règle n'était pas la même en
matière d'usucapion; ici, en effet, il suffit, au moins
en général, que le possesseur ait été de bonne foi
au moment où a commencé sa possession; s'il a
appris plus tard qu'il n'était pas propriétaire, cela
ne l'empêche pas d'usucaper tant qu'il n'est pas
évincé : « mala fides superveniens non impedit usucapionem. » La règle générale est donc qu'il faut
être de bonne foi au moment de l'entrée en possession, et que cela suffit; mais cette règle souffre des
exceptions dans certains cas :

1° Celui qui possède *pro emptore*, c'est-à-dire qui
possède une chose qu'il a achetée *a non domino* doit
avoir été de bonne foi, c'est-à-dire avoir cru que son
vendeur était propriétaire, non-seulement au mo-

ment où il a commencé à posséder, c'est-à-dire au moment de la tradition, mais encore au moment de la vente : « In ceteris contractibus sufficit traditionis tempus; sic denique, si sciens stipuler rem alienam, usucapiam si, cum traditur mihi, existimem illius (promittentis) esse : at in emptione et illud tempus inspicitur, quo contrahitur; igitur et bona fide emisse debet, et possessionem bona fide adeptus esse. » (Paul, Loi 2, *in principio pro emptore*, XLI. IV). Pourquoi est-on plus exigeant pour celui qui possède *pro emptore* que pour celui qui possède à un autre titre ? C'est ce qu'il serait impossible de justifier rationnellement. Il y a là une anomalie, dont M. Demangeat donne l'explication suivante : « probablement la Loi des XII Tables, à propos de l'usucapion, comme l'édit prétorien à propos de l'action publicienne supposait expressément le cas d'un homme *qui bona fide emit*. Alors les jurisconsultes, pour observer à la fois le texte de la Loi et la règle générale qui veut que la bonne foi existe à l'*initium possessionis*, sont arrivés à dire : « L'usucapion *pro emptore* suppose qu'il y a eu bonne foi, non-seulement au moment de la tradition, mais encore au moment de la vente. » (Cours élémentaire de droit Romain, Tome I. Pages 559 et 560).

2° Dans l'usucapion *pro donato*, la bonne foi devait exister au moment de l'entrée en possession, et persévérer pendant tout le temps requis. Telle était du moins l'opinion d'Ulpien : « interdum tamen, licet furtiva mater distracta non sit, sed donata ignoranti mihi, et apud me conceperit et pepererit, competit mihi in partu Publiciana, ut Julianus ait, si modo eo tempore, quo experiar, furtivam matrem ignorem. » (Loi 11, § 3, Dig. *de Publiciana in rem actione*, VI. II, M. Pellat, sur cette Loi). Il résulte bien de cette Loi que l'usucapion *pro donato* est interrompue dès que le possesseur cesse d'être de bonne foi. C'est une particularité motivée sans doute sur la défaveur que rencontre toujours un acquéreur à titre gratuit. Justinien la fit disparaître dans la Loi 1 au code *de usucapione transformanda* (VII, XXXI), où il s'exprime ainsi : « Quod et in rebus mobilibus observandum esse consemus, ut in omnibus justo titulo possessionis antecessoris justa detentio, quam in re habuit, non interrumpatur ex posteriore forsitan alienæ rei scientia, licet ex titulo lucrativo ea cœpta est. »

γ. La *justa causa possessionis* exigée pour qu'il puisse y avoir usucapion doit être un acte qui de sa nature et à le supposer fait par une personne capable de transférer la propriété, ait pour effet ordinaire d'en motiver la translation, tels sont la vente, la donation, le legs, la dot, le payement, l'abandon suivi d'occupation, etc. Suivant l'espèce de la *justa causa*, la possession prend une qualification particulière ; on possède *pro emptore*, *pro donato*, *pro dote*, *pro soluto*, *pro derelicto*.

Il faut bien se garder de confondre la *justa causa* et la *bona fides* : ce sont deux conditions distinctes de l'usucapion, qui peuvent très-bien exister l'une sans l'autre; par exemple, si j'achète sciemment la chose d'autrui et que mon vendeur me la livre, je possède *ex justa causa*, mais de mauvaise foi; au contraire, si je crois sincèrement avoir acheté ce que je n'ai jamais acheté, je suis possesseur de bonne foi, mais sans *justa causa*. Si l'existence de la *justa causa* est contestée, c'est à celui qui invoque l'usucapion à prouver qu'il possédait avec juste titre; au contraire, c'est à son adversaire à prouver qu'il n'était pas de bonne foi, car la bonne foi se présume, mais non la *justa causa*. (V. un exemple dans la loi 30, au Code *de evictionibus*, VIII, XLV.)

Les Institutes au § 11 de *usucapionibus*, II, VI, prévoient une hypothèse assez difficile. C'est celle où, la *justa causa* manquant en réalité, l'acte de sa nature translatif de propriété n'étant pas intervenu, le possesseur croit qu'il a existé; dans ce cas, le texte nous dit qu'il n'y a pas usucapion : « Error falsæ causæ usucapionem non parit : veluti si quis, cum non emerit, emisse se existimans, possideat; vel cum ei donatum non fuerit, quasi ex donatione possideat. » Ainsi, la bonne foi du possesseur, sa croyance en une *justa causa* qui est fausse, ne supplée pas à l'existence de la juste cause; telle est la règle générale, et il faut reconnaître qu'elle est bien d'accord avec le principe que la bonne foi et la juste cause sont deux conditions distinctes, qui doivent exister cumulativement, et dont l'une ne peut pas remplacer l'autre. Cependant les jurisconsultes romains s'étaient un peu relâchés de la rigueur de ce principe. Ils avaient fini par admettre l'usucapion dans tous les cas où le possesseur avait eu des raisons plausibles de croire à l'existence de la juste cause. Voici l'exemple que l'on en cite habituellement : Ayant chargé mon esclave ou mon procureur de m'acheter un objet, il me l'a livré en me persuadant qu'il l'avait acheté ; je pourrai usucaper, au moins si mon esclave ou mon procureur était un homme honnête jusque-là, dans lequel je puisse avoir confiance sans être taxé de légèreté. « Quod vulgo traditum est, eum, qui existimat se quid emisse, nec emerit, non posse pro emptore usucapere, hactenus verum esse ait, si nullam justam causam ejus erroris emptor habeat ; nam si forte servus vel procurator, cui emendam rem mandasset, persuaserit ei se emisse, atque ita tradiderit, magis esse, ut usucapio sequatur. » (Africain. Loi 11 *pro emptore*, XLI, IV.) Et ce qu'Africain dit de l'usucapion *pro emptore* s'appliquerait aussi bien à l'usucapion fondée sur tout autre titre. (V. Hermogénien. Loi 9 *pro legato*, Dig. XLI, VIII.)

δ. Toutes choses ne sont pas susceptibles d'usucapion. D'abord les choses hors du commerce ne peuvent pas être acquises par cette voie plus que par une autre. Même parmi les choses du domaine privé, certaines ont un vice qui en empêche l'acquisition par usucapion : telles sont les *res mancipi* appartenant à une femme en tutelle dans l'ancien droit ; les choses mobilières volées, ou les choses immobilières dont on s'est emparé par violence, tant qu'elles ne sont pas revenues entre les mains de leur légitime propriétaire, les biens du fisc et les *fundi patrimoniales* de l'empereur qui étaient soumis à une prescription de trente ou de quarante ans, les choses données à un gouverneur de province en violation de la loi sur les concessions, et par lui revendues, les fonds dotaux, qui sont inaliénables, à moins que l'usucapion n'en ait commencé avant le mariage ou la constitution du fonds en dot. (V. la loi 28 *in prin- cip. de verborum significatione*, Dig. L. XVI, et la loi 16 *de fundo dotali*, Dig. XXIII, V, et les §§ 1, 2, 3, 8, 9 et 10 aux Institutes *de usucapionibus*, II, VI.) Les fonds provinciaux n'étaient pas non plus, dans le droit classique, susceptibles d'usucapion, mais il y avait pour eux une institution spéciale, la *præscrip- tio langi temporis*, dont nous dirons quelques mots bientôt.

Nous avons déjà vu que, pour usucaper, il fal- lait avoir possédé la chose un an si elle était mobi- lière, deux ans si elle était immobilière. Ce temps se trouvait interrompu si le possesseur perdait la pos- session; il y avait alors ce qu'on appelait *usurpatio*, et, s'il reprenait plus tard la possession, il ne pou- vait pas compter le temps antérieur, et devait re- commencer de tout.

Réciproquement, une personne pouvait devenir propriétaire par l'usucapion, quoiqu'elle n'eût pas possédé pendant tout le temps nécessaire; c'est ce qui arrivait quand le possesseur vendait la chose : l'acheteur, pourvu qu'il fût lui-même de bonne foi, pouvait joindre à sa propre possession le temps pen-

dant lequel son auteur avait possédé. Il y avait alors
jonction de possession. Quand le possesseur mourait,
son héritier continuait sa possession, et, fût-il de
mauvaise foi, il pouvait usucaper, pourvu que l'auteur eût été de bonne foi au commencement : il y
avait continuation de la même possession, ce qui est
bien différent de la jonction de deux possessions.
(V. § 12 et 13 aux *Institutes*, II, VI.)

ζ. Nous venons de dire que les fonds provinciaux
non gratifiés du *jus italicum* n'étaient pas susceptibles d'usucapion, mais de *præscriptio longi temporis*.
Cette *præscriptio* différait de l'usucapion sous plusieurs rapports : 1° elle n'était pas un véritable
mode d'acquisition, mais une exception que le possesseur pouvait opposer à la revendication de l'ancien propriétaire; ce n'est que très-tard qu'elle
procura une sorte d'action en revendication; 2° pour
qu'il y eût lieu à la *præscriptio*, la possession devait
avoir duré, au lieu d'un an ou de deux ans, dix ou
vingt ans, suivant que le vrai propriétaire habitait ou
non dans la même province; 3° l'usucapion s'opérait
comme tout autre transport de propriété, *salvo jure
servitutis aut hypothecæ*, tandis que la *præscriptio longi
temporis* était opposable au créancier hypothécaire
et au maître du fonds dominant aussi bien qu'au propriétaire du fonds possédé; 4° la revendication faisait cesser la *præscriptio*, tandis qu'elle n'avait pas
pour effet d'interrompre l'usucapion.

η. Justinien confondit ces deux institutions en
une seule, applicable également aux fonds provin-

ciaux et autres biens, distinction qui fut du reste effacée en toute matière. Le délai sera de dix ou
vingt ans pour les immeubles, de trois ans pour les
meubles; le nom de *prescriptio longi temporis*
s'applique aux immeubles, le nom d'usucapion aux
meubles. On s'est demandé si cette différence de
noms ne devait pas entraîner l'application dans un
cas des règles de l'ancienne *prescriptio longi temporis*, dans l'autre des règles de l'usucapion.
Telle n'est pas l'opinion de M. Demangeat; suivant
lui, ce sont les règles de l'usucapion qu'il faut appliquer dans tous les cas; la propriété sera donc
acquise *salvo jure servitutis vel hypothecæ*, et la
poursuite dirigée contre le possesseur ne pro-
duira pas d'interruption. Cela paraît résulter des
termes employés par Justinien pour résumer dans
les Institutes la constitution par laquelle il décréta
ce changement : « Constitutionem super hoc pro-
mulgavimus, qua cautum est ut res quidem mobiles
per triennium, immobiles vero per longi temporis
præscriptionem, id est, inter præsentes decennio,
inter absentes viginti annis, usucapiantur. (V. *Institutes de usucapionibus*, II, vi, *in principio*. Loi 1
au Code *de usucapione transformanda*, VII, xxxi; et
M. Demangeat, *Cours élémentaire de Droit romain*,
t. I, p. 548.)

CHAPITRE IV.

DE LA BONNE FOI DANS LES DÉLITS.

La bonne foi en matière de délits est l'erreur de celui qui viole une loi pénale sans la connaître, sans savoir que le fait qu'il accomplit est défendu. La question s'élève alors de savoir si cette erreur doit l'exempter de la peine qu'il encourrait sans aucun doute s'il avait sciemment contrevenu à la loi. Pour répondre à cette question, il faut voir si le délit commis est défendu par une loi naturelle ou par une lo positive, et, dans ce dernier cas, si cette défense est absolue, ou si la loi punit seulement l'acte délictueux commis sciemment et de mauvaise foi.

1° Il y a un certain nombre de faits qui sont punis par les lois de tous les pays civilisés. parce qu'ils sont prohibés par une loi morale universelle, dont la connaissance est innée à tous les hommes. Ces prohibitions. le droit positif ne les invente pas, il ne fait que les sanctionner : tels sont le meurtre et le vol. Ces faits par eux-mêmes supposent nécessairement une intention coupable : « furtum sine affectu furandi non committitur. » (Gaius, Loi 37, *in principio de usurpationibus et usucapionibus*, Dig., XLI, III. Voir aussi la définition du *furtum* aux Institutes, *de obligationibus quœ ex delicto nascuntur*, IV, 1.) Si un homme convaincu d'avoir soustrait la chose d'autrui frauduleusement, pour s'enrichir, venait répondre qu'il ne savait pas que ce fût défendu, son ignorance de la loi pénale, à la supposer démontrée, ne le mettrait certainement pas à l'abri de l'action *furti*; on ne pourrait même pas l'appeler de la bonne foi, car, s'il est possible qu'on n'ait jamais lu la loi qui établit l'action *furti*, on connaît toujours la loi naturelle qui défend le vol. Il en faudrait dire autant de la rapine, de l'adultère, de l'inceste de droit des gens. (V. Papinien, loi 38, § 2, Dig., *ad legem Juliam de Adulteriis coercendis*, XLVIII, v.)

2° Il y a un grand nombre de lois pénales positives, qui sont motivées sur des nécessités sociales, et que l'on ne saurait considérer comme l'expression de lois naturelles. Il est impossible d'en connaître les prescriptions sans en avoir fait une étude spéciale. Pour savoir si celui qui les viole de bonne foi est excusable ou punissable, il faut s'attacher au texte de ces lois : si elles s'expriment en termes généraux, punissant l'acte matériel de celui qui fait telle ou telle chose, sans spécifier qu'elle ne le punissent que s'il a eu une intention coupable, il ne faut attacher aucune importance à la bonne foi, et, sans admettre cette excuse, punir indistinctement toute contravention, même involontaire et inconsciente. Il faut ranger dans cette catégorie les lois de douane et en général toutes les lois fiscales (Loi 16, § 5, Dig. *de publicanis et vectigalibus et commissis* XXXIX, IV. Loi 9, § 5, Dig. *de minoribus viginti quinque annis*, IV, IV); la loi qui défend à celui qui écrit un testament d'y inscrire aucune disposition à son profit, même sous la dictée du testateur (Loi 3, au code, *de his qui sibi adscribunt*, IX, XXIII); la loi qui défend d'ouvrir le testament d'une personne assassinée avant d'avoir fait mettre ses esclaves à la torture (Loi 3, § 22, *de senatus consulto Silaniano*, etc., XXIX, V); la loi qui défend l'inceste du droit civil, c'est-à-dire contracté par un mariage illicite (Loi 38, § 4, Dig. *ad legem Juliam de Adulteris*, XLVIII, V) et un grand nombre d'autres lois. — Si, au contraire, la loi ne punit pas le fait matériel en lui-même, mais seulement le fait commis sciemment, de mauvaise foi, l'erreur de droit doit être admise comme excuse. Tel est le délit puni par l'action *de albo corrupto*. L'édit sur cette action s'exprime ainsi : « Si quis id, quod jurisdictionis perpetuæ causa, non quod prout res incidit, in albo, vel in charta, vel in alia materia propositum est, dolo malo corruperit; datur in eum quingentorum aureorum judicium quod populare est. » L'édit prévoit le *dolus malus*, parce que celui qui commet un dégât par maladresse ou par l'ordre du préteur, n'est pas puni: « Doli mali autem ideo in verbis edicti fit mentio, quod si per imperitiam, vel rusticitatem, vel ab ipso prœtore jussus, vel casu aliquis fecerit, non tenetur » (Ulpien, Loi 7, *in principio* et § 4, *de juridictione*, Dig. II, 4;)

APPENDICE.

DES PERSONNES PRIVILÉGIÉES.

Toutes les règles que nous avons exposées jusqu'à présent sur l'erreur et la bonne foi sont les règles de droit commun, applicables à tout le monde; nous avons vu dans quels cas un citoyen, à le supposer parfaitement capable, pouvait être restitué contre les conséquences de son erreur ou invoquer le bénéfice de sa bonne foi. Mais il y a des personnes pour lesquelles, à raison de divers motifs, ces règles de droit commun n'ont pas semblé assez protectrices, et à qui le droit romain croyait devoir accorder des faveurs particulières, notamment dans la matière qui nous occupe. Il y a quatre classes de personnes privilégiées : les mineurs de vingt-cinq ans, les femmes, les soldats, et les gens sans éducation, ou *rustici*. Nous allons les passer en revue successivement.

1° Les mineurs de vingt-cinq ans à Rome étaient capables depuis leur puberté de tous les actes de la vie civile; mais on avait bientôt senti que cette capacité trop prématurée n'était pas suffisamment protectrice; aussi avait-on prolongé jusqu'à l'âge de vingt-cinq ans la protection accordée aux impubères par l'ancien droit, en appelant curatelle ce qui n'était guère qu'une tutelle continuée, mais sans changer beaucoup les résultats pratiques. Dans le dernier

état du droit, le mineur peut, sans le consentement de son curateur, rendre sa condition meilleure; il peut même rendre sa condition pire (sauf
qu'il ne peut aliéner ou hypothéquer ses immeubles
qu'avec un décret du magistrat). En cela, il diffère
de l'impubère, mais ce qui le distingue du majeur,
c'est que les actes par lui faits dans les limites de sa
capacité ne sont pas irrévocables, et que s'il est lésé,
il peut toujours obtenir la *restitutio in integrum*, eût-
il même été assisté en contractant par son curateur,
protection excessive qui se tournait contre les mineurs en leur enlevant tout crédit. Pour obtenir
cette *restitutio*, le mineur devait prouver la lésion :
*restituitur minor non tanquam minor, sed tan-
quam læsus*, et cette lésion devait résulter de l'acte
lui-même, et non d'un événement postérieur. Il pouvait du reste obtenir la restitution en toute matière,
et, notamment, quand il avait fait un acte sous l'empire de l'erreur, dans le cas même où l'erreur n'aurait pas autorisé un majeur à revenir sur les conséquences de l'acte : il pouvait, par exemple, invoquer
l'erreur de droit là où un majeur n'aurait pu invoquer que l'erreur de fait; même en matière de délits, quand il s'agissait d'un délit puni seulement
par une loi positive, et non par une loi morale naturelle, il pouvait s'excuser sur son ignorance de la
loi même dans le cas où la loi punissait le fait matériel sans exiger expressément qu'il y eût l'intention
frauduleuse, et même dans les délits prohibés par
le droit naturel, son âge lui valait une atténuation de

la peine : « In delictis minor vigintiquinque annis non meretur in integrum restitutionem, utique atrocioribus : nisi quatenus interdum miseratio ætatis ad mediocrem pœnam judicem produxerit. » (Loi 37 §1. Dig. *de minoribus viginti quinque annis*, iv. iv.)

2° Les femmes étaient moins favorisées que les mineurs ; elles n'avaient pas comme eux le droit de demander la *restitutio in integrum* en toute matière ; tout leur privilége se bornait à n'être pas obligées de connaître le droit, et à pouvoir invoquer l'erreur de droit dans les cas où les hommes n'auraient pu invoquer que l'erreur de fait. Encore cette faveur d'abord générale pour les femmes comme pour les mineurs, fut-elle considérablement restreinte pour elles par un rescrit de Léon et Anthémius, rendu en 469 et ainsi conçu : « Ne passim liceat mulieribus omnes suos contractus retractare, in his quæ prætermiserint vel ignoraverint : statuimus, si per ignorantiam juris damnum aliquod circa jus vel substantiam suam patiantur, in his tantum casibus, in quibus præteritarum legum auctoritas eis suffragabatur, subveniri. » (Loi 13 au Code de *juris et facti ignorantia*, i. xviii.) Quels sont donc ces cas prévus par le droit antérieur ? M. de Savigny énumère les cas suivants: le cas où la femme a accepté par erreur de droit une caution judiciaire non valable ; le cas où elle a omis par erreur de droit de produire les pièces justificatives au début d'un procès (loi 1, § 2, et 5 Dig. ii. xiii); le cas de la veuve qui omet les formalités à remplir en cas de grossesse ; le cas où la femme paye par erreur une dette contre laquelle existait l'exception du sénatus-consulte Velleien (loi 29 § 9 au Code *ad senatus consultum Velleianum*, IV. XXIX); le cas où une femme a violé par igno- rance une loi pénale positive. (V. M. de Savi- gny, tome III, appendice VIII, n° 31.)

3° Les soldats à Rome avaient de nombreux pri- viléges, fondés sur un double motif : la nature de leurs occupations, qui leur interdisait l'étude du droit et les empêchait souvent d'accomplir toutes les for- malités exigées par la loi, et le besoin que les em- pereurs avaient de se concilier l'appui de l'armée par des faveurs souvent bien peu justifiées. Dans notre matière, ils étaient traités souvent comme les absents, et avaient la *restitutio in integrum* bien plus facile- ment que les citoyens non militaires, ou *pagani;* avant l'institution du bénéfice d'inventaire, ils pou- vaient être restitués contre l'acceptation d'une suc- cession onéreuse ; et même après que Justinien eut créé le bénéfice d'inventaire, ils étaient dispensés de faire l'inventaire dans un certain délai (loi 22, § 15, au Code de *jure deliberandi* VI. XXX); mais les mili- taires n'étaient pas dispensés de l'observation des lois pénales, sauf une exception, pour celui qui écrivait dans un testament un legs à son profit.

4° Les personnes sans éducation, ou *rustici*, avaient des priviléges assez restreints ; elles pouvaient seulement invoquer l'erreur de droit dans les cas sui- vants : quand elles avaient laissé passer le délai de la *bonorum possessio,* quand elles n'avaient pas produit dans un procès les pièces justificatives (loi 1, § 2 et 5 Dig. 11. x111); quand elles avaient violé une loi pénale positive; dans tous les autres cas, et notamment en matière d'usucapion, la *rusticitas* ne procurait aucun privilége. (V. M. de Savigny, tome 111, appendice v111, n° 32.)

Nous avons parcouru les principales décisions données par les lois romaines sur la matière de l'erreur et de la bonne foi. S'il est difficile de les ramener à une théorie générale, cela tient au caractère particulier de la législation romaine. Plus portés que les jurisconsultes modernes à matérialiser, à symboliser tous les actes juridiques, les Romains avaient peu approfondi l'étude de la volonté humaine, qui dans la formation des contrats constitue l'élément purement intellectuel.

Nous allons maintenant voir quel parti les rédacteurs de notre Code civil ont tiré de ces décisions éparses léguées par le droit Romain : nous allons les trouver développées et généralisées, mais les principes seront les mêmes, et l'on peut dire que toutes les dispositions de nos lois sur cette matière ont leur germe dans le droit Romain.

DROIT FRANÇAIS.

L'erreur et la bonne foi, comme nous l'avons établi déjà au commencement de la partie romaine de ce travail, ne sont qu'une seule et même chose, mais considérée à deux points de vue différents; pour le rappeler ici en quelques mots, la fausse croyance dans laquelle se trouve une personne prend le nom d'erreur quand elle a pour effet d'entraîner la nullité de l'acte juridique accompli sous son influence; elle s'appelle au contraire bonne foi quand son existence valide un acte qui, sans elle, serait nul, ou procure à la personne qui s'est trompée des avantages auxquels elle n'aurait pas eu droit si elle avait agi en connaissance de cause. Ici encore, cette distinction sera la base de la principale division de notre travail.

PREMIÈRE PARTIE.

DE L'ERREUR.

Pour étudier les effets de l'erreur, nous aurons à parcourir toutes les parties du droit civil : Mariage, successions, contrats, quasi-contrats, tous les titres du code nous présenteront des cas d'erreur à examiner ; mais c'est dans la matière des contrats que nous trouvons une théorie générale des effets de l'erreur. Nous prendrons donc pour point de départ les textes de ce titre.

L'article 1108 nous dit : « Quatre conditions sont essentielles pour la validité d'une convention : le consentement de la partie qui s'oblige ; sa capacité de contracter ; un objet certain qui forme la matière de l'engagement ; une cause licite dans l'obligation. » C'est à la première de ces quatre conditions, au consentement, que se rattache l'étude de l'erreur.

Le code ne nous a pas donné de définition du consentement, nous le définirons : *L'accord de deux volontés pour produire un effet de droit.* Les Romains exprimaient la même idée en disant : *Consensus est duorum in idem placitum.* La réunion de deux volontés est la condition essentielle du consentement ; la volonté d'un seul individu ne peut constituer qu'une offre, une pollicitation ; jamais elle ne suffit à elle seule pour produire un effet de droit ;

pour qu'elle soit obligatoire, il faut qu'il vienne s'y joindre, soit un fait étranger et souvent involontaire, comme dans les quasi-contrats, les délits ou les quasi-délits, soit la volonté d'une autre personne, comme dans les contrats. Cela est vrai même des contrats qui ne font naître d'obligation que chez une seule des parties. L'article 1108 paraît méconnaître ce principe et même ne faire allusion qu'aux contrats unilatéraux quand il parle seulement du consentement de la partie qui s'oblige ; il eût été plus complet et plus exact en disant : le consentement des parties ; mais le mot consentement implique nécessairement le concours de deux parties, le consentement étant l'acceptation par une personne de la proposition émanée d'une autre personne. Du reste, le consentement de la personne qui s'oblige attire bien plus fréquemment l'attention du jurisconsulte que celui de l'autre partie ; l'obligé ayant souvent intérêt à contester l'existence de l'obligation et à nier son propre consentement, tandis que le créancier, dans un contrat unilatéral, refusera bien rarement son adhésion à une proposition avantageuse pour lui.

De la définition que nous venons de donner du consentement : *l'accord de deux volontés pour produire un effet de droit*, il résulte nécessairement qu'il n'y a aucun consentement quand les deux volontés ne concordent pas ; nous verrons dans le cours de notre étude plusieurs cas de ce genre, où, la volonté de l'acheteur et celle du vendeur ne se rencontrant

pas, pour prendre l'exemple du contrat le plus fréquent, il n'y a pas de consentement, ni par conséquent de contrat, parce qu'alors il manque une des
conditions essentielles d'après l'article 1108 pour la
validité d'une convention. Mais il est aussi beaucoup
de cas où le consentement des deux parties s'est
rencontré, et où cependant le contrat n'est pas valablement et irrévocablement formé, parce que le
consentement est atteint de certains vices qui, sans
le supprimer complétement, l'altèrent et lui enlèvent
une partie de son efficacité. C'est l'idée qu'exprime
l'article 1109, ainsi conçu : « Il n'y a point de consentement valable, si le consentement n'a été donné
que par erreur, ou s'il a été extorqué par violence
ou surpris par dol. » Cet article énumère trois vices
du consentement : l'erreur, le dol et la violence, ou
plutôt la crainte, la menace (*vis impulsiva*), car la
violence proprement dite, ou *vis absoluta*, n'est pas
un vice du consentement qui l'empêche seulement
d'être valable, mais une cause qui rend impossible
l'existence d'aucun consentement. L'article 1109
semble mettre ces trois vices sur la même ligne ; cependant il faut faire entre eux des différences : la
crainte est un vice du consentement proprement dit,
qui l'altère, mais le laisse subsister ; l'erreur ne produit pas toujours le même effet ; dans quelques hypothèses, elle détruit le consentement, dans la plupart des cas elle ne fait que le vicier ; enfin quelquefois elle n'exerce aucune influence et n'empêche pas
le consentement d'avoir son plein et entier effet ;

quant au dol, c'est une variété de l'erreur, c'est l'erreur aggravée par cette circonstance, qu'elle est occasionnée dans l'esprit d'une partie par les manœuvres frauduleuses de l'autre partie: le dol constitue un vice distinct de l'erreur parce qu'il vicie la convention dans tous les cas où l'erreur ordinaire est considérée comme indifférente; la mauvaise foi de la partie adverse permet de revenir sur les conséquences du contrat pour relever celui qui s'est trompé sans qu'on soit obligé pour cela de froisser aucun intérêt légitime.

Nous touchons ici à une idée fondamentale en notre matière, c'est l'idée de la protection des tiers. En effet, si, dans des cas assez nombreux, la partie qui s'est trompée ne reçoit aucun secours et ne peut obtenir la nullité de l'obligation qu'elle a consentie, ce n'est pas que son erreur ne soit toujours favorable et ne rende sa position digne de protection ; mais la loi a considéré qu'en face de l'intérêt de la partie trompée il y avait celui de la partie adverse, qui, plus diligente ou mieux instruite, ne s'est pas trompée, qui même a presque toujours ignoré l'erreur de son co-contractant, qui a cru alors faire un contrat définitif et solide, et qu'il serait injuste alors de priver d'un bénéfice sur lequel elle a cru pouvoir légitimement compter. En présence de ces deux intérêts opposés, la loi a dû restreindre la protection qu'elle accordait à l'erreur, pour la réserver au cas où il aurait été souverainement injuste de laisser subsister dans toutes ses conséquences l'acte infecté

de ce vice. Dans les autres cas, elle n'a pas voulu
sacrifier les intérêts de la partie la plus diligente, et
l'erreur n'exerce aucune influence; elle nuit à celui
qui s'y est laissé induire. Ce refus de protéger l'erreur est même le droit commun; toutes les fois que
nous ne rencontrerons pas un texte permettant d'annuler le contrat pour telle ou telle variété d'erreur,
nous devrons le maintenir : *in dubio error nocet
erranti;* et, en effet, l'erreur est toujours ou une
faute, auquel cas les inconvénients en doivent retomber sur celui qui l'a commise, ou un malheur,
auquel cas on ne saurait sans injustice en rejeter les
conséquences sur la partie adverse, si elle n'a rien
fait pour la faire naître.

Déjà nous avons établi une grande distinction
entre les cas où l'erreur détruit absolument le consentement et les cas où elle le laisse subsister en le
viciant seulement. Dans un cas comme dans l'autre,
la conséquence est toujours la nullité du contrat;
mais cette nullité est absolue dans le premier cas, et
seulement relative dans le second; c'est là une distinction sur laquelle nous aurons plus loin à revenir
en détail; mais ici nous devons montrer rapidement
en quoi se séparent ces deux sortes de nullité. Il y a
entre elles trois grandes différences : 1° la nullité
absolue peut être invoquée par toute personne intéressée, tandis que le droit de demander la nullité
relative n'appartient qu'à la partie en faveur de laquelle elle a été établie; 2° la nullité absolue peut
être demandée pendant trente ans; la faculté d'in-

voquer la nullité relative est restreinte dans un moindre temps ; 3° enfin, l'acte absolument nul n'est susceptible d'aucune ratification, car on ne ratifie pas le néant, tandis que l'acte seulement infecté d'un vice qui le rend relativement nul peut reprendre toute son efficacité par une ratification expresse ou résultant tacitement de son exécution faite en connaissance de cause par la partie qui pouvait le faire annuler.

On appelle assez souvent *erreur obstacle* celle qui entraîne la nullité absolue de l'obligation, le consentement faisant complétement défaut, et *erreur nullité* celle qui ne cause qu'une nullité relative, le consentement n'étant que vicié. Le dernier de ces deux termes nous semble un peu obscur : il conviendrait aussi bien, suivant nous, à la nullité absolue qu'à la nullité relative à laquelle on le réserve. On emploie aussi quelquefois les expressions *erreur essentielle* ou *erreur non essentielle* ; la première désigne l'erreur qui, attaquant l'essence même du contrat, le frappe d'une nullité absolue ; les mots *erreur non essentielle* s'appliquent indistinctement à celle qui entraîne une nullité relative et à celle qui ne vicie nullement l'obligation. Cette terminologie nous semble préférable à la première, car nous verrons que la distinction entre les cas où l'erreur entraîne la nullité relative et ceux où elle laisse à l'obligation toute sa force n'est tranchée par aucune différence de principes, mais seulement par la différence du plus au moins, différence que souvent la loi ne détermine pas elle-même pour laisser aux juges un certain pouvoir discrétionnaire.

En droit romain, on distinguait soigneusement l'erreur de fait de l'erreur de droit, l'une étant traitée beaucoup plus favorablement que l'autre. Nous allons, en droit français, nous occuper de l'erreur en général, sans faire cette distinction, sauf à rechercher, dans un chapitre spécial, s'il y a lieu de faire aujourd'hui quelque différence entre ces deux sortes d'erreur, en dehors des articles 1356 et 2052, qui prévoient particulièrement l'erreur de droit, et que nous étudierons alors.

Le seul article du Code civil qui s'occupe spécialement de l'erreur est l'article 1110; or il ne prévoit que des cas où l'erreur non essentielle produit une nullité relative. Avant de commenter cet article, nous devons donc consacrer quelques pages à l'étude des cas où, par suite d'une erreur exclusive de tout consentement, il y a nullité absolue; puis, nous étudierons avec l'article 1110 les cas de nullité relative, et enfin nous comparerons entre eux les effets de ces deux sortes de nullité.

CHAPITRE I.

DE L'ERREUR ESSENTIELLE.

Les cas où l'erreur entraîne la nullité absolue de l'obligation sont ceux où le consentement des deux parties ne s'est pas rencontré; nous en avons déjà vu des exemples en droit romain; en voici dans notre droit :

1° Je vous offre mon cheval en vente; vous croyez que je veux seulement vous le louer, et, dans cette pensée, vous en recevez tradition. Les deux parties ont cru faire chacune un contrat différent, l'une une vente, l'autre un louage. Il est évident qu'il n'y a pas dans cette hypothèse le *concours* de deux volontés qui constitue le consentement; aucun des deux contrats n'a pu se former, et cela est de toute nécessité, car, s'il en était autrement, on ne saurait lequel des deux contrats maintenir. Tant que le malentendu ne sera pas découvert, les choses resteront en l'état, celui qui a reçu le cheval le conservant; mais quand il viendra pour payer un loyer ou que l'autre partie lui réclamera un prix de vente, ils s'apercevront de l'erreur où ils sont tombés, et alors ils formeront un nouveau contrat en expliquant suffisamment lequel, à moins qu'ils ne préfèrent revenir sur l'apparence de convention qui avait eu lieu, l'un rendant le cheval, et l'autre restituant tout ce qu'il aurait pu recevoir en retour. Il en est de même si l'un croit vendre et l'autre recevoir une donation, et généralement toutes les fois que les deux parties ne s'entendent pas sur la nature du contrat qu'elles ont l'intention de former. La seule question qui puisse s'élever sérieusement dans de pareilles hypothèses est une question de dommages-intérêts. Ainsi, le vendeur, dans l'exemple que nous avons donné, pourrait prouver qu'il s'est expliqué assez clairement, et que si l'autre partie n'a pas compris, c'est par légèreté ou inattention; que par conséquent si elle ne consent pas à accepter le cheval à titre de vente, elle doit l'indemniser, lui vendeur, du tort qu'elle a pu lui causer, par exemple en lui faisant manquer l'occasion de se défaire de son cheval à des conditions avantageuses. En fait, cette prétention du vendeur sera certainement très-difficile à établir; mais s'il parvient à prouver aux juges que le malentendu ne provenait que de la faute de son adversaire, et nullement de la sienne, il est bien juste qu'il obtienne réparation du préjudice qu'il en éprouve.

2° Je vous propose d'acheter ma maison de Paris pour dix mille francs. Vous acceptez, croyant qu'il s'agit de ma maison de Lyon; l'erreur porte sur l'identité de l'objet. Ici encore, les deux volontés n'ont pas pu se rencontrer, et il y a nullité du contrat, sauf à la partie qui aurait causé le *quiproquo* par sa faute à indemniser l'autre partie s'il en est résulté pour elle quelque préjudice. Pour que nous puissions prononcer la nullité absolue du contrat, il faut que l'erreur ait porté, comme dans notre exemple, sur l'individualité même de l'objet, que l'ont ait pris une chose pour une autre; si l'erreur ne portait que sur les qualités, même les plus importantes, de l'objet, il ne pourrait y avoir tout au plus que nullité relative de la convention, comme nous le verrons bientôt.

Il serait logique de parler à cette place de l'erreur sur la personne dans le mariage; mais ce point con-

tenant une question très-longue et vivement con-
troversée, nous avons cru bien faire en la renvoyant
à un chapitre spécial.

3° Si vous me demandez de vous prêter mille
francs, que je vous promette de vous en prêter cinq
cents, et que vous croyiez que j'adhère complètement à votre demande, il n'y aura évidemment ouverture de crédit que jusqu'à concurrence de cinq
cents francs, puisque je n'ai pas consenti à plus ;
pour les cinq cents autres francs, la nullité est absolue, car nos deux volontés ne se sont pas rencontrées à leur égard. (Voir aux Institutes le § 5 *de inu-*
tilibus stipulationibus, III, xix.) Du reste, l'obligation
sera maintenue pour la partie sur laquelle on est
tombé d'accord, une somme d'argent étant un objet
parfaitement divisible, en vertu du principe : *Quod*
magis est minus in se continet. Mais cela n'est vrai
que pour les contrats unilatéraux ; il faudrait donner
une autre solution s'il s'agissait d'un contrat synal-
lagmatique : par exemple, je vous offre ma maison
à vendre pour dix mille francs, vous l'acceptez pour
cinq mille. Si on maintenait le contrat pour le prix
que l'acheteur a entendu donner, on irait manifestement contre la volonté du vendeur. Le contrat sera
nul, et d'une nullité absolue, pour défaut de consentement : On ne peut appliquer ici la règle : *Quod*
magis est minus in se continet. C'est ce que nous
avons déjà expliqué en droit romain.

4° L'erreur sur la cause de l'obligation nous offre
aussi des exemples de contrats nuls d'une nullité ab-

solue. L'étude de cette sorte d'erreur est difficile, et elle va nous entraîner dans d'assez longs développements.

D'abord, qu'est-ce, en droit, que la cause d'une obligation ? Dans le langage du monde, on désigne de ce nom les motifs plus ou moins directs, les considérations variables à l'infini qui ont engagé chaque partie à contracter ; dans une vente, c'est le plus souvent d'un côté le besoin d'argent, de l'autre le désir de posséder l'objet vendu ; dans un mandat, c'est le désir de rendre service d'une part, la confiance de l'autre ; dans une donation, c'est la bienveillance ou la reconnaissance ; dans une transaction, c'est la crainte de perdre le procès et l'amour de la paix, etc. Mais en droit, tous ces sentiments, qui nous poussent à contracter, ne prennent pas le nom de *cause*; par ce mot, on entend quelque chose de moins variable et de plus facile à reconnaître. La cause d'une obligation, c'est le *pourquoi* chaque personne contracte, c'est le but immédiat qu'elle se propose quand elle s'engage, aliène, ou renonce à un droit. Prenons quelques exemples et nous verrons que ces causes sont en nombre très-restreint. Dans la vente, le vendeur aliène sa chose pour acquérir la créance du prix, l'acheteur s'oblige pour acquérir l'objet vendu ; dans le prêt, l'emprunteur s'oblige à rendre parce qu'il a reçu ; dans la transaction, chaque partie fait un sacrifice pour mettre fin à un procès commencé ou prévenir un procès imminent ; dans la donation, le donateur aliène pour obliger le

donataire, ou, si l'on veut que toutes nos actions
aient un but intéressé, pour acquérir la reconnaissance de celui qu'il oblige. On voit par ces exemples
que dans chaque contrat chaque obligation n'est
susceptible que d'une seule cause ; toutes les autres
considérations que nous avons citées plus haut, qui
nous poussent à contracter, et qui varient à l'infini
suivant le caractère et la situation particulière de chacune des parties, ne sont que les causes de la cause,
ou, si l'on veut, les causes du contrat, mais ce ne
sont pas les causes de l'obligation ; en droit, on les
appelle motifs de l'obligation. Ainsi, quand j'achète
une montre, l'horloger me la vend pour toucher le
prix (cause de son obligation) ; il veut avoir le prix
parce qu'il en a besoin pour vivre, pour payer son
loyer et élever sa famille (causes de la cause, ou motifs de son obligation) ; je m'oblige à payer le prix
pour avoir la montre (cause de mon obligation) ; je
veux avoir la montre parce que j'ai perdu ou cassé
la mienne, ou parce que je veux faire un cadeau
(causes de la cause, ou motifs de mon obligation).

Pour résumer ce que nous venons de dire, nous
ne saurions mieux faire que de reproduire ce que
dit Zachariæ de la cause des contrats : « Le droit
« français exige comme condition de la force obliga-
« toire de toute promesse, et, par conséquent, de
« toute convention, que l'auteur de la promesse ait
« été déterminé à s'engager par un motif juridique-
« ment suffisant. Ce motif est appelé *cause* des con-
« ventions. La cause des conventions consiste, en

« général, soit dans une obligation antérieurement
« imposée à celui qui contracte un nouvel engage-
« ment (sous ce rapport, la théorie de la cause se lie
« à celle de la novation et à celle de la confirma-
« tion des obligations, *MM. Aubry et Rau*), soit dans
« une prestation en retour de laquelle l'une des
« parties s'engage envers l'autre (c'est ce qui a lieu
« dans les conventions à titre onéreux, où la cause
« de l'obligation de l'un des contractants se confond
« avec l'objet de l'obligation de l'autre. La théorie
« de la cause, en ce qui concerne ces sortes de con-
« trats, se rattache donc d'une manière intime à
« celle de l'objet. Dans la théorie de l'objet des
« conventions, on envisage en elle-même et isolé-
« ment la prestation due par chacune des parties.
« Dans celle de la cause on apprécie les prestations
« respectivement dues par les contractants en les op-
« posant l'une à l'autre, — MM. Aubry et Rau), soit
« enfin dans la libre détermination de l'un des con-
« tractants d'exercer en faveur de l'autre un acte de
« bienfaisance ou de libéralité. »

Ces principes sur la cause étant posés, voyons ce
que l'on doit entendre par l'erreur sur la cause et
quelles en sont les conséquences. La règle à cet
égard est formulée dans l'art. 1131, ainsi conçu :
L'obligation sans cause, ou sur une fausse cause, ou
sur une cause illicite, ne peut avoir aucun effet.

Laissant de côté la nécessité d'une cause licite,
qui est en dehors de notre sujet, nous voyons que cet
article distingue l'obligation sans cause de l'obliga-

tion sur fausse cause. Mais après ce que nous venons de dire sur la cause et les motifs, il est facile de voir que l'obligation sans motif est possible, mais qu'il ne peut jamais y avoir d'obligation absolument sans cause; de toute nécessité, une cause existe toujours, au moins dans l'intention des parties (Pothier, traité des obligations, n° 42); mais la cause peut n'exister que comme espérance; si elle ne se réalise pas, on peut dire que l'obligation est sans cause, sans que pour cela elle ait une fausse cause. L'obligation sans cause se confond donc pratiquement avec l'obligation sur fausse cause, et nous allons nous occuper de toutes les deux à la fois. Plusieurs cas sont possibles : la cause qui me déterminait à contracter peut n'avoir jamais existé ou avoir cessé d'exister avant la convention; la cause, qui n'existait qu'en espérance, peut avoir défailli; enfin, la cause, existant au moment de la convention, peut avoir cessé d'exister depuis (Toullier, tome VI, n° 167 et suivants).

1er cas. La cause n'existait pas ou n'existait plus au moment de la convention ; par exemple, je croyais que mon père, dont je suis héritier, avait laissé un testament léguant son cheval à Primus. Dans cette idée, j'ai fait novation avec Primus, lui promettant, au lieu du cheval, que j'ai le désir de conserver, une somme de cinq cents francs. La cause de la nouvelle obligation que j'ai contractée est l'ancienne obligation de donner le cheval dont je me croyais tenu. Plus tard, je découvre que le testament contenant ce legs a été révoqué par un second testament inconnu jusqu'alors; dans ce cas, mon obligation primitive n'a jamais existé; ou bien je découvre qu'au moment où j'ai fait la novation, le cheval légué était mort par un cas fortuit qui lui serait aussi bien arrivé entre les mains de Primus qu'entre les miennes; alors, mon obligation primitive avait bien existé, mais était éteinte au moment de la novation. Dans les deux hypothèses, mon obligation de payer les cinq cents francs tombe faute de cause, et si je les ai payés, j'ai payé l'indu par erreur, et puis répéter.

2ᵉ cas. La cause, qui n'existait qu'en espérance au moment de la convention, a défailli. Par exemple, dans la donation en faveur du mariage, la cause est la volonté chez le donateur de contribuer par sa libéralité à l'établissement du ménage; si le mariage n'a pas lieu, cette cause fait défaut, et la donation tombe. C'est ce que la loi elle-même nous dit dans l'art. 1088.

3ᵉ cas. La cause, existant au moment de la convention, peut depuis avoir cessé d'exister. La question est de savoir si l'obligation cesse d'exister avec sa cause. Pour y répondre il faut distinguer plusieurs sortes d'obligations: s'il s'agit d'obligations successives, qui consistent dans le payement de certaines prestations tous les ans ou à certains termes fixés, les prestations cessent d'être dues dès que cesse la cause de l'obligation. C'est ce qui arrive par exemple pour les loyers; ils ne courent plus dès que la chose louée est détruite (article 1741). Il ne faut pas confondre avec ce cas celui où le prix d'une vente est divisé en plusieurs annuités, payables à certains termes fixés; il n'y a pas là d'obligation successive, mais une dette unique, quoique divisée, qui n'est pas susceptible de s'augmenter à mesure que le temps s'écoule, mais dont le montant total est connu et fixé dès la conclusion du contrat. Dans une pareille hypothèse, si la cause de l'obligation vient à disparaître, par exemple par la perte de la chose vendue, le prix n'en continue pas moins à être dû aux époques fixées, jusqu'au payement total, cela résulte de l'article 1138 aux termes duquel *la convention*, la vente dans notre exemple *rend le créancier propriétaire et met la chose à ses risques*.

Les expressions dont se sert l'art. 1131 : *L'obligation... ne peut avoir aucun effet* nous semblent bien frapper de nullité absolue l'obligation entachée d'erreur sur la cause; et en effet, dire que cette nullité n'est que relative, et peut être effacée par une ratification expresse ou tacite, ce serait faire produire à l'obligation un certain effet. D'ailleurs, la ratification ne pourrait se concevoir dans cette hypothèse que par la constitution d'une nouvelle obligation, qui aurait alors pour cause une intention de libéralité. Si les obligations consenties par un incapable peuvent être ratifiées plus tard par l'incapable devenu capable ou par son représentant, si les obligations affectées d'une erreur non essentielle sont susceptibles de ratification après la découverte de l'erreur, c'est que le vice effacé par une pareille ratification n'attaquait pas l'obligation dans son essence et dans sa

10

racine même; la nullité résultant de l'erreur sur la substance de la chose ou sur la personne du contractant disparaît complétement dès que l'erreur est reconnue et que la partie qui y était tombée consent à maintenir néanmoins le contrat; la nullité relative résultant de l'incapacité d'une des parties est toute de protection, et s'efface naturellement quand celui en faveur de qui elle a été introduite y renonce librement; mais quand une obligation n'a pas de cause, il lui manque un des éléments les plus essentiels, et la ratification ne peut pas combler cette lacune et faire qu'il y ait eu une cause à l'obligation. M. Toullier (tome VI, n° 180) soutient néanmoins que l'obligation sur fausse cause est susceptible d'être ratifiée, soit expressément, soit par son exécution volontaire; nous ne sommes pas tout à fait d'accord avec le savant jurisconsulte; à nos yeux, ce qu'il appelle ratification ne sera que la création d'une obligation nouvelle, dont la cause sera la libéralité du débiteur, qui consent volontairement à faire naître une obligation à sa charge quand auparavant il n'était tenu à rien. L'intérêt pratique de la question est que l'opération, telle que nous la concevons, ne pourra avoir aucun effet rétroactif à l'égard des priviléges ou hypothèques qui pouvaient garantir l'obligation primitive.

Il y a certains actes juridiques dans lesquels l'erreur sur la cause présente des difficultés particulières; ce sont : la transaction, la constitution de la rente viagère, l'aveu judiciaire, le partage. Nous

laisserons de côté, pour le moment, la transaction
et l'aveu sur lesquels s'élèvent des questions d'erreur de droit que nous réservons pour un chapitre spécial, mais nous nous occuperons, dès à
présent, de la constitution de rente viagère et du
partage.

1° *De la constitution de rente viagère.* — C'est
un contrat par lequel une personne aliéne soit la
propriété d'un bien quelconque, soit une somme
d'argent une fois donnée, moyennant quoi l'autre
partie s'engage à lui servir une certaine somme tous
les ans ou à d'autres termes convenus, tant qu'*elle*
vivra ou que vivra une tierce personne sur la tête
de laquelle on dit que la rente est constituée (article 1968). Celui qui paye la rente prend le nom de
debi-rentier, celui qui la reçoit celui de *crédi-rentier*.
Le temps pendant lequel seront dues les prestations
périodiques étant la durée de la vie d'un homme,
c'est-à-dire un espace essentiellement incertain, ce
contrat est aléatoire; le crédi-rentier aliéne une
somme ou autre chose pour acquérir la chance de
toucher, en arrérages, une somme plus forte que
celle qu'elle débourse, ce qui arrivera s'il vit
longtemps ou si la personne sur la tête de qui la
rente est constituée vit longtemps. Cette chance est
donc la cause de l'obligation du crédi-rentier; il en
résulte que son obligation est nulle faute de cause,
et que, par conséquent, le contrat ne peut pas se
former toutes les fois que cette chance n'existe pas
au moment de la convention ou qu'elle est trop

faible aux yeux de la loi pour constituer une cause suffisante à l'obligation. C'est ce que nous disent les deux articles 1974 et 1975.

Art. 1974. « Tout contrat de rente viagère créée sur la tête d'une personne qui était morte au jour du contrat, ne produit aucun effet. »

Art. 1975. « Il en est de même du contrat par lequel la rente a été créée sur la tête d'une personne atteinte de la maladie dont elle est décédée dans les vingt jours de la date du contrat. » Ces deux articles n'exigent pas pour annuler le contrat que les deux parties ou l'une d'elles aient ignoré la mort ou la maladie de celui sur la tête de qui la rente est constituée; et, en effet, leur bonne ou leur mauvaise foi à cet égard est complétement indifférente. Si le debi-rentier connaissait la mort, le crédi-rentier l'ignorant, il y a dol, et la nullité n'en sera que mieux justifiée; si le crédi-rentier connaissait seul la mort, la convention de sa part est, ou un acte absurde et nul, ou une donation; or les donations ne doivent pas se présumer; de même si les deux parties connaissaient la mort ou la maladie. On peut du reste dire que si elles connaissaient la maladie, elles n'en connaissaient probablement pas la gravité. Bien plus, si la connaissance que le crédi-rentier a de la maladie devait empêcher le contrat d'être nul, l'article 1975 perdrait la plus grande partie de son utilité. Le plus souvent, en effet, les rentes viagères sont constituées sur la tête du crédi-rentier; or, au moment où il contracte, il sait toujours s'il est malade, sauf à se faire bien souvent illusion sur la gravité de son mal. Cependant l'article 1975 ne fait aucune distinction, il ne dit pas : Il en est de même du contrat par lequel la rente a été créée sur la tête d'une personne autre que le crédi-rentier; or il est bien difficile d'admettre que le législateur ait, par. inadvertance, oublié d'excepter de cette disposition un cas qui est de beaucoup le plus fréquent.

2° *Du partage.* — Le partage est un acte par lequel les personnes qui ont un bien ou une masse de biens dans l'indivision entre elles font cesser cette indivision, soit en prenant chacune une partie du bien commun, soit en le laissant tout entier à l'une d'elles qui indemnise ses co-propriétaires en leur donnant une somme d'argent qu'on appelle soulte. Quoique l'article 883 du Code civil ait décidé que le partage a dans notre droit un effet déclaratif et non attributif, à la différence de ce qui avait lieu en droit romain, cette opération n'en contient pas moins au fond de la part de chacun des co-partageants aliénation et acquisition : aliénation de sa part indivise dans tous les biens ou portions de biens qui sont attribués aux autres co-propriétaires, et acquisition de la part indivise de ses co-propriétaires dans les biens qui tombent dans son propre lot. Cette aliénation et cette acquisition sont réciproquement la cause l'une de l'autre, d'où il résulte que si, pour une raison ou pour une autre, l'acquisition n'est pas complète et irrévocable, l'a-

liénation se trouve sans cause, et partant, le partage
nul, d'une nullité absolue. C'est ce qui arrive dans
plusieurs cas ; par exemple si l'un des communistes
a été oublié dans le partage, car celui qui n'y a pas
pris part conserve son droit de co-propriété sur
chacun des biens de la masse ; aucun des autres n'a
donc acquis un droit entier et exclusif sur sa part ;
l'aliénation par eux consentie est donc nulle pour
défaut de cause ; cela est dit au chapitre du Partage
d'ascendant par l'article 1078 ainsi conçu : « Si le
partage n'est pas fait entre tous les enfants qui exis-
teront à l'époque du décès et les descendants de
ceux prédécédés, le partage sera nul pour le tout.
Il pourra en être provoqué un nouveau dans la
forme légale, soit par les enfants ou descendants qui
n'y auront reçu aucune part, soit même par ceux
entre qui le partage aurait été fait. » C'est une règle
applicable à toute espèce de partage. Il en faudrait
dire autant si l'un des communistes avait été non plus
complétement omis, mais admis au partage pour
une part moindre que celle à laquelle il pouvait
prétendre. La rigueur des principes nous obligerait
à donner la même solution dans le cas où un des
objets à partager a été omis, car, les parties n'ayant
contracté que pour obtenir un droit irrévocable sur
tous les objets indivis entre elles, l'existence d'un
seul objet non partagé met obstacle à la réalisation
de la cause et à l'existence même du partage. Cependant, l'article 887 dit que : « La simple omission
d'un objet de la succession ne donne pas ouverture

à l'action en rescision, mais seulement à un supplément de l'acte de partage. » C'est là une solution qui déroge aux principes, mais elle se justifie très-bien par la nécessité de ne pas recommencer un acte aussi important et aussi compliqué que le partage pour un oubli souvent minime et surtout par la protection due aux tiers à qui les co-partageants auraient pu vendre ou hypothéquer des biens de la masse entre le partage et la découverte de l'erreur.

CHAPITRE II.

DE L'ERREUR NON ESSENTIELLE.

Nous avons déjà dit qu'entre les cas où l'erreur entraîne la nullité relative de l'obligation et ceux où elle n'exerce aucune influence sur sa validité, il n'y avait aucune différence de principes. Dans un cas aussi bien que dans l'autre, nous rencontrons tous les éléments essentiels à l'existence d'une obligation : le consentement, la capacité, l'objet de la cause ; seulement, l'une des parties a donné son consentement sans connaître une circonstance qui, connue, l'eût empêchée de consentir, et elle demande à être relevée des conséquences de son erreur, ce qui n'est possible que par l'annulation de l'acte qu'elle a ainsi consenti : c'est certainement une prétention bien légitime que celle-là, surtout si l'erreur a été excusable, et ne provient pas d'une trop grande négligence. Mais, en face de cet intérêt, se dresse un autre intérêt souvent aussi respectable, c'est celui de la partie adverse, qui a contracté de bonne foi, nous le supposons, puisque nous ne nous occupons pas du dol, et qu'il serait dur de priver du bénéfice d'un contrat loyal. La loi entre ces deux intérêts ne pouvait pas décider elle-même; des règles posées *a priori* auraient été souvent injustes; elle s'en est remise au juge du soin de voir dans chaque espèce quel intérêt est le plus digne de ménagements, lequel au contraire doit être plutôt sacrifié, et, confiante dans les lumières et l'équité des magistrats, elle ne s'est servie dans l'article 1110 que de termes vagues et généraux, qui leur laissent un plein pouvoir d'appréciation. « *L'erreur n'est une cause de nullité de la convention que lorsqu'elle tombe sur la substance même de la chose qui en est l'objet. Elle n'est point une cause de nullité, lorsqu'elle ne tombe que sur la personne avec laquelle on a l'intention de contracter, à moins que la considération de cette personne ne soit la cause principale de la convention.* » Force nous sera de faire comme la loi, et de donner des exemples, de présenter des considérations, sans pouvoir formuler de règles précises.

I. — *De l'erreur sur l'objet.*

L'erreur peut attaquer l'objet sous plusieurs rapports; outre l'erreur sur l'identité de l'objet, dont nous nous sommes déjà occupé, nous aurons à distinguer l'erreur sur la substance de l'objet, l'erreur sur ses qualités accidentelles, l'erreur sur la quantité de la chose.

A. — De l'erreur sur la substance de l'objet.

L'erreur sur l'objet n'entraîne la nullité de la convention que si elle porte sur *la substance même de la chose*. Voilà une règle qui paraît bien positive et bien claire, mais au fond rien n'est plus vague, la loi n'ayant pas pris soin de nous dire ce qu'il faut entendre par *substance de la chose*. C'est une lacune qu'il nous faut tâcher de combler. D'abord, gardons-nous de prendre ce mot dans un sens absolu et invariable ; la substance, ce n'est pas l'individualité même d'une chose, ce qui la distingue d'une autre chose absolument semblable ; en un mot, ce n'est pas son identité, car l'erreur sur l'identité, nous l'avons déjà vu, est une cause de nullité absolue de l'obligation, tandis que l'erreur sur la substance n'entraîne qu'une nullité relative; la substance n'est pas non plus la matière dont est formée chaque molécule de l'objet, la composition organique de la chose ; c'est quelque chose de moins matériel, et qu'il est impossible de déterminer *a priori*. C'est la réunion de certaines qualités de la chose, qualités auxquelles les parties en contractant ont attaché plus d'importance qu'aux autres. La même chose formant l'objet d'un contrat, d'une vente, par exemple, peut être envisagée à différents point de vue, et, considérée sous

chacun, elle a une substance différente. Ainsi, je
suppose une bague d'or, d'un travail très-fin, que
l'on croit avoir appartenu à Charles-Quint; si un artiste l'achète, il l'envisagera au point de vue de la
beauté du travail, de la valeur artistique ; telle sera à
son égard la substance; la vente serait annulable
s'il apprenait que la bague n'est pas ciselée à la main,
mais fondue : un collectionneur d'antiquités la con-
sidérera seulement au point de vue de l'Empereur qui
est censé l'avoir portée à son doigt ; un fondeur n'y
verra qu'un certain poids d'or à tel ou tel titre ; pour
tous ces acheteurs, la chose a une substance différente, et chacun aura le droit de faire annuler la
vente s'il découvre que la qualité à laquelle il attachait de l'importance, qui pour lui constituait la
substance, n'existait que dans sa pensée. La substance est donc la qualité de la chose que les parties
avaient spécialement et principalement en vue en
contractant.

Ici se présente une question sur laquelle la loi est
muette, et qui est pourtant très-pratique: pour que
l'erreur sur la substance puisse entraîner la nullité
de la convention, est-il nécessaire que les deux parties se soit entendues en contractant sur le choix de
la qualité en laquelle elles faisaient consister la substance, auquel cas il faut supposer, ou une erreur
commune aux deux parties, ou le dol de l'une d'elles,
ou suffit-il que l'une des parties ait, à l'insu de
l'autre, attaché à la chose une qualité qu'elle n'avait
pas, en en faisant dépendre le maintien du contrat?

Expliquons-nous en prenant un exemple : un tableau étant en vente chez un marchand avec une étiquette au nom de Raphaël, un amateur l'achète, puis découvre qu'il n'est pas de Raphaël ; évidemment, de l'aveu de tout le monde, il pourra demander l'annulation de la vente. De deux choses l'une, en effet : ou le marchand a mis sciemment sur ce tableau une étiquette mensongère, et alors il est coupable de dol, ou bien il s'est trompé lui-même, auquel cas il n'a pas à se plaindre si l'on fait retomber sur lui les conséquences d'une erreur qu'il a partagée, car le vendeur est tenu de connaître la chose mieux que l'acheteur, et toutes les conventions obscures doivent s'interpréter contre lui (art. 1602). Mais si, le tableau étant dans le magasin au milieu d'autres objets, sans étiquette spéciale, l'acheteur a cru reconnaître la manière de Raphaël, et, confiant dans ses lumières, a acheté sans s'informer auprès du marchand, peut-il venir plus tard redemander son prix en disant qu'il a cru et voulu acheter un Raphaël, et non autre chose, et qu'il s'est trompé ? C'est un point extrêmement controversé entre les auteurs. Des autorités du plus grand poids soutiennent que cette prétention de l'acheteur est admissible, et elles se fondent sur les raisons suivantes : 1° La loi ne distingue pas entre l'erreur d'une seule des parties et l'erreur commune ; et l'équité commande de relever la partie trompée des conséquences de son erreur toutes les fois qu'il est prouvé que sans cette erreur elle n'aurait pas contracté ;

2° la violence est, sans conteste, une cause de nullité de la convention, quoiqu'elle n'ait été exercée que sur une des parties ; de même le dol n'a pas besoin d'être réciproque ; bien plus, dans notre article 1110, l'erreur sur la personne peut entraîner la nullité du contrat, et cependant personne n'oserait exiger qu'elle fût commune aux deux parties, il serait même fort difficile de le supposer ; pourquoi en serait-il autrement de l'erreur sur la substance de la chose ? Au reste, les auteurs qui partagent cette opinion y apportent un certain tempérament : si le vendeur a été de bonne foi, et exempt d'imprudence, la nullité de l'obligation ne doit pas lui nuire ; l'acheteur qui la fait prononcer lui devra une indemnité égale au profit qu'il aurait retiré du contrat, s'il a manqué une autre occasion de vendre.

D'autres jurisconsultes ne permettent pas à l'acheteur d'élever une telle prétention ; à leurs yeux, le système que nous venons d'exposer présente de grands inconvénients : d'abord, la demande de l'acheteur sera toujours d'une preuve fort difficile, sinon même impossible : comment prouver qu'on a acheté une chose en vue de telle ou telle qualité qu'elle n'a pas, et qu'on ne l'aurait pas achetée si on ne la lui avait pas cru, quand on n'a pas pris soin de s'en expliquer positivement avec le vendeur au moment du contrat ? Et puis, à supposer cette preuve faite, l'acheteur sera-t-il à l'abri de tout reproche ? Il s'est trompé de bonne foi, mais il a été fort imprudent ; il aurait dû prévenir le vendeur, lui dire :

« Voici un tableau que je crois de Raphaël, je l'achète à ce titre; il est convenu que s'il n'est pas de lui, la vente tombera. » Il est alors probable que le vendeur n'aurait pas accepté une telle condition, n'étant pas sûr de l'origine du tableau, il n'aurait pas voulu garantir une qualité qu'il ne soupçonnait peut-être pas auparavant, puisqu'il ne présentait pas tout d'abord son tableau pour un Raphaël, ou bien il eût profité de cette révélation avantageuse pour lui et exigé un prix en rapport avec le génie du peintre. C'est là ce que l'acheteur a voulu éviter, il ne s'est pas soucié de payer son tableau au prix qu'il le croyait valoir et a voulu avoir un Raphaël au prix d'une croûte en profitant de l'ignorance du marchand. Il faut qu'il subisse les conséquences de sa conduite. S'il n'a pas voulu exiger la garantie de l'acheteur, sauf à payer plus cher, s'il a préféré courir les risques de son erreur, tant pis pour lui. D'ailleurs, la substance étant la qualité principale que les parties ont eu en vue en contractant, il faut qu'il y ait eu en quelque sorte reconnaissance réciproque de cette qualité; si les parties, s'arrêtant seulement à l'identité extérieure de la chose, la prennent telle qu'elle leur apparaît, peu importe ensuite que leur attente soit trompée par une qualité absente ou méconnue; comme elle n'est pas entrée dans les prévisions expresses du contrat, l'erreur qui tombe sur elle est indifférente; elle ne constitue qu'une lésion, or la vente de meubles n'est pas rescindable pour cause de lésion. Les arguments juridiques de ce second sys-

tème ne sont pas certainement aussi forts que
ceux du premier, et ce qui le fortifie le plus, ce
sont les considérations que nous venons de reproduire; elles ont sans doute influé puissamment sur
la jurisprudence, car elle a rendu plusieurs décisions
dans le sens contraire à la nullité. Nous donnerons néanmoins la préférence au système qui admet
la nullité même quand l'erreur n'a existé que chez
une des parties.

Une question identique pourrait se présenter en
renversant les termes de notre hypothèse : supposons maintenant, en conservant toujours notre même
exemple, que le vendeur a vendu un Raphaël
croyant vendre une croûte, et que l'acheteur a su ce
qu'il faisait, mais sans tirer le marchand de son ignorance. Si plus tard le vendeur vient à connaître la
valeur du tableau, pourra-t-il revenir sur le marché
désavantageux qu'il a fait, demander la nullité de la
vente pour cause d'erreur? A coup sûr, cette prétention n'a rien d'injuste, et, si le vendeur doit connaître la chose mieux que l'acheteur, il n'est pas
cependant indigne de pitié s'il prouve qu'il s'est
trompé; peu importe que l'erreur de la partie tombe
sur l'objet de sa propre obligation ou sur celui de
l'obligation de son adversaire, si cette erreur est
démontrée. Ne peut-on pas dire ici comme dans la
question précédente que la Loi ne distingue pas
entre l'erreur commune et l'erreur d'une seule des
parties? Quant à l'objection tirée de ce que dans ce
cas il y a une lésion, non admissible comme cause

de nullité dans une vente mobilière, on peut lui répondre qu'elle confond la lésion et l'erreur; il n'y a
lésion que quand la substance de la chose étant parfaitement connue, c'est sa valeur seulement, c'est-à-
dire une qualité tout à fait accidentelle, que les parties ignorent. Ici encore, nous admettrons donc la
nullité.

B. De l'erreur sur les qualités accidentelles de l'objet.

A côté des qualités substantielles de l'objet, qui
font que la chose est de telle ou telle espèce, et dont
l'absence la dénature, il y a une masse d'autres
qualités dont l'importance est infiniment moins
grande dans l'esprit des parties, et qui ne forment
pas la substance de la chose, mais dont cependant
l'existence ou l'absence peuvent exercer une grande
influence sur l'utilité ou la valeur de la chose : par
exemple, j'achète une table et elle est boiteuse; un
fauteuil, et il est mal rembourré; un cheval, et il est
borgne; une maison, et elle est située sur un terrain
malsain; un champ, et il est de mauvaise terre, sèche
et stérile. Dans tous ces cas, il n'y a pas d'erreur
sur la substance de la chose, car la chose que j'ai
achetée est bien une table, un fauteuil, un cheval,
une maison, un champ; les qualités qui manquent,
l'équilibre, le moelleux, la bonne vue, la salubrité,
la fertilité, ne sont que des qualités purement accidentelles, dont l'absence, aux termes de l'article 1110,
ne m'autorise pas à demander la nullité de la vente
pour cause d'erreur.

L'acheteur qui s'est trouvé trompé sur l'existence d'une qualité accidentelle de la chose vendue n'est cependant pas absolument sans recours : l'article 1641 du Code civil vient à son aide, en établissant la théorie des vices rédhibitoires : *Le vendeur est tenu de la garantie à raison des défauts cachés de la chose vendue, qui la rendent impropre à l'usage auquel on la destine, ou qui diminuent tellement cet usage, que l'acheteur ne l'aurait pas acquise, ou n'en aurait donné qu'un moindre prix s'il les avait connues.* Cette définition des vices rédhibitoires est assez large, et ne précise aucun vice, et avec grande rai-son. Au reste, l'ignorance des vices qui rendent la chose impropre à l'usage auquel on l'a destinée res-semble bien à une erreur sur la substance; à cet égard, la théorie des vices rédhibitoires a la même base que la théorie de l'erreur sur la substance; mais elle est une extension de cette théorie en tant qu'elle admet la rescision du contrat pour de sim-ples vices qui ne dénaturent pas la substance même de la chose. Remarquons rapidement plusieurs dif-férences pratiques : le délai pour intenter l'action ré-sultant des vices rédhibitoires n'est pas le même que le délai pour intenter l'action résultant de l'erreur sur la substance (voir les articles 1304 et 1648, et la loi du 28 mai 1838, art. 3). L'action résultant des vices rédhibitoires n'a pas lieu dans les ventes faites par autorité de justice (art. 1649); enfin, différence plus importante, l'action qui naît des vices rédhibi-toires n'appartient qu'à l'acheteur, tandis que le vendeur peut aussi bien que l'acheteur demander la nullité de la vente pour erreur sur la substance.

C. De l'erreur sur la quantité.

Il y a une qualité de la chose vendue à laquelle le Code civil a consacré plusieurs articles spéciaux : c'est la quantité, la contenance dont il est parlé aux articles 1617 à 1623. Voyons en résumant ces articles quelle influence l'erreur sur la quantité de la chose vendue peut exercer sur le contrat ; en principe, le vendeur est tenu de délivrer la contenance déclarée ; dans la vente de meubles, si la contenance déclarée n'y est pas, il y a lieu à diminution de prix. Dans la vente d'immeubles, il faut distinguer deux cas, qui sont soumis à des règles différentes.

1er cas. Le prix a été fixé à tant la mesure. Alors le moindre déficit dans la contenance donne lieu à une diminution proportionnelle du prix. Si le déficit est tel que la chose ne peut pas servir à l'usage auquel l'acheteur la destinait, il peut faire résilier le contrat ; c'est l'application du principe des vices rédhibitoires. Si au contraire il y a un excédant de contenance d'un vingtième au moins, l'acheteur peut, ou payer un supplément proportionnel de prix ou se désister du contrat ; si l'excédant est de moins d'un vingtième, il doit le supplément du prix et ne peut se désister ; certains auteurs lui permettent seulement, s'il ne veut pas payer le supplément, de laisser au vendeur l'excédant de la contenance réelle sur la contenance déclarée, mais cela n'est pas admis par tout le monde.

2ᵉ cas. Le prix a été déterminé en bloc. Il n'y a lieu ni à diminution ni à augmentation du prix si la différence en moins ou en plus est inférieure au vingtième de la contenance annoncée. Quand il y a un excédant du vingtième, l'acheteur peut, ou se désister du contrat, ou payer un supplément de prix. L'excédant ou le défaut s'entend d'après un calcul fait, non pas sur la contenance totale, mais sur la valeur, si le fonds vendu contient des biens de valeur inégale avec déclaration de leur contenance individuelle.

S'il a été vendu deux fonds par le même contrat et pour un seul prix, avec désignation de la mesure de chacun, et qu'il se trouve moins de contenance en l'un et plus en l'autre, on fait compensation jusqu'à due concurrence, et l'action, soit en supplément, soit en diminution du prix, n'a lieu que suivant les règles ci-dessus établies. Cette disposition s'exécute toujours, que le prix ait été fixé à tant la mesure ou en bloc.

II. — *De l'erreur sur la personne.*

L'article 1110 nous dit que : *l'erreur n'est point une cause de nullité lorsqu'elle ne tombe que sur la personne avec laquelle on a l'intention de contracter, à moins que la considération de cette personne ne soit la cause principale de la convention.* La loi, en

restreignant dans des limites si étroites la nullité
pour cause d'erreur sur la personne, s'est écartée de
son guide habituel, Pothier, qui s'exprimait en termes beaucoup plus larges : « Toutes les fois que la
« considération de la personne avec qui je veux con-
« tracter entre pour quelque chose dans le contrat
« que je veux faire, l'erreur sur la personne détruit
« mon consentement et rend par conséquent
« la convention nulle; au contraire, lorsque
« la considération de la personne avec qui je
« croyais contracter n'est entrée pour rien dans le
« contrat, le contrat doit être valable. » Or il est
fort peu de contrats où la considération de la personne n'entre pas au moins pour une petite part.
Les décisions de Pothier, si elles eussent passé
dans la loi, auraient donc ouvert la porte à des de-
mandes de nullité sans nombre, et le législateur a
bien fait de ne pas les adopter, et d'y substituer des
règles plus rigoureuses.

Maintenant, dans quels cas la considération de la
personne a-t-elle été la *cause principale* de la convention ? La loi, toujours pour laisser aux juges un
grand pouvoir d'appréciation, s'est abstenue de nous
le dire. Nous allons le rechercher, mais nous ne
pouvons fixer aucune règle absolue; en pareille matière, tout dépend des circonstances du fait et de
l'intention des parties.

Il y a d'abord une classe de contrats, les plus pratiques et les plus fréquents de tous, dans lesquels la
considération de la personne ne joue jamais qu'un

rôle tout à fait secondaire; ce sont les contrats à titre onéreux qui, comme la vente, l'échange, n'impliquent d'une partie à l'autre aucune idée de service rendu ou de confiance réciproque : quand je vois un objet à mon goût, si je désire l'acheter, je m'informe du prix et des qualités diverses de l'objet, mais je ne m'inquiète pas du nom et de la personne du vendeur; je considère la chose, et non l'homme ; de même, le vendeur se soucie fort peu d'avoir affaire à moi ou à un autre acheteur pourvu qu'il obtienne de sa chose le prix qu'il en veut avoir.

Pour trouver une vente où la considération de la personne joue, d'un côté ou de l'autre, un rôle principal, il faudrait supposer un concours de circonstances tout à fait exceptionnel : un vendeur qui tient à la chose vendue, et qui ne consent à s'en défaire que par complaisance envers un acheteur qui est son ami ou son bienfaiteur, un amateur de tableaux qui n'achète telle ou telle toile que parce qu'elle sort de la galerie de tel ou tel amateur distingué. Certainement, ces circonstances étant prouvées, les juges devraient prononcer la nullité du contrat; mais resterait à savoir si, dans le premier exemple, il n'y aurait pas, jusqu'à un certain point, un contrat de bienfaisance, et, dans le second exemple, une erreur sur la substance.

A l'inverse, certains contrats ne sont jamais faits qu'en considération de la personne. Tels sont les contrats à titre gratuit (donations, institutions contractuelles, commodat, prêt de consommation gratuit, mandat de la part du mandataire, cautionnement de la part de la caution). Il est évident que c'est pour rendre service que l'on donne ou prête, que l'on se charge de gérer gratuitement les affaires d'autrui, ou qu'on se porte garant de la solvabilité d'autrui. Or, on n'est pas disposé à rendre service à tout le monde indifféremment, et toujours dans ces contrats on considère principalement la personne du donataire, de l'institué contractuel, de l'emprunteur, du mandant, ou du débiteur principal. Dans ces contrats, l'erreur sur la personne sera donc toujours ou presque toujours une cause de nullité de la convention.

Entre ces deux grandes classes de contrats, qui ne présentent pas de difficulté, se place un certain nombre de contrats dans lesquels la considération de la personne, sans être presque exclusive de toute autre comme dans les contrats à titre gratuit, n'est cependant pas indifférente comme dans la vente, ces contrats supposant, chez une partie, une certaine confiance en l'autre partie. Le type de ces contrats est la société, dont le principe consiste à mettre en commun certains biens pour les faire fructifier et en partager les profits s'il y en a, sauf à contribuer aux pertes s'il n'y a que des pertes. Chacun des associés ayant, aux termes de l'article 1859, le pouvoir d'obliger tous les associés par les actes de son administration, la maladresse, l'impéritie ou la négligence d'un seul peut ruiner tous les membres de la société; il en résulte que celui qui entre en société doit tenir grand compte de la fortune, de l'intelligence, de la réputation et de la conduite de chacun de ses cocontractants. Nous ne parlons, bien entendu, ici que de la société civile et des sociétés commerciales où l'associé joue un certain rôle, et non de celles où il n'est qu'un simple bailleur de fonds, commanditaire ou actionnaire : il y a, en effet, dans ces derniers cas, une société de capitaux plutôt qu'une société de personnes, et ces sociétés, au point de vue qui nous occupe, doivent être assimilées à la vente, ou à l'échange. Il faut rapprocher de la société le colonat partiaire et le cheptel à moitié (art. 1818), qui sont eux-mêmes des sortes de sociétés; de même, certains autres contrats qui supposent entre les deux parties des rapports de confiance : le mandat, le dépôt, etc.

Enfin, dans certains contrats, l'une des parties ne se détermine qu'à raison du talent, de l'habileté, de la réputation de l'autre partie. C'est ce qui arrive dans les contrats qui consistent *in faciendo* : certains louages d'ouvrage, par exemple. Il est évident que si, voulant faire construire une maison par un architecte en renom, je m'adresse à un maladroit, trompé par la similitude de leurs noms ou par toute autre circonstance, j'aurai le droit, mon erreur reconnue, de me refuser à payer le salaire promis. De même, pour un peintre à qui j'aurais demandé de me faire mon portrait; mais il ne faudrait pas étendre cela à tous les contrats *in faciendo* : par exemple, si je loue un ouvrier pour faire des terrasse-

ments dans mon jardin, je ne pourrai pas faire annuler
le contrat sous prétexte que j'ai pris cet ouvrier
pour un autre, car un terrassier en vaut un autre, et
la considération de la personne dans cette sorte de
louage d'ouvrage n'est jamais la cause principale de
la convention.

Il est bien entendu, du reste, que l'annulation du
contrat pour cause d'erreur ne doit jamais nuire à
la partie qui ne s'est pas trompée quand il n'y a eu
de sa part ni dol ni faute. Ainsi, le peintre qui s'é-
tait engagé à me faire mon portrait, dans l'exemple
que nous venons de prendre, ne devrait pas subir
un préjudice si, sur la foi du contrat, il avait commencé le travail, acheté les fournitures nécessaires,
ou refusé pour moi d'autres commandes avantageuses. Dans tous ces cas, l'annulation du contrat
ne serait prononcée contre lui qu'avec des dommages et intérêts, pourvu qu'il n'eût pas cherché à
se faire passer pour celui qu'il n'était pas. En ce
cas, il y aurait dol, et, loin d'avoir droit à des
dommages-intérêts, c'est lui qui m'en devrait si
j'éprouvais quelque préjudice.

Dans presque tous les contrats intéressés, il y a un
élément de la personne qui est pris en sérieuse considération : c'est la solvabilité. En effet, à quoi servirait à un vendeur, par exemple, de tomber d'ac
cord avec un acheteur sur une chose et sur son prix,
s'il ne devait pas être payé? Cependant, l'erreur sur
la solvabilité d'un débiteur ne peut jamais autoriser
une partie à demander la nullité d'un contrat, pas

plus que l'erreur sur toute autre qualité de la personne ; la seule erreur que l'article 1110 admette est l'erreur sur l'identité de la personne : croyant donner à Pierre, j'ai donné à Paul, qui a cru de bonne foi que c'était à lui que je voulais faire ma donation, car nous ne supposons toujours aucun dol. Cela n'arrivera guère que dans les dons manuels, la présence du notaire dans les donations régulières y rendant fort difficile l'erreur sur l'identité de la personne. Mais si j'ai bien voulu donner à Pierre, qui est là et qui accepte, je ne pourrai pas demander plus tard la nullité de la donation sous prétexte que je croyais Pierre pauvre, tandis qu'il est riche. De même, je traite avec un peintre qui se charge de me faire mon portrait ; je sais très-bien qui il est, mais je crois qu'il est l'auteur de tel ou tel tableau que j'admire, tandis que ce tableau est d'un autre artiste ; cette erreur ne m'autorisera pas à refuser de lui payer le prix convenu. On voit, par ces exemples, que l'erreur sur les qualités de la personne se confond très-souvent avec l'erreur sur les motifs du contrat, dont nous aurons bientôt occasion de nous occuper, pour dire qu'elle n'est pas admise comme cause de nullité de la convention.

Il y a cependant certaines qualités de la personne que l'on pourrait appeler qualités substantielles, et dont l'absence peut, suivant les cas, entraîner la nullité du contrat ; par exemple, je fais une donation à Paul, que je crois être mon parent, son identité étant du reste parfaitement reconnue : je pourrai demander la nullité de la donation pour cause d'erreur sur la personne, si je découvre plus tard qu'il n'était pas mon parent. On peut dire que, dans mon esprit, cette qualité de parent individualisait la personne du donataire, et que, le lien de parenté faisant défaut, je n'ai pas donné à la personne que j'avais en vue. Sur ce point, comme sur tant d'autres en notre matière, il faut laisser aux juges un grand pouvoir d'appréciation.

Notons ici qu'il ne faut pas confondre avec l'erreur sur l'identité de la personne l'erreur sur le nom; cela est évident pour les choses comme pour les personnes; cette erreur ne saurait être une cause de nullité, pourvu, bien entendu, qu'elle porte sur le nom seul, et pas sur la chose ou sur la personne elle-même.

L'erreur sur la capacité de la personne avec qui l'on contracte est très-souvent la cause principale de la convention : celui qui contracte tient à faire une opération solide, et, certainement, il ne contracterait pas s'il savait être à la merci de son co-contractant, qui peut à son gré respecter ou faire tomber le contrat. En effet, la nullité qui résulte de l'incapacité de l'une des parties est relative; elle ne peut être invoquée que par celui en faveur de qui elle a été établie, c'est-à-dire par l'incapable. Il est vrai que la partie qui a été ainsi trompée n'est jamais absolument sans ressource, et peut toujours mettre l'incapable en demeure de déclarer s'il entend oui ou non maintenir le contrat; mais cette ressource, qui est suffisante dès que l'incapacité a cessé, ne l'est pas tant qu'elle dure : en effet, pour que le tuteur (nous supposons le cas d'incapacité le plus fréquent, la minorité) puisse intenter l'action en nullité, il lui faut l'autorisation du conseil de famille, qui peut très-bien la refuser, pour une raison ou pour une autre, sans que pour cela le contrat devienne inattaquable, l'autorisation refusée aujourd'hui pouvant être accordée demain, et le mineur pouvant attendre le moment de sa majorité pour intenter alors l'action en nullité sans autorisation. Pour tirer la partie trompée de cette position fâcheuse, il nous semble qu'on pourrait très-bien lui accorder de son chef et pour cause d'erreur sur la personne une action en nullité du contrat. Aucun texte ne s'y oppose, et on ne ferait là aucune brèche au principe qui veut que la nullité résultant de l'incapacité soit relative; ces deux actions marcheraient parallèlement, chaque partie ayant la sienne; elles ne se confondraient pas, et, par exemple, ne seraient pas soumises à la même prescription, l'une s'éteignant dix ans après l'acte passé, et l'autre seulement dix ans après la fin de l'incapacité.

On a élevé quelques difficultés sur l'application à la transaction de notre théorie de l'erreur sur la personne. Les doutes proviennent de l'article 2053, ainsi conçu : *Une transaction peut être rescindée lorsqu'il y a erreur dans la personne ou sur l'objet de la transaction. Elle peut l'être dans tous les cas où il y a dol ou violence.* Si cet article n'existait pas, personne n'hésiterait à reconnaître que la transaction, au point de vue de l'erreur sur la personne, est soumise au droit commun, qui permet au juge, suivant les circonstances, de l'annuler ou de la maintenir; nous espérons démontrer que cette solution est toujours vraie, et que l'article 2053 est un simple renvoi au droit commun. Mais telle n'est pas l'opinion de tous les auteurs.

Déjà, en droit romain, nous avons rencontré cette question, et nous avons vu que la transaction était considérée quelquefois comme faite *intuitu personæ*, et qu'à ce titre, de même que la donation, elle était nulle pour cause d'erreur sur la personne. Quelques auteurs ont soutenu qu'il en était de même aujourd'hui, et que le juge était obligé de prononcer la nullité de la transaction, une fois l'erreur sur la personne prouvée. Cette opinion se fonde sur l'article 2053, qui voudrait dire cela ou rien. Or, la formule de cet article est : *Une transaction peut être rescindée....* Cette forme si peu impérative ne peut pas avoir pour but d'obliger le juge à prononcer la nullité, ce qui serait d'ailleurs assez peu rationnel : en effet, si les parties sont quelquefois portées à transiger par les rapports d'amitié qui les unissent, et qui rendent un procès entre elles doublement pénible, le plus souvent la transaction est inspirée par des motifs beaucoup moins personnels : l'amour de la paix, et surtout la crainte que chacun éprouve de perdre son procès. Si l'article 2053 avait eu pour but d'assimiler à notre point de vue la transaction à la donation, il aurait exprimé une idée fausse en termes impropres, le mot *peut* semblant toujours laisser aux juges la liberté d'apprécier. Mieux vaut lui chercher un autre sens.

On a prêté encore un autre sens à l'article 2053. Voici à quelle hypothèse il ferait allusion, d'après cette opinion : Je suis en litige avec une personne ; une autre se présente, que je prends pour mon adversaire, et avec qui je transige ; par cette transaction, je lui cède la propriété d'une maison, puis je m'aperçois de mon erreur. La transaction, dit-on, sera annulable pour cause d'erreur sur la personne, et je pourrai reprendre ma maison. Nous croyons qu'il faut repousser cette opinion comme la première. Non, la transaction ne sera pas annulable pour erreur sur la personne, elle sera nulle, d'une nullité absolue pour erreur sur la cause, ou plutôt pour défaut de cause. En effet, la cause de toute transaction est le procès commencé ou imminent auquel les parties veulent mettre fin en transigeant. S'il n'y a aucune difficulté entre les parties qui ont transigé, la transaction est sans cause, et par conséquent absolument nulle. C'est ce qui arrive dans l'exemple que nous venons de voir. La preuve que l'article 2053 ne prévoit pas cette hypothèse, c'est que ses termes font allusion à une nullité facultative pour le juge.

Quel est donc le véritable sens de notre article ? A notre avis, il n'établit pour la transaction aucune règle spéciale, et il renvoie simplement au principe général de l'article 1110. Il n'est pas cependant inutile. La loi, dans l'article 2052 1°, venait de dire que *les transactions ont entre les parties l'autorité de la chose jugée en dernier ressort*. Elle pouvait craindre qu'on ne s'exagérât la portée de cette disposition, en soustrayant la transaction aux règles générales des contrats. C'est pour prévenir cette erreur que la loi a limité elle-même son principe dans les articles 2052 2° et 2053 à 2057, en énumérant les causes ordinaires de nullité qui peuvent être admises contre les transactions. L'erreur sur la personne y est comprise, dans les termes de l'article 1110, c'est-à-dire que le juge pourra prononcer la nullité, s'il lui est prouvé en fait que la considération de la personne a été la cause principale de la convention.

Dans l'hypothèse que nous venons de mettre en dehors de l'article 2053, et où l'on a contracté avec une personne qui n'est pas l'adversaire véritable, il s'élève une question que nous examinerons pendant que nous sommes dans cet ordre d'idées, quoiqu'elle se rattache plus naturellement à la matière de la bonne foi. Si le véritable adversaire revient, peut-il invoquer le bénéfice de la transaction, et peut-on la lui opposer? Pour répondre à cette question, il faut distinguer deux hypothèses : ou celui qui a transigé était le possesseur du droit litigieux, ou c'était un tiers complétement étranger au différend. Examinant d'abord ce second cas, nous n'y trouvons aucune difficulté : il est évident que le véritable propriétaire du droit litigieux n'est nullement tenu de respecter une pareille transaction, et qu'il garde son droit entier. Tant pis pour celui qui a été transiger avec le premier venu ; il n'a de recours que contre son cocontractant pour se faire rendre s'il le peut les valeurs qu'il a payées en exécution de la transaction. Mais la question devient plus sérieuse dans le cas où la personne qui a transigé était en possession du droit litigieux ou d'une masse de biens dont il faisait partie. C'est une des faces de la grande question des actes faits avec l'héritier apparent, dont nous aurons à nous occuper plus loin. A notre avis, l'héritier véritable se représentant devra respecter la transaction consentie par l'héritier apparent, et voici comment nous motiverons cette solution : le tiers qui était en difficulté avec cet héritier apparent ne pouvait se dispenser de plaider ou de transiger, pas plus qu'un débiteur poursuivi par un héritier apparent ne peut se dispenser de payer (V. l'article 1240). Le jugement est certainement un acte aussi nécessaire et inévitable que le payement. Or la transaction doit avoir l'autorité de la chose jugée ; presque toujours il est plus avantageux de transiger que de plaider, et l'on ne saurait faire un reproche à une partie d'avoir préféré un arrangement à un procès. C'est donc sur l'article 1240 et par argument d'analogie que nous appuierons notre solution. On a essayé d'en donner d'autres raisons ; nous aurons occasion plus tard de voir quelle en est la valeur.

III. — *De l'erreur sur les motifs du contrat.*

Dans le chapitre précédent, nous avons soigneusement distingué la cause de l'obligation d'avec ses
motifs. Nous n'avons pas à revenir davantage sur
cette distinction, mais c'est le moment d'en indi-
quer l'utilité pratique. L'obligation sans cause ou
sur fausse cause, avons-nous dit plus haut, est nulle
d'une nullité absolue. Il n'en est pas de même de
l'erreur sur les motifs; elle n'entraîne pas même
la nullité relative du contrat. Ainsi, j'achète une
montre pour remplacer la mienne, que j'ai perdue.
Si plus tard je retrouve la mienne, je ne pourrai pas
demander la nullité de la vente. Et cela est fort juste;
en effet, quand j'ai contracté, de deux choses l'une,
ou j'ai dit, ou j'ai caché au marchand le motif qui
me faisait lui acheter une montre. Si je lui ai dit,
nous avons fait de la perte de ma montre la condition de l'existence du contrat, et alors il n'y a pas
besoin de recourir à la théorie de l'erreur pour le
faire tomber; si j'ai caché au marchand la perte de
ma montre, il serait injuste de faire dépendre la solidité du contrat qu'il a fait avec moi d'une circonstance qu'il n'a pu connaître. De même si je promets
une dot à une de mes nièces qui va se marier parce
que j'ai recueilli dernièrement une succession importante qui me donne les moyens d'être généreux; si
plus tard par la découverte d'un testament je me
vois dépouillé de cette succession, je ne pourrai pas

revenir sur la constitution de dot, à moins que dans le contrat de mariage je n'aie stipulé de doter que si j'étais héritier.

Entre l'erreur sur l'existence de la cause, qui entraîne la nullité absolue du contrat, et l'erreur sur les motifs, qui n'exerce aucune influence sur sa validité, se place une erreur qui entraîne la nullité relative, invocable seulement par la partie trompée ; c'est l'erreur qui porte sur l'efficacité juridique d'une cause qui, d'ailleurs, existe réellement, sur la substance de la cause en quelque sorte. Nous allons en donner un exemple : tout payement a pour cause une obligation ; or une obligation naturelle est une cause suffisante de payement (V. l'article 1235). Cependant, si je paye une dette naturelle ou si je m'engage par voie de novation à la payer croyant qu'elle est civilement obligatoire, cette erreur, qui ne porte pas sur l'existence même de la cause, puisqu'il y a une obligation et que le payement fait sciemment constituerait un vrai payement et non une donation, mais seulement sur une qualité substantielle de la cause, cette erreur frappe le payement ou la novation d'une nullité relative ; je pourrai exercer la répétition comme si j'avais payé l'indu par erreur.

Ainsi, pour nous résumer : erreur sur l'existence de la cause, nullité absolue ; erreur sur les qualités substantielles de la cause, nullité relative ; erreur sur les motifs, validité parfaite du contrat. On voit que la théorie de l'erreur sur la cause est analogue et en

quelque sorte parallèle à celle de l'erreur sur l'objet,
qui entraîne la nullité absolue quand elle porte sur
l'existence même ou l'identité, la nullité relative
quand elle porte sur les qualités substantielles, et
qui est indifférente quand elle n'attaque que les
qualités accidentelles de l'objet. Quant à l'erreur
sur la personne, elle est soumise à des règles spéciales; tantôt elle entraîne la nullité relative, tantôt
elle est sans influence; jamais elle n'entraîne la
nullité absolue; tout dépend, non plus de l'élément
sur lequel elle porte, mais bien de la nature du contrat dont il s'agit.

CHAPITRE III.

DES EFFETS DE LA NULLITÉ, SOIT ABSOLUE, SOIT RELATIVE.

Pendant tout le cours de cette étude, nous avons
parlé à chaque instant de contrats nuls ou annulables, de nullités absolues ou relatives. Ce sont des
mots dont il convient maintenant de montrer le
sens véritable. Déjà, nous avons indiqué rapidement les principales différences qui séparent les
nullités absolues des nullités relatives, mais il convient de revenir sur ce point avec quelques détails.

Un contrat est nul quand il lui manque un des
éléments essentiels à sa validité, soit le consentement des parties, soit l'objet, soit la cause. Alors il

est de toute impossibilité que ce contrat puisse produire le moindre effet. Mais quand ces trois éléments sont réunis, le contrat n'est pas pour cela
complétement et irrévocablement formé; il peut
arriver que l'une des parties ait une raison légitime
de se soustraire à son exécution. Ainsi, une des parties a été dans l'erreur, a été victime du dol de son
adversaire, ou n'a contracté que dans la crainte
d'un mal dont elle était menacée; dans ces trois
cas il y a vice du consentement. Une des parties a
consenti librement et en parfaite connaissance de
cause, mais sa capacité n'était pas parfaite, et les
formalités prescrites par la Loi pour la compléter
ou y suppléer n'ont pas été observées; ou bien,
pressée par le besoin d'argent ou ignorant la valeur
de l'objet qu'elle aliénait elle a fait une opération
par trop désavantageuse dans un des cas où la Loi
admet la rescision d'un contrat pour cause de lésion.
Dans toutes ces hypothèses, il n'y a pas nullité proprement dite et absolue de l'opération, puisqu'elle
réunit tous les éléments essentiels de sa validité,
mais une des parties a intérêt à la faire tomber, et
la Loi trouve cet intérêt légitime. Dans tous ces cas,
on dit que l'acte est annulable, frappé d'une nullité
relative, ou annulabilité. Si cette partie veut se prévaloir de la protection que la Loi lui accorde, l'acte
par lequel les juges reconnaîtront le bien fondé de
sa demande et y feront droit s'appellera annulation,
ou rescision. Ces deux mots ne sont pourtant pas
synonymes; le premier s'applique dans son sens

technique à la nullité relative provenant de l'incapacité ou des vices du consentement; le second est
plus spécialement réservé au cas de lésion, mais la
Loi les emploie souvent l'un pour l'autre, et, depuis
la confection du Code civil, aucune différence pratique ne séparant la rescision de l'annulation, cette
confusion de mots est sans inconvénient.

Quand un contrat est nul, il n'est pas nécessaire
de l'attaquer en justice pour le faire tomber, car il
n'y a qu'une apparence de contrat, hors d'état
de produire aucun effet: personne ne peut ni ne
pourra jamais l'invoquer, elle n'est ni ne sera opposable à personne. Au contraire, le contrat simplement
annulable est un contrat valable en lui-même, et il
produit tous les effets d'un contrat parfait jusqu'à ce
que la nullité en ait été judiciairement prononcée à
la requête de la partie dans l'intérêt de qui l'annulabilité a été établie. Pour avoir une théorie complète
de l'annulabilité, nous n'avons qu'à développer ces
idées; nos détails se rattacheront à trois chefs : 1°
la nullité proprement dite est absolue; 2° elle est
perpétuelle ; 3° elle n'est susceptible d'aucune ratification. A ces trois points de vue, l'annulabilité est
soumise à des règles différentes; elle est relative,
temporaire et susceptible de ratification.

1° La nullité proprement dite est absolue, c'est-à-
dire qu'elle peut être invoquée par toute personne y
ayant intérêt, tandis que l'annulabilité est purement
relative, en ce sens que celui-là seul peut l'invoquer
en faveur de qui elle a été introduite. Prenons un

exemple pour bien faire ressortir la différence : Je
vous achète une montre croyant qu'elle est en or,
tandis qu'elle est en cuivre doré. Vous me la
vendez, sachant qu'elle est en cuivre doré, mais
ignorant que je la crois en or (nous avons admis que
dans ce cas la vente était annulable). Si plus tard
mon erreur se découvre, j'aurai le droit de demander la nullité du contrat pour vous rendre la montre
et reprendre mon argent, mais vous n'aurez pas le
droit de me poursuivre pour me contraindre à vous
rendre la montre contre remboursement si je me
décide à maintenir le contrat tel qu'il est et à garder
la montre de cuivre doré, parce que cette nullité
n'est que relative, établie dans l'intérêt de la partie
trompée qui seule peut l'invoquer. Au contraire, je
veux vous acheter votre maison de Paris, et je crois
que vous consentez à me la vendre, tandis que vous
entendez vendre votre maison de Lyon : l'erreur
portant sur l'identité même de l'objet, la nullité est
absolue. Personne n'aura besoin de faire un procès
pour faire reconnaître la nullité d'un pareil contrat,
« il n'existe qu'en apparence et n'a aucune existence
réelle : si je me suis mis en possession de votre
maison de Paris, vous n'avez pas cessé d'être propriétaire et de la pouvoir revendiquer. De même,
mon erreur découverte, je pourrai redemander mon
prix en vous rendant la maison. Allons plus loin :
non-seulement chacune des parties peut méconnaître
le contrat nul, mais, à l'égard d'un tiers qui y aurait
intérêt, les choses seraient toujours considérées

comme étant dans la même situation qu'avant le
contrat. Ainsi, dans l'exemple ci-dessus, où je me
suis cru acquéreur de votre maison de Paris, je
suppose qu'un tiers, usurpateur et sans droit, se soit
mis en possession de cette maison : au bout de quelques années, voyant qu'il est en train de prescrire,
je lui intente un procès en revendication, ce qui a
pour effet d'interrompre la prescription. S'il reste
néanmoins en possession et parfait le délai de trente
ans, il sera devenu propriétaire, sans que mon
action en justice ait interrompu sa prescription ; il
aura le droit de me dire : N'étant pas propriétaire,
vous n'aviez pas le pouvoir de me faire un procès
interruptif de prescription. Il en serait tout autrement si la nullité était relative, si par exemple l'erreur ne portait que sur la substance de la chose et
non sur son identité. Alors, moi seul ai le droit de
demander la nullité ; tant que je n'use pas de cette
faculté, le tiers possesseur ne peut pas l'invoquer
pour me contester le droit d'interrompre la prescription qui court à son profit; s'il le faisait, je pourrais
lui répondre : J'ai acheté l'immeuble que vous possé-
dez, et, à votre égard, j'en suis propriétaire. Si j'ai
été dans l'erreur lors de mon acquisition, c'est une
circonstance toute personnelle à moi et qui ne vous
regarde nullement. La prescription est donc interrompue.

Mais si la nullité relative peut être invoquée seulement par la partie que la loi a voulu protéger, en
l'établissant, c'est-à-dire, dans notre espèce, par la

partie trompée, il ne s'ensuit pas nécessairement que l'autre partie soit tout à fait à sa discrétion. Elle peut, c'est un droit que tout le monde lui reconnaît, faire une sommation à son adversaire pour qu'il ait à déclarer s'il entend maintenir le contrat ou le faire annulé Elle peut ainsi savoir à quoi s'en tenir, pourvu du ins que cette sommation ne s'adresse pas à un m ur ou à un autre incapable, qui ne pourrait pas y ondre d'une manière décisive et irrévocable.

2° La nullité est perpétuelle, tandis que l'annulabilité ne peut être invoquée que pendant un certain temps. Cette différence ressort de la nature des choses : quand le consentement fait défaut à un contrat, il n'y a rien de fait, et l temps qui peut s'écouler depuis que ce contrat a mblé se former ne saurait, si long qu'il fût, lui onner de l'efficacité, il faudrait pour cela qu'il pût suppléer au consentement qui manquait au déb t, or cela est impossible. La nullité proprement dite est donc perpétuelle et, quelque nombre d'année qui se soit écoulé, celui qui aura intérêt à méc nnaître un acte frappé de cette nullité sera toujours en temps de le faire sans se voir objecter la prescription de son action, puisqu'il n'invoque aucun droit partic lier. Une seule fin de non-recevoir pourrait lui être opposée, c'est celle qui résulterait d'une prescription acquisitive accomplie par une autre personne : Par exemple, je vous vends ma maison de Paris ; vous croyez qu'il s'agit de celle de Lyon, et vous vous mettez en possession de cette dernière, ce qui est un cas de nullité absolue de la vente. Si au bout de trente ans seulement je m'aperçois de notre erreur et que je veuille alors reprendre ma maison, vous me repousserez en disant que vous êtes depuis trente ans en possession sans violence, précarité, ni clandestinité, et que par conséquent vous êtes devenu propriétaire. Je ne pourrai donc pas vous évincer ; mais si je dois vous laisser la maison, ce ne sera pas en vertu de la vente qui reste nulle et que rien n'a validée, ce sera en vertu de la prescription qui vous a fait acquérir la propriété comme l'aurait acquise tout aussi bien un tiers qui n'aurait jamais acheté ni essayé d'acheter la maison. Si au lieu de rester pendant trente ans entre vos mains de manière à vous procurer la prescription, la possession avait passé d'une personne à une autre non ayant cause de la première, si par exemple la maison avait été occupée par un usurpateur, dépossédé lui-même violemment par un autre usurpateur, aucun n'ayant possédé assez longtemps pour prescrire, le laps de trente ans, voire même de quarante ou de cinquante ans, que j'aurais laissé passer depuis la vente ne m'empêcherait pas de reprendre ma maison contre le détenteur actuel : la propriété n'en étant acquise à personne, elle serait restée sur ma tête.

Dans le cas de nullité relative, la règle est absolument différente : quand un contrat est rescindable, il produit tous les effets d'un contrat parfait jusqu'à ce que la rescision soit judiciairement prononcée.

La faculté de demander cette rescision est resserrée dans des limites étroites, et, si l'on n'en use pas pendant un certain temps, on n'y peut plus revenir, la force que l'acte avait provisoirement devient définitive, et il n'y a plus moyen de la lui enlever. Le contrat est en quelque sorte valable sous condition résolutoire ; la condition s'accomplit si on demande la nullité dans le temps voulu ; elle défaillit si on laisse passer ce délai sans la demander. Le temps pendant lequel on peut demander la rescision d'un contrat annulable est fixé par l'article 1304, à dix ans, qui courent, dans notre matière, du jour où l'erreur a été découverte. Ainsi, je vous achète un tableau croyant qu'il est de Rubens, tandis qu'il est d'un auteur sans réputation ; si je suis vingt ans sans découvrir mon erreur, le droit de demander la nullité de la vente existe toujours à mon profit ; mais dès que je me suis aperçu de mon erreur, je dois la faire valoir dans un délai de dix ans, passé lequel je serai censé y avoir renoncé, et le contrat deviendra irrévocable à mon égard aussi bien qu'à l'égard du vendeur.

A propos de cet article 1304, la question s'élève de savoir si les dix ans auxquels il limite l'exercice de l'action en nullité constituent une véritable prescription, ou bien un simple délai. L'intérêt de la question est que dans le premier cas le cours des dix ans pourra être suspendu comme toutes les prescriptions de plus de cinq ans, par la minorité ou l'interdiction de la personne à qui appartient l'action, tandis que dans le second cas c'est un délai précis et invariable qui court même contre les mineurs et les interdits. A notre sens, il faut voir dans l'article 1304 une prescription ordinaire, susceptible de suspension. Telle était déjà l'opinion de Pothier, et nous ne voyons pas pourquoi les rédacteurs du Code se seraient écartés de leur guide habituel. Il est au moins probable que si telle avait été leur intention ils s'en seraient clairement expliqués. Tout ce que l'on peut dire contre notre opinion, c'est qu'aux termes de l'article 2264 « les règles de la prescription sur d'autres objets que ceux mentionnés dans le titre de la Prescription, » sont expliquées dans les titres qui leur sont propres. Or, dit-on, l'article 1304 n'établit aucune cause de suspension. Il nous semble que ce raisonnement abuse de l'article 2264 ; cet article ne veut pas dire que les prescriptions établies dans les différents titres du Code ne soient pas soumises aux règles générales du titre de la Prescription, mais seulement que les règles de ce titre ne doivent pas abroger celles qui sont déposées dans d'autres titres du Code. Or l'article 1304 n'exclut nullement par son texte l'application des causes ordinaires de suspension.

3° La nullité absolue qui résulte de l'absence d'un des éléments essentiels au contrat ne peut être effacée par aucune ratification, tandis que la nullité relative peut disparaître si la partie qui a le droit de la faire valoir renonce à ce droit en ratifiant l'acte annulable. Cette ratification peut se faire de deux manières : soit expressément, par un acte confirmatif conforme aux prescriptions de l'article 1338, soit tacitement, par l'exécution volontaire de l'acte attaquable, émanant de la partie qui avait le droit de l'attaquer. On peut considérer aussi comme une ratification le fait de la partie qui laisse écouler sans agir le laps de dix ans, que l'art. 1304 lui accorde pour intenter l'action en nullité. La ratification, soit expresse, soit tacite, ne peut produire son effet que si elle est faite après la cessation du vice de l'acte ratifié, c'est-à-dire, dans notre matière, après que la partie trompée s'est aperçue de son erreur.

Dans le cas où un contrat est frappé d'une nullité absolue, les parties peuvent recommencer, en s'entendant mieux que la première fois, le contrat qu'elles avaient voulu faire. Mais alors, c'est un nouveau contrat qu'elles font, et non une ratification du premier. Entre ces deux actes, il faut signaler deux différences : 1° La ratification est un acte unilatéral de la partie qui pouvait invoquer la nullité relative, tandis que la formation d'un nouveau contrat exige le concours des volontés de toutes les parties ; 2° la ratification produit un effet rétroactif que ne pourrait avoir un nouveau contrat : elle remonte au jour où le contrat primitif imparfait s'était formé, ce qui a un intérêt pratique considérable au point de vue des servitudes, hypothèques ou droits réels que l'acquéreur aurait pu constituer dans l'entre-temps sur l'objet du contrat : ces droits sont validés par une ratification, tandis que la formation d'un contrat nouveau ne saurait leur donner l'existence qu'ils n'ont pas,

Quelle que soit l'espèce de nullité qui résulte de l'erreur, dès qu'un contrat entaché d'erreur est annulé, si ce contrat avait été translatif de propriété, la partie qui le fait annuler peut revendiquer l'objet aliéné contre les tiers entre les mains de qui l'acquéreur aurait pu le faire passer; de même, tous les droits réels, servitudes ou hypothèque, consentis par l'acquéreur, tombent devant la revendication du propriétaire victime de l'erreur, car l'acquéreur, n'ayant qu'un droit résoluble, n'a pu transférer à ses ayants cause que des droits soumis à la même cause de résolution que le sien. En d'autres termes, l'action en nullité pour cause d'erreur est réelle. Cela résulte encore, outre les principes généraux, de l'art. 4 de la Loi du 23 mars 1855, en vertu duquel : « Tout jugement prononçant la nullité d'un acte transcrit doit, dans le mois à compter du jour où il a acquis l'autorité de la chose jugée, être mentionné en marge de la transcription faite sur le registre. » Si ce jugement doit être porté à la connaissance des tiers, c'est qu'il leur est opposable, et que l'action en nullité est réelle. Du reste, la Loi ne prononce pas d'autre sanction qu'une amende de cent francs contre l'avoué qui a obtenu le jugement, s'il ne le fait pas mentionner en marge de la transcription.

CHAPITRE IV.

DE L'ERREUR DE DROIT.

Nous n'avons pas ici à expliquer en détail ce que c'est que l'erreur de droit et comment on la distingue de l'erreur de fait ; c'est un point que nous avons longuement exposé au début de notre travail sur l'erreur en droit romain. Nous avons seulement à rechercher ici quelle est l'influence accordée par le droit civil français à l'erreur de droit. Jusqu'à présent, nous avons évité d'en parler, et tous 'es exemples que nous avons choisis présentent des cas d'erreur de fait.

Le Code civil ne nous donne nulle part un principe général sur l'erreur de droit, mais il statue spécialement sur cette erreur dans deux articles, où il lui refuse les effets qu'il fait produire à l'erreur de fait. Nous allons d'abord étudier ces deux articles, puis nous verrons si l'erreur de droit, dans les cas non expressément prévus par la Loi, doit être assimilée à l'erreur de fait.

I. *De l'erreur de droit dans l'aveu judiciaire.* L'article 1356, parlant de l'aveu judiciaire, nous dit : *Il ne peut être révoqué à moins qu'on ne prouve qu'il a été la suite d'une erreur de fait. Il ne pourrait être révoqué sous prétexte d'une erreur de droit.* Faisons une hypothèse pour bien voir l'application de cet article. Je suis poursuivi comme débiteur d'une somme d'argent : mon adversaire me fait interroger sur faits et articles, et j'avoue que je dois. Mon aveu fait pleine preuve contre moi, et je suis condamné. Mais si je découvre que quand j'ai fait l'aveu je me trompais et que je ne devais pas; si, par exemple, je retrouve une quittance dans les papiers d'une personne à qui j'ai succédé et de qui provient la dette, je pourrai, en appel, prouver mon erreur et faire tomber la preuve que mon aveu avait élevée contre moi. Dans ce cas, en effet, mon erreur, provenant de ce que j'ignorais que mon auteur eût payé, est une erreur de fait, et je peux l'invoquer pourvu que le jugement ne soit pas encore rendu et passé en force de chose jugée, auquel cas je n'aurais aucun moyen de les faire rétracter, si ce n'est la voie extraordinaire de la requête civile, et cela encore seulement à condition de prouver que la quittance a été retenue par mon adversaire. Maintenant changeons l'espèce : Je suis poursuivi en exécution d'une obligation purement naturelle; par exemple, je suis héritier de mon père, qui a laissé un testament olographe non daté par lequel il lègue 1000 francs à Primus. Actionné par Primus en payement de ces 1000 francs, je reconnais les devoir, sachant très-bien que le testament n'est pas daté, mais croyant qu'il n'en est pas moins valable. Si plus tard j'apprends qu'un testament olographe non daté est nul, si je m'aperçois de l'imprudence de mon aveu, je ne pourrai pas revenir sur lui en arguant de mon erreur.

Telle est la décision de l'article 1356. Quelle peut être la raison d'une différence si profonde entre l'erreur de fait et l'erreur de droit? Nous croyons qu'il faut la chercher dans ce que nous avons dit au sujet de l'erreur sur la cause et sur le motif : un aveu porte toujours sur une question de fait, et jamais sur une question de droit ; la cause de l'aveu, c'est l'existence du fait sur lequel il porte. Cette cause disparaît et l'aveu tombe avec elle dès qu'il est prouvé que ce fait est faux : *qui errat, non fatetur.* Dans l'erreur de droit, au contraire, que se passe-t-il? Le fait que j'ai reconnu dans l'aveu est toujours vrai; tout ce que je peux dire, c'est que j'ai avoué sans savoir quelles consequences juridiques il pourrait en résulter pour moi, et que si je les avais connues, je n'aurais pas fait l'aveu. Cette erreur n'est donc pas, comme la précédente, la cause même de mon aveu, mais seulement le motif qui a pu me porter à le faire, or rien ne pourra prouver que mon aveu n'a été inspiré que par ce motif; il peut très-bien avoir eu un motif tout autre : le désir loyal d'exécuter une obligation dont je savais n'être pas civilement tenu, mais dont je me reconnaissais débiteur d'après le droit naturel. Lequel de ces deux motifs a pu me pousser à avouer? C'est ce qu'il est impossible de savoir; or, dans le doute, mon aveu est acquis à mon a versaire : *in dubio nocet error erranti.*

II. *De l'erreur de droit dans la transaction.* Nous avons renvoyé à ce chapitre l'étude de l'erreur sur la cause dans la transaction, à raison des difficultés assez graves que cette matière présente. Les articles 2052 et suivants énumèrent plusieurs causes de rescision et de nullité de la transaction, qui se rattachent à l'erreur. Il faut en bien comprendre l'idée générale avant d'arriver à la question spéciale de l'erreur de droit.

La transaction est un contrat par lequel les parties terminent une contestation née ou préviennent une contestation à naître, en faisant des sacrifices réciproques. Nous l'avons déjà dit, la cause de la transaction est dans la contestation même; s'il n'y avait entre les parties aucune difficulté, ou si la difficulté n'était qu'apparente, la transaction serait nulle d'une nullité absolue, comme toute obligation sans cause ou sur fausse cause. Il ne faut pas confondre avec la cause de la transaction la cause des obligations que chacune des parties contracte en transigeant. Ces obligations, comme toutes celles qui naissent des contracts synallagmatiques, se servent réciproquement de cause l'une à l'autre.

La transaction a pour but de remplacer un jugement, dont les parties ne veulent pas courir les risques. De là l'assimilation de la transaction au jugement que l'article 2052 formule en ces termes : *Les transactions ont entre les parties l'autorité de la chose jugée en dernier ressort*, assimilation qui est du reste bien loin d'être parfaite. La suite de l'article 2052 et les articles qui viennent après nous montrent en effet beaucoup de cas où la transaction est nulle ou annulable, et où un jugement rendu en dernier ressort se-

rait inattaquable. Nous allons parcourir successivement toutes ces dispositions, les expliquer et chercher à propos de chacune à quel principe général on
peut la rattacher.

Commençons par les articles qui ne sont que des
renvois sans difficulté aux règles du droit commun :
« La transaction peut toujours être rescindée dans
tous les cas où il y a dol ou violence. » (Article 2053
in fine.) Ce n'est pas une règle spéciale à la transaction, et nous n'avons pas à y insister.

« Les transactions ne peuvent être attaquées pour
cause de lésion. » (Art. 2052 *in fine*.) C'est encore
là le droit commun, la rescision pour lésion n'étant
admise qu'exceptionnellement dans certains contrats
où la Loi l'a dit.

« Une transaction peut être rescindée lorsqu'il y
a erreur dans la personne. » (Art. 2053.) Déjà à propos de l'erreur sur la personne nous nous sommes
occupé de cette disposition, et nous croyons avoir
démontré qu'elle n'est qu'un renvoi aux principes
généraux de l'article 1110.

« Les transactions ne peuvent être attaquées pour
cause d'erreur de droit. » (Art. 2052.) Cette disposition est facile à justifier : d'une part la transaction
intervient toujours sur des droits douteux et a pré-
cisément pour but d'éviter la recherche par les tribunaux de la vérité juridique ; d'autre part la Loi
présume que les parties n'ont transigé qu'après avoir
suffisamment réfléchi à leur droit et consulté au besoin des hommes expérimentés. Recommencer à

plaider sur la nullité de la transaction pour erreur de droit, ce serait aller directement à l'encontre du but de conciliation que l'on s'est proposé en transigeant, et la Loi a bien fait de ne pas le permettre. Mais si la raison de l'article 2052, s'aperçoit facilelement, il s'en faut que l'application en soit toujours aisée, et nous aurons de la peine à le concilier avec l'article 2054.

« La transaction peut être rescindée lorsqu'il y a erreur sur l'objet de la convention. » (Art. 2053). L'objet de la convention, c'est ici la même chose que sa cause, c'est le procès qui divisait les deux parties. Si une des parties s'est trompée sur la difficulté qui faisait l'objet de la transaction, croyant transiger sur un procès tandis que l'autre partie entendait transiger sur un autre, dans ce cas il y aurait certainement nullité absolue, et, si la Loi a parlé de rescision, c'est que cette hypothèse est peu pratique, surtout la transaction devant toujours être redigée par écrit (Art. 2044). La Loi n'a pensé qu'aux cas de nullité relative, c'est-à-dire aux cas où l'erreur porte non plus sur l'identité même du procès qui est à la fois l'objet et la cause de la transaction, mais seulement sur ses qualités. C'est à plusieurs cas de ce genre que sont consacrés les articles suivants :

« Il y a également lieu à l'action en rescision contre une transaction lorsqu'elle a été faite en exécution d'un titre nul, à moins que les parties n'aient expressément traité sur la nullité. » (Art. 2054.) Cet article soulève de nombreuses difficultés. D'abord quel sens doit-on donner au mot *titre ?* Est-ce l'acte écrit, l'*instrumentum* qui sert à prouver un droit, ou bien est-ce la source même du droit, comme le titre dont il est question quand on dit que pour bénéficier de la prescription de dix à vingt ans il faut posséder de bonne foi et avec juste titre? Sur ce premier point, nous ne croyons pas qu'on puisse hésiter longtemps : évidemment pour nous, le mot *titre* est pris ici dans le sens de source d'un droit, et non de preuve écrite.

Cela admis, quelle est au juste la portée de l'article 2054, et comment peut-il se concilier avec l'article 2052 qui n'admet pas la rescision de la transaction pour erreur de droit ? Quelle est l'espèce de nullité qui résulte pour la transaction de la nullité du titre ? Enfin à quel principe général peut-on le rattacher ? Voilà autant de points sur lesquels les auteurs ne sont pas d'accord.

Primus et Secundus sont en désaccord au sujet d'une servitude de puisage que Primus prétend exercer au profit d'un de ses fonds sur le fonds de Secundus. Primus produit des pièces constatant que depuis plus de trente ans il jouit paisiblement et publiquement de ce droit de puisage, d'où il conclut qu'il en est devenu titulaire par prescription; mais c'est une erreur, car, aux termes de l'art. 691, les servitudes continues et apparentes sont seules susceptibles d'être acquises par la prescription, et une servitude de puisage n'est ni continue ni apparente. Cependant,

les deux parties considèrent le titre de Primus, son
droit à la servitude, comme valable, tandis qu'il est
légalement nul. Mais Primus prétend avoir droit à
cent cinquante litres d'eau par jour et Secundus ne
lui veut reconnaître que le droit à cinquante litres ;
un procès menaçant ainsi de s'élever sur l'étendue de
la servitude dont l'existence n'est pas contestée, les
parties terminent le différend par une transaction,
dans laquelle elles limitent à cent litres la quantité
d'eau que Primus pourra puiser chaque jour sur le
fonds de Secundus. Plus tard, Secundus veut se prévaloir de l'art. 691 et de la nullité du titre de Primus
pour faire annuler la transaction. Le pourra-t-il ? Telle
est la question qu'a voulu trancher l'art. 2054, et sur
laquelle on discute cependant encore beaucoup.

D'après un premier système, il faudrait toujours
admettre la rescision de la transaction, quand même
Secundus en transigeant aurait ignoré la nullité du
titre de Primus, parce qu'il croyait les servitudes dis-
continues ou non apparentes susceptibles d'être acquises par prescription, ce qui constitue une erreur
de droit. En effet les parties n'ont pas transigé sur
la question de l'existence de la servitude, elles ont
seulement dit que le droit de puisage, s'il était dû,
serait de cent litres par jour ; mais Secundus n'a pas
reconnu la validité du titre de Primus. Que l'erreur
de Secundus ait été une erreur de droit ou une erreur de fait, cette considération est toujours vraie.
La question de savoir s'il y a servitude ou non, reste
en dehors de la transaction, et Secundus a toujours

le droit de la soulever pour se dispenser de laisser puiser les cent litres.

Un second système distingue entre l'erreur de fait et l'erreur de droit, et dit : Si Secundus ignorait que les servitudes non continues et apparentes ne pouvaient s'acquérir par prescription, il y a erreur de droit, et l'article 2052 ne nous permet pas de rescinder la transaction. Mais nous pouvons la rescinder si Secundus n'a commis qu'une erreur de fait, si, par exemple, n'ayant pas été voir la disposition des lieux, il a cru qu'il y avait une servitude continue et apparente, susceptible d'être acquise par la prescription. Ce système fait passer l'art. 2052 avant l'art. 2054, mais on peut lui objecter que, si le premier est général, le dernier ne l'est pas moins. Et puisqu'il faut absolument, dans le conflit qui nous occupe, sacrifier l'un des deux, l'article 2054 nous semble devoir être appliqué de préférence : l'article 2053 qui le précède dit : *Néanmoins* la transaction peut être rescindée....... ce qui paraît bien vouloir faire exception à l'article 2052, et l'article 2054 continue la même série d'exception quand il commence en disant : Il y a *également* lieu à l'action en rescision.

Le premier système nous semble donc préférable au second : il rend mieux la pensée des articles 2052 et 2054, et nous admettrons l'action en rescision même quand l'erreur aura été une erreur de droit. Reste à savoir sur quel élément du contrat porte cette erreur. Raisonnons d'après les principes généraux : La difficulté qui était l'objet et la cause de la tran-

saction était relative à l'exercice d'une servitude ; or
le titre du propriétaire du fonds dominant étant légalement nul, il ne devait y avoir aucun exercice.
Donc, la cause même de la transaction n'est pas parfaite. De ce défaut de la cause résulte seulement la faculté de faire rescinder la transaction, accordée par l'article 2054, et non la nullité absolue de la transaction.
L'article 2054 en effet parle d'une simple action en
rescision ; nous n'avons qu'à nous incliner devant le
texte sans rechercher si une nullité absolue pour défaut
de cause ne serait pas plus conforme aux principes.

Rattachant la nullité de la transaction à une erreur sur la substance de la cause, nous devons distinguer suivant que les parties ont ignoré la nullité
du titre par erreur de fait ou de droit, ou au contraire l'ont parfaitement connue En effet, l'erreur
sur la substance de la cause n'est qu'un vice relatif,
et la connaissance que les parties auraient de la nullité la couvre. Ainsi, dans notre exemple, il se peut
que Secundus ait su qu'il n'y avait qu'une servitude
discontinue et non apparente et qu'elle n'était pas
susceptible d'être acquise par prescription; suivant
nous, en ce cas, la transaction ne sera pas rescindable. On a prétendu que le contraire résultait de la
fin de l'article : *il y a lieu à rescision....... à moins
que les parties n'aient expressément traité sur la
nullité*. En effet, dit-on, quand la transaction a pour
but exprès de terminer une contestation sur la nullité du titre, on ne peut plus dire que la nullité du
titre détruit la cause de la transaction, puisque tout

au contraire elle lui sert de cause. Mais pour cela, il faut que la transaction ait porté expressément sur la nullité du titre ; il ne suffirait pas de prouver que les parties en transigeant avaient connaissance de cette nullité. Ce raisonnement ne nous semble pas juste, il ne faut pas prendre à la lettre le mot *expressément*, mais lire comme s'il y avait : Il y a lieu à l'action en rescision à moins que les parties en transigeant n'aient connu la nullité. En effet, voyant dans l'article 2054 une simple action en rescision pour erreur, on doit la refuser là où il n'y a aucune erreur, et voir dans la transaction faite en connaissance de cause une ratification du vice du titre, tandis qu'avec la nullité absolue pour défaut de cause on ne pourrait admettre aucune ratification, et il faudrait qu'une convention expresse eût déplacé le terrain de la transaction.

« La transaction faite sur pièces qui depuis ont été reconnues fausses est entièrement nulle » (article 2055). Ici encore, nous ne voyons pas une nullité absolue pour défaut de cause, mais une simple action en rescision accordée à celui contre qui les pièces fausses avaient été produites. Il est vrai que notre article ne parle pas de l'action en rescision en propres termes comme l'article précédent, et qu'il dit : *entièrement nulle*, mais ce mot peut avoir un autre sens : suivant nous, l'article prévoit l'hypothèse où les parties ayant entre elles plusieurs différends, les terminent tous du même coup par une seule transaction. Si les pièces fausses ne sont relatives qu'à

un seul des points débattus, la transaction n'en est
pas moins nulle dans tout son ensemble, parce
qu'elle est indivisible. Il est en effet bien plus naturel
de traduire *entièrement nulle* par : nulle dans son entier, que par : *nulle absolument*. Ce qui nous confirme
d'ailleurs dans notre opinion, c'est que pour qu'il y
ait nullité la loi exige que la fausseté des pièces ait
été découverte *depuis* la transaction ; donc ce qui
cause la nullité, ce n'est pas l'absence de cause, mais
l'erreur dans laquelle les parties sont tombées en
transigeant.

Les mêmes raisons nous guideront dans l'interprétation de l'art. 2056, ainsi conçu : « La transaction sur un procès terminé par un jugement passé en
force de chose jugée dont les parties ou l'une d'elles
n'avaient point connaissance, est nulle. Si le jugement ignoré des parties était susceptible d'appel, la
transaction sera valable.» La cause de la transaction
est le différend qui existait entre les parties Si ce
différend était déjà tranché par un jugement passé en
force de chose jugée, la transaction n'est pas valable,
mais elle n'est pas non plus absolument nulle, car le
jugement n'établit qu'une vérité relative, qu'il est au
pouvoir de la partie gagnante d'invoquer ou de né-
gliger. Le jugement connu, elle pourra, ou l'invoquer, ou renoncer à ce bénéfice. La nullité de la
transaction n'est donc pas absolue; la preuve, c'est
qu'aux termes de la loi, si les parties connaissaient
toutes deux le jugement, la transaction serait parfaitement valable.

Quoique la loi dise : les parties ou l'une d'elles, sans dire laquelle, il faut décider que la connaissance du jugement par la partie qui y est condamnée est absolument indifférente; ce qui importe pour valider la transaction, c'est que la partie gagnante ait eu connaissance de l'heureuse issue du procès pour elle, car alors seulement la transaction peut être considérée comme une renonciation libre et éclairée au droit de se prévaloir du jugement.

Si le jugement ignoré des parties est susceptible d'appel ou d'opposition, son existence découverte depuis ne peut pas être une cause d'annulation de la transaction; mais il n'en faudrait pas dire autant, et la transaction serait rescindable, si le jugement n'était plus susceptible que d'une voie extraordinaire de recours, comme le pourvoi en cassation ou la requête civile.

Nous venons de voir deux cas où le Code civil fait une distinction entre l'erreur de fait et l'erreur de droit : l'aveu judiciaire et la transaction. Aucun autre article ne parle de l'erreur de droit spécialement. Dans ce silence de la loi, rien ne nous autorise à faire une différence entre ces deux sortes d'erreur, et, du reste, cette différence que l'on faisait en droit romain serait bien difficile à justifier autrement que par la tradition. La règle « Nul n'est censé ignorer la loi, » n'est qu'une fiction. Cette fiction est nécessaire en matière pénale à cause de tous les dangers qui se produiraient si les délinquants pouvaient prétexter leur ignorance de la loi; mais en droit civil il n'y a aucune nécessité d'en dire autant. D'ailleurs, celui qui invoque son erreur devant toujours la prouver, les juges pourront être plus rigoureux pour la preuve d'une erreur de droit que pour celle d'une erreur de fait, en ayant égard à la profession, à l'intelligence de celui qui invoque son erreur, et à toutes les circonstances de l'espèce.

CHAPITRE V.

DE L'ERREUR DANS LE MARIAGE.

Jusqu'ici nous ne nous sommes occupé que des contrats ordinaires, relatifs aux rapports pécuniaires qui existent entre les hommes. Le mariage, par sa nature, ne pouvait pas être soumis aux mêmes règles. Aussi le Code civil, dans les articles 146 et 180 et suivants, a-t-il posé des principes spéciaux applicables aux nullités de mariage, et, notamment, à la nullité pour cause d'erreur.

Ici pas plus qu'ailleurs, il ne faut demander au Code une théorie complète et générale des nullités, mais nous pouvons clairement distinguer trois cas différents :

1° La non-existence du mariage auquel il manque l'un des éléments essentiels à sa formation, ce qui arrive quand les parties sont du même sexe; quand l'une d'elles n'avait pas d'existence civile, ce qui n'a plus guère qu'un intérêt rétrospectif depuis que la loi du 31 mai 1854 a aboli la mort civile; quand elles n'ont pas consenti à se prendre réciproquement pour mari et femme, soit parce que l'une d'elles était en état de démence ou d'ivresse, soit parce qu'elle a répondu *non* à l'interrogation de l'officier public ; quand les consentements ont été échangés, non pas devant un officier de l'état civil, même incompétent *ratione personæ*, mais devant un simple particulier, un ministre du culte, un notaire, ou un autre fonctionnaire incompétent *ratione materiæ.* Dans ces quatre cas, il n'y a aucun mariage; tout au plus y en a-t-il l'ombre et l'apparence ; toute personne à l'encontre de laquelle on voudrait invoquer l'existence de ce prétendu mariage pourrait, en tout temps, le méconnaître purement et simplement, sans avoir besoin de faire annuler ce qui n'existe pas, sauf, bien entendu, à plaider si les faits étaient contestés, mais le tribunal ne faisant alors que reconnaître et constater une situation antérieure au jugement, et n'annulant en aucune façon un lien qui n'était pas formé. Le Code ne s'occupe pas de ces causes de nullité ou, plutôt, d'inexistence des mariages.

2° La situation d'un mariage qui a été contracté, en dehors des quatre cas que nous venons d'énumérer, mais auquel la loi refuse de laisser produire ses effets pour un motif d'ordre et d'honnêteté publics; par exemple parce que l'un des époux n'avait pas, en se mariant, l'âge exigé par la loi, ou parce que l'un d'eux était déjà engagé dans les liens d'un précédent mariage, ou parce qu'il y avait entre les époux un lien de parenté assez rapproché pour rendre le mariage impossible, etc. On dit alors qu'il y a *nullité absolue*. Dans tous ces cas, toute partie intéressée, et même le ministère public peut agir en justice pour faire annuler le mariage; elle le peut à toute époque (au moins en principe, et sauf exception dans l'article 183), et sans qu'on puisse lui opposer, soit la prescription de son action, soit la ratification du mariage par les principales parties intéressées.

3° La situation du mariage qui est contracté, mais auquel la loi n'accorde pas une parfaite validité pour des motifs, non plus d'ordre public, mais tirés de l'intérêt de certaines personnes, qui seules peuvent en demander l'annulation pendant un certain temps fixé par la loi et qui peuvent perdre ce droit en ratifiant expressément ou tacitement le mariage qu'elles ont la faculté de faire tomber. On dit dans ce cas qu'il y a *nullité relative* du mariage. Le Code s'est occupé seulement de ces deux dernières classes de nullités.

Ces principes généraux exposés, voyons quels sont les différents cas d'erreur qui peuvent se présenter dans un mariage, et quelles sont les conséquences de chacun quant à la validité du mariage; en d'autres termes, recherchons dans quelle catégorie doivent se ranger les différents mariages entachés d'erreur, s'ils sont dans le cas d'inexistence, de nullité absolue, de nullité relative, ou de parfaite validité.

L'erreur en matière de mariage ne peut porter que sur la personne de l'une des parties. Il est impossible en effet de concevoir là une erreur sur la nature du contrat, l'une des parties demandant la nullité de son mariage sous prétexte qu'elle ignorait les conséquences qu'entraîne l'état de mariage. Une pareille erreur serait absurde, et la loi l'a sagement empêchée de naître en prescrivant à l'officier de l'état civil de lire aux parties le chapitre VI du titre du mariage ; quant à l'erreur sur l'objet, elle se confond ici avec l'erreur sur la personne, chacun des époux consentant dans le but d'unir son existence à celle de l'autre. Mais l'erreur sur la personne peut porter sur bien des éléments distincts de la personne : ainsi, le nom, la famille, la fortune, la considération publique plus ou moins grande, la capacité civile complète et non restreinte par suite de condamnations, le talent, la vertu, la douceur de caractère, la beauté, l'esprit, sont autant de qualités de la personne auxquelles on s'attache toujours plus ou moins en contractant mariage, et l'on en pourrait citer encore beaucoup d'autres. Quels sont parmi tous ces éléments ceux dont l'absence chez l'une des parties à l'insu de l'autre peut entraîner la nullité plus ou moins absolue du mariage? C'est un point sur lequel les interprètes sont fort divisés, et, il faut en convenir, les textes du Code ne sont pas suffisamment clairs. L'article 146 nous dit : « Il n'y a pas de mariage lorsqu'il n'y a pas de consentement. » Et l'article 180 ajoute : « Lorsqu'il y a erreur dans la personne, le mariage ne peut être attaqué que par celui des deux époux qui a été induit en erreur. » De là la double question de savoir s'il n'y a pas des cas d'erreur sur la personne d'où naîtrait la nullité absolue du mariage et s'il y a de ces cas, de quelle sorte d'erreur sur la personne veut parler l'article 180.

La plupart des auteurs admettent sans difficulté que l'erreur sur l'identité physique de l'un des conjoints est un obstacle absolu à l'existence du mariage, de telle sorte qu'il n'est pas même besoin d'en demander l'annulation. Cela résulte de l'article 146 ; en effet, qu'est-ce que le *consentement* dont parle cet article? C'est le consentement de se prendre réciproquement pour mari et femme ; or ce consentement n'existe pas quand on croit épouser une femme et qu'on en épouse une autre par suite d'une substitution de personne. Cette hypothèse ne peut pas être celle que prévoit l'article 180, qui ne parle que d'une nullité relative; nous en trouvons la preuve dans l'article 181, ainsi conçu : « Dans le cas de l'article précédent, la demande en nullité n'est plus recevable toutes les fois qu'il y a eu cohabitation continuelle pendant six mois depuis que l'erreur a été reconnue. » Si, voulant et croyant épouser Marie, je me trouve devant l'officier de l'état civil avec Louise, qui est soigneusement voilée, que je prends pour Marie, et que dans cette erreur je déclare épouser, il semble évident que mon erreur sera toujours bien facile à découvrir, et alors de deux choses l'une : ou je ne veux pas rester marié avec Louise, auquel cas je n'ai pas besoin pour réfléchir d'un délai de six mois, ou je me trouve satisfait, je veux garder la femme que j'ai prise par erreur, et alors la cohabitation même prolongée au delà de six mois, eût-elle duré trente ans, ne saurait me lier avec une femme que je n'avais pas en vue au moment où j'ai dit *oui* devant l'officier de l'état civil. Allons plus loin, et supposons, ce qui arrivera presque toujours dans le cas d'erreur sur l'identité de la personne, qu'il y ait eu dol, et que la personne substituée à une autre, que Louise dans notre exemple, ait été complice de la substitution. Il y a là un fait répréhensible, que la loi pénale aurait pu punir, qu'elle n'a pas puni; mais il serait injuste, souvent même cruel, de condamner Louise, sciemment substituée à Marie, à rester mariée avec celui qui croyait épouser Marie. C'est cependant la conséquence à laquelle on arriverait si l'on faisait rentrer ce cas dans l'article 180, qui n'ouvre d'action en nullité de mariage qu'au profit de l'époux trompé. Nous dirons donc que dans cette hypothèse il y a absence complète de consentement, et qu'en conséquence la non-existence du mariage peut être invoquée par les deux époux et même par toute autre personne intéressée, en tout temps, et sans qu'on puisse se voir opposer aucune fin de non-recevoir tirée de la cohabitation qui aurait eu lieu entre les époux depuis la découverte de l'erreur. Pothier, cependant, dit que, si après avoir reconnu mon erreur, je consens à prendre pour femme Louise que j'avais d'abord prise pour Marie, *ce consentement réhabilite mon mariage* avec cette femme, et qu'ainsi fut réhabilité le mariage de Jacob avec Lia, qu'il avait d'abord prise pour

Rachel. Il motive cette décision sur ce que, l'erreur étant secrète, la publicité de la bénédiction nuptiale qui a précédé mon consentement suffit pour la publicité de mon mariage avec Louise, sans qu'il soit nécessaire qu'il intervienne une nouvelle bénédiction nuptiale. Mais cela n'est pas logique : il n'y avait au début ni consentement, ni, par conséquent, mariage. Si les parties mieux éclairées désirent toutes deux rester mariées, il faut qu'elles procèdent, cette fois en connaissance de cause, à une nouvelle célébration. Leur cohabitation sans cela ne peut être qu'un concubinage, et ne saurait produire aucun effet juridique. L'article 180 ne prévoit donc pas cette hypothèse de l'erreur sur l'identité de la personne; il est relatif à des cas beaucoup plus pratiques que celui-là, mais aussi bien difficiles à déterminer d'une manière exacte.

Nous laisserons donc désormais de côté ce système que nous croyons avoir réfuté, et qui du reste ne compte plus aujourd'hui beaucoup de partisans, d'après lequel l'article 180 ne prévoirait que l'erreur sur l'identité physique de la personne, et n'en ferait qu'une cause d'annulabilité purement relative du mariage, toute autre espèce d'erreur sur la personne ne pouvant avoir aucune influence sur sa validité. Un incident des travaux préparatoires contribue encore à nous faire rejeter ce système : quand le projet de Code fut envoyé au tribunal de cassation, ce tribunal proposa, dans le texte de l'article qui devint plus tard notre article 180, de substituer les mots

erreur sur l'individu aux mots *erreur dans la personne.* Ce changement de rédaction, qui aurait tranché la question dans le sens restrictif que nous repoussons, ne fut pas admis. Mais, ce premier système
écarté, plusieurs opinions restent encore en présence.

Un système moins exclusif que le premier ne voit
qu'une cause de nullité relative dans l'erreur sur
l'identité physique de la personne, dans le cas où
une personne inconnue a été substituée au moment
de la célébration du mariage à la personne que l'on
connaissait et que l'on voulait épouser. Les principes
rigoureux conduisent certainement à dire que dans
ce cas il y a absence complète de consentement et
que par conséquent le mariage n'a pas pu se former ;
mais telle n'a pas été la pensée des rédacteurs du
Code ; la discussion du conseil d'État sur l'article 180
montre qu'ils ont voulu confondre dans la même
phrase, comme cause de nullité relative, l'erreur sur
la personne physique et l'erreur sur la personne civile. Cette opinion admet donc aussi comme cause
de nullité relative l'erreur sur l'identité sociale et
non plus seulement physique de l'un des époux. Par
identité sociale il faudrait entendre la place que
chacun de nous occupe dans la société, l'origine qui
nous rattache à telle ou telle famille en qualité d'enfant légitime ou naturel. Par exemple, je veux donner ma fille en mariage à Paul, que ni moi ni ma
fille n'avons jamais vu, mais qui est le fils d'un de
mes amis habitant à l'étranger ; un jeune homme se

présente, muni de papiers faux ou dérobés à Paul;
il se fait passer pour Paul, et je lui donne ma fille.
Dans ce cas, l'identité physique de l'époux était bien
connue lors du mariage, puisque ma fille l'avait vu
et connu avant, mais il y a erreur sur la place que
tient la personne dans la société, puisque ma fille
voulait épouser Paul parce qu'il était le fils de mon
ami, et que celui qu'elle a épousé, le connaissant
bien du reste, n'est pas le fils de cet ami, mais un
étranger dont la famille nous est inconnue, et telle
peut-être que nous n'aurions pas voulu nous allier
à elle si nous l'avions connue. Dans ce cas, d'après
le système que nous exposons en ce moment, il y a
lieu d'annuler le mariage si l'épouse trompée le demande et prouve son erreur. Mais si l'erreur ne porte
ni sur l'identité physique, ni sur l'identité civile de
l'époux, nous tombons dans le domaine de l'erreur
sur les qualités de l'époux, qualités qui sont innom
brables, et alors, si l'on veut admettre ce genre d'erreur comme susceptible d'altérer la validité du mariage, on ne saura plus à quelle limite s'arrêter; il
ne faut donc pas autoriser l'annulation pour cause
d'erreur en dehors de l'erreur sur l'identité, soit
physique, soit sociale de l'époux. C'est ce que décidait déjà l'ancien droit, qui n'admettait pas l'annulation d'un mariage pour cause d'erreur sur les qua
lités de l'un des époux, même sur les plus importantes:
dans le cas, par exemple, où l'on avait épousé, le
croyant en possession de tous ses droits civils, un
homme qui s'était évadé des galères perpétuelles.

14

L'ancien droit ne faisait à ce principe qu'une seule exception, pour le cas où l'on avait épousé un esclave le croyant libre.

Une autre opinion décide, comme la précédente, que l'erreur sur l'identité physique est une cause d'annulabilité seulement; mais elle n'admet pas l'annulation d'un mariage pour erreur sur l'identité civile; elle l'admet, au contraire, en cas d'erreur sur les qualités qui constituent la personne au point de vue du mariage, qui en font une personne mariable. Ainsi, la femme qui épouse par erreur un homme impuissant peut demander la nullité de son mariage, puisqu'elle se trouve mariée avec un individu incapable de remplir la fin du mariage. Il en faut dire autant de la femme catholique qui a épousé par erreur un homme engagé dans des vœux religieux perpétuels; non pas que l'engagement dans les ordres soit un empêchement au mariage, mais parce qu'aux yeux de cette femme, et selon sa foi, l'homme qu'elle a épousé est moralement incapable de remplir le but du mariage.

Plusieurs systèmes, conformes en cela aux principes généraux que nous avons exposés au début de cette discussion, font une distinction entre les cas où l'erreur, détruisant le consentement, empêche complétement le mariage de se former d'après l'article 146, et ceux où elle peut seulement autoriser l'époux trompé à en demander l'annulation aux termes des articles 180 et 181; mais ils ne sont pas d'accord sur la détermination des cas où il y a, soit inexistence du mariage, soit simplement annulabilité.

Une de ces opinions dit que l'erreur sur l'identité civile, comme l'erreur sur l'identité physique, entraîne absence de consentement et nullité absolue du mariage. En effet a dit le savant jurisconsulte qui le premier a émis ce système, M. Labbé, « l'interrogation et la réponse qui forment le mariage portent, non pas sur l'individu physique alors présent, quels que soient son nom et son état dans la société, mais sur une personne ayant un nom, un état, des relations précises. » Toute autre erreur, dans ce système, n'est pas exclusive du consentement, mais elle peut, suivant les circonstances, entraîner l'annulation du mariage par les tribunaux, si les juges estiment qu'elle a altéré assez gravement le consentement de la partie trompée.

Un autre système, beaucoup moins large que celui de M. Labbé, n'admet pas comme lui que toute espèce d'erreur soit de nature à pouvoir entraîner au gré des juges l'annulation du mariage ; il n'accorde cet effet qu'à celle qui porte sur l'identité civile et sociale de l'époux, sur les liens qui l'attachent à telle ou telle famille ; ainsi, dans ce système, l'erreur sur l'identité physique empêche radicalement le mariage d'exister, l'erreur sur l'identité civile le rend seulement annulable, toute autre espèce d'erreur est sans influence.

Enfin, une dernière opinion à laquelle nous croyons devoir nous rattacher n'admet aucune li-

mitation aux pouvoirs du juge : La loi ne parlant
que de l'erreur dans la personne sans définir ce qu'il
faut entendre par cette erreur, nous ne devons faire
aucune distinction, et il faut considérer toute erreur,
quelle que soit la qualité de la personne qui en est
affectée, comme susceptible de vicier le consentement, à condition, bien entendu, que celui des époux
qui invoque son erreur prouve qu'il croyait trouver
telle ou telle qualité chez son conjoint, et que, s'il
avait connu l'absence de cette qualité, il n'aurait pas
consenti au mariage. La difficulté de fournir cette
preuve restreindra naturellement ce que notre système a de trop élastique. Ainsi, nous n'annulerons pas
un mariage pour erreur sur les qualités morales de l'é-
poux, sur la vertu de la femme par exemple ; mais
nous l'annulerons si le mari prouve que la femme qu'il
a épousée la croyant de bonne conduite était enceinte
au moment de la célébration du mariage, car la
grossesse est un fait matériel dont la preuve n'a rien
de bien difficile, tandis que la preuve de l'inconduite
même de la femme serait à la fois scandaleuse et impossible. Du reste, tout est remis à la sagesse des
magistrats, qui ne devront prononcer la nullité du
mariage que si l'erreur prouvée leur semble avoir
exercé une influence principale et déterminante sur
le consentement de l'un des époux. Nous laisserons
à part, conformément aux principes que nous avons
déjà rappelés, l'erreur sur l'identité physique de l'é-
poux, qui nous semble absolument exclusive du consentement, mais nous n'y assimilerons pas l'erreur

sur l'identité civile: en effet, cette erreur n'est pas toujours essentielle; elle ne doit vicier le mariage que s'il est prouvé que l'époux trompé n'a épousé qu'à raison de la personalité civile qu'il croyait à l'autre, et de la famille à laquelle il croyait qu'il appartenait, et qu'il ne l'aurait pas épousé s'il avait connu la vérité. Cette solution que nous donnons à notre question n'est que l'application au mariage des principes posés par l'article 1110 sur l'erreur sur l'objet dans les contrats ordinaires : comparant le mariage à un échange où chacun des époux joue vis-à-vis de l'autre le rôle d'objet, nous dirons : en cas d'erreur sur l'identité physique de l'objet, nullité absolue du contrat; en cas d'erreur sur la substance de l'objet, annulabilité du contrat, et, la loi n'ayant dit nulle part quelles qualités doivent être considérées comme substantielles, c'est aux juges qu'appartient le soin de déterminer, dans chaque espèce, dans quels cas l'erreur est suffisante, dans quels cas au contraire elle porte sur une qualité trop secondaire pour autoriser l'annulation du contrat.

DEUXIEME PARTIE.

DE LA BONNE FOI.

En droit français comme en droit romain, il y a un certain nombre de cas dans lesquels l'erreur, au lieu d'être une cause de nullité des actes juridiques, valide au contraire des actes qui seraient nuls, et procure à celui qui s'est trompé des avantages auxquels il n'aurait pas droit s'il avait connu la vérité. Dans tous ces cas, l'erreur prend le nom de bonne foi, comme nous l'avons déjà dit. Nous allons parcourir avec le code les différentes hypothèses dans lesquelles la bonne foi exerce son influence, et nous aurons à nous occuper pour cela de la possession de bonne foi, des actes faits de bonne foi avec l'héritier apparent, de la bonne foi dans les contrats, et des mariages nuls contractés de bonne foi, ou mariages putatifs.

CHAPITRE I.

DE LA POSSESSION DE BONNE FOI.

La *Possession* est l'exercice du droit de propriété. L'exercice du droit étant le plus souvent uni au droit lui-même, les jurisconsultes n'ont à s'occuper des effets de la possession, que dans le cas où celui qui possède n'est pas le véritable propriétaire. Alors, de deux choses l'une : ou le possesseur sait qu'il n'a pas la propriété, ou il se croit propriétaire. Dans le premier cas, il est *de mauvaise foi*; dans le second cas, on dit qu'il est *possesseur de bonne foi*.

Les effets de la possession de bonne foi sont relatifs à l'acquisition des fruits de l'immeuble possédé, au cas où le possesseur a fait des travaux de construction ou de plantation sur le fonds qu'il possédait, et à l'acquisition de la propriété de l'objet possédé, mobilier ou immobilier.

I. — *De l'acquisition des fruits par le possesseur de bonne foi.*

En principe, les fruits d'une chose appartiennent au propriétaire de cette chose, si la propriété n'en est pas démembrée; et, si une autre personne les a recueillis, fût-elle en possession de la chose qui les produit, elle n'en est pas devenue propriétaire, et doit les rendre au maître de la chose quand il la réclame. Cette règle ne reçoit d'exception que dans l'article 549, qui est ainsi conçu : « Le simple possesseur ne fait les fruits siens que dans le cas où il est de bonne foi. Dans le cas contraire, il est tenu de rendre les produits avec la chose au propriétaire qui la revendique. » La loi établit là une différence profonde entre le possesseur de bonne foi et le possesseur de mauvaise foi. Nous avons à rechercher : 1° quel est le motif de cette différence; 2° dans quels cas le possesseur est de bonne foi de manière à pouvoir gagner les fruits (question résolue dans l'article 550); 3° de quelle manière et à partir de quel moment le possesseur de bonne foi fait siens les fruits de la chose possédée.

I. — Nous avons déjà eu, en Droit Romain, l'occasion de rechercher quelle est le motif de cette attribution des fruits au possesseur de bonne foi. La Loi ne veut pas, en lui accordant ce bénéfice, l'indemniser des frais de culture ou d'entretien qu'il a faits, car alors il serait tout aussi juste d'attribuer les fruits au possesseur de mauvaise foi, qui peut avoir fait de grands frais et avoir apporté beaucoup de soin à l'exploitation de la chose qu'il possédait; et d'ailleurs ce droit est accordé au possesseur sur des fruits naturels qui poussent sans culture, aussi bien que sur les fruits industriels et civils ou sur le croît des troupeaux. Le vrai motif de notre article, c'est que le possesseur de bonne foi, quoique n'ayant strictement aucun droit, est dans une position éminemment digne d'intérêt : tombé dans une erreur excusable, il se croit propriétaire d'un bien dont la valeur double ou triple peut être sa fortune; il a dû régler son train de vie, monter sa maison, eu égard à la richesse qu'il croyait avoir : si le bien possédé vant cent mille francs, il a dû dépenser chaque année quatre ou cinq mille francs de plus que s'il n'avait pas compté sur ce bien. Si, après neuf ans de possession, temps qui ne lui a pas suffi pour acquérir la propriété par prescription, le vrai maître de la chose, la revendiquant, pouvait se faire rendre, outre le fond, trente-six ou quarante mille francs, le possesseur se trouverait, sans aucune faute de sa part, ruiné ou tout au moins gravement appauvri, et cela, dans l'intérêt de qui? D'un propriétaire qui est resté neuf ans sans s'occuper de son fonds, qui, à moins de circonstances bien exceptionnelles, s'est montré fort négligent, qui a très-bien pu se passer pendant tout ce temps du revenu du bien qu'un étranger possédait, qui, s'il en avait joui, en aurait sans doute dépensé presque tout le revenu au fur et à mesure, et se trouverait ainsi, grâce à la possession de son fonds par un étranger, à la tête d'un capital qu'il n'aurait jamais eu sans cela. Évidemment, de ces deux situations, l'une est bien plus digne que l'autre de la sollicitude du législateur. Telle a été certainement la raison déterminante de notre article 549. Ces considérations ne se conçoivent plus dès que le propriétaire se trouve en présence d'un possesseur de mauvaise foi, qui, se sachant usurpateur et exposé à une revendication, doit, jusqu'à ce qu'il ait parfait le temps de la prescription trentenaire, mettre chaque année les fruits de côté pour les rendre au propriétaire quand il les réclamera.

II. — L'article 550 nous explique dans quel cas le possesseur a droit aux fruits: « Le possesseur est de bonne foi quand il possède comme propriétaire « en vertu d'un titre translatif de propriété dont il « ignore les vices. » Ainsi, en principe, le possesseur de bonne foi est celui qui se croit propriétaire, mais cela n'est pas suffisant; il faut, pour que cette erreur du possesseur soit admise, qu'elle s'appuie sur « un titre translatif de propriété dont il ignore les vices. » Quel est ce titre, et quels en peuvent être les vices?

1° Le mot *titre* est pris ici dans le sens de cause génératrice d'un droit; par exemple si le possesseur a acheté le bien ou l'a reçu en donation, son titre est la vente ou la donation. La Loi exige que ce titre soit « translatif de propriété; » ces mots ne doivent pas être pris à la lettre : si le titre avait été réellement translatif de propriété, le possesseur serait propriétaire et gagnerait les fruits à ce titre, sans avoir besoin de notre article. La loi veut dire seulement que le titre doit être, de sa nature et à le supposer exempt de tout vice, susceptible de transférer la propriété, ce qui exclut les titres précaires. Ainsi, le prêt, le louage, le dépôt, le gage, ne sont pas des titres translatifs de propriété. Au contraire, la vente, l'échange, la donation, le legs, la succession ab intestat, l'occupation dans les cas où elle est autorisée par la Loi, sont des titres translatifs de propriété dans le sens de l'article 550, quand même un vice les empêcherait dans l'espèce de rendre propriétaire l'acheteur, le légataire ou l'héritier.

La question s'est souvent présentée de savoir si l'existence réelle d'un titre était absolument nécessaire pour que le possesseur fît les fruits siens, et s'il ne suffisait pas que le possesseur crût de bonne foi sur un fondement plausible à l'existence d'un titre simplement putatif. Les Romains, à propos de l'usucapion, décidaient que la croyance en un juste titre qui n'existe pas peut servir de base à une usucapion, pourvu que cette erreur soit excusable : par exemple, le possesseur pouvait usucaper s'il avait reçu la chose d'un mandataire qui lui avait dit l'avoir achetée en son nom, parce qu'on peut être excusable d'ignorer le fait d'autrui; mais il ne pouvait pas usucaper une chose qu'il croyait avoir achetée lui-même, ne l'ayant réellement pas achetée, car on est impardonnable d'ignorer son propre fait. Beaucoup d'auteurs donnent encore aujourd'hui la même solution en ce qui concerne l'acquisition des faits et l'on ne peut pas nier que cette solution ne soit équitable et ne réponde bien au but que le législateur s'est proposé en écrivant nos articles. Pourtant, le texte de l'article 550 nous paraît trop absolu pour que nous puissions nous ranger à cette opinion : il exige un titre; or, dans l'espèce qui nous occupe, il n'y a pas de titre; tout au plus pourrait-on dire que le procureur est excusable de croire à l'existence du titre. Si la Loi avait voulu que la bonne foi du possesseur le dispensât absolument du titre, elle aurait dit : « Le possesseur est de bonne foi quand il possède ou croit posséder en vertu d'un titre... » Si elle ne l'a pas dit, c'est peut-être une lacune, mais il ne nous appartient pas de la combler en allant contre un texte positif.

2° Un titre est donc nécessaire au possesseur; mais, pour qu'il y ait lieu d'appliquer nos articles, il faut supposer que ce titre a un vice. Ce vice peut provenir, soit de la personne de qui le possesseur tient la chose, soit de la forme irrégulière du titre, ou d'un obstacle légal qui a empêché la transmission de la chose de la personne de l'auteur à celle du possesseur actuel.

L'hypothèse que l'article 550 a eue principalement en vue est celle où le possesseur a reçu la chose d'un *non dominus* qu'il croyait propriétaire. Ce cas est sans difficulté. Mais la question devient plus délicate si l'auteur était bien propriétaire, mais incapable d'aliéner, et que lui ou son représentant veuille faire annuler le contrat. Alors, si l'acheteur a ignoré l'incapacité de son vendeur, si par exemple il le croyait âgé de plus de vingt et un ans, tandis qu'il était encore mineur, ne pourrait-on pas lui refuser le droit aux fruits sous prétexte qu'il devait connaître celui avec qui il traitait, en vertu de l'adage : *Nemo ignarus esse debet conditionis ejus cum quo contrahit?* Non, la Loi n'impose cette obligation à personne, et on devra toujours prouver que l'acheteur connaissait l'incapacité du vendeur, si on veut lui faire rendre les fruits. Mais supposons que le possesseur ait connaissance de l'incapacité de son vendeur ; la question n'est pas pour cela tranchée invariablement dans le sens de la mauvaise foi : il peut en effet arriver que malgré cette connaissance qu'il a, le possesseur doive être considéré comme étant de bonne foi et fasse les fruits siens. Voici dans quelle hypothèse : J'achète un fonds de terre de Primus qui est mineur et que je connais

pour tel. Plus tard, Primus dûment autorisé ou devenu majeur ratifie la vente, de sorte que je me
crois propriétaire incommutable du fonds. Mais
voilà que Secundus se présente, et prouve que c'est
lui le propriétaire, et non Primus. Secundus m'évin-
çant, je ne suis pas tenu de lui rendre les fruits,
parce que je possédais de bonne foi, me croyant
propriétaire sur la foi d'un titre translatif de propriété dont j'ignorais le vice, c'est-à-dire le défaut
de propriété chez mon vendeur Primus. Il est vrai
que, quand j'ai acheté, mon vendeur était incapable de me transmettre une propriété irrévocable,
et que je le savais; mais ce vice résultant de l'incapacité de Primus a été rétroactivement effacé par
la ratification régulière du contrat qu'il a consentie;
et, de bonne foi à l'égard de Secundus, je ne lui
dois aucun compte des fruits que j'ai perçus avant
que son droit me fût connu.

Quand le vice du titre est un vice de forme, quand,
par exemple, un acte de donation ne fait pas expressément mention de l'acceptation du donataire, et
que le possesseur l'a ignoré, ne peut-il pas néanmoins faire les fruits siens? On pourrait dire pour
la négative qu'aux termes de l'article 2267 « le titre
nul pour défaut de forme ne peut servir de base à
la prescription de dix et vingt ans; » que cette erreur
n'est donc pas excusable. Mais cet article est spécial
à la matière de la prescription; dans le sujet qui
nous occupe, nous ne trouvons aucune disposition
semblable, et l'article 550 semble bien ne faire au-

cune distinction. Nous admettrons donc le possesseur à garder les fruits, au moins dans le cas où sa
bonne foi proviendrait d'une erreur de fait, et non
de droit, où, par exemple, il n'aurait pas pris personnellement connaissance de l'acte de donation.
Mais si, ayant pu constater que dans l'acte son acceptation n'était pas mentionnée expressément, il ne
croyait pas que cette mention fût nécessaire, il y a
erreur de droit, et, alors, la question s'élève de savoir si la bonne foi fondée sur une erreur de droit
est suffisante pour faire gagner les fruits au possesseur; même question si nous supposons que le possesseur a ignoré l'inaliénabilité de la chose qu'il
possédait. Nous avons répondu d'avance à cette
question quand nous avons dit que l'erreur de droit
doit être assimilée à l'erreur de fait partout où la
Loi ne fait pas de distinction. Ici pas plus qu'ailleurs, nous ne ferons pas de différence entre ces
deux sortes d'erreur. Tout ce que l'on peut dire,
c'est que la preuve de la mauvaise foi sera plus facile quand le possesseur prétextera une erreur de
droit, que quand il dira être tombé dans une erreur
de fait.

Quand il s'agit de l'acquisition des fruits, la question de bonne ou de mauvaise foi ne doit pas s'apprécier seulement au moment de l'entrée en possession, mais au moment de chaque perception de
fruits. C'est ce que suppose la fin de l'article 550,
quand elle nous dit : « Il (le possesseur) cesse d'être
de bonne foi du moment où ces vices (ceux de son

titre) lui sont connus. » Nous aurons tout à l'heure
à revenir sur l'explication de ce paragraphe.

Ainsi, j'achète une chose *a non domino* sans le
savoir. Tant que je crois avoir traité avec le propriétaire véritable, je fais les fruits miens. Mais si je
viens plus tard à apprendre que je me suis trompé,
je deviens de mauvaise foi, et je n'acquiers plus les
fruits que je perçois à partir de ce moment. A l'inverse, si, de mauvaise foi au début, je deviens plus
tard de bonne foi, je commencerai de ce jour à
pouvoir gagner les fruits que je percevrai. On pourrait citer comme exemple de ce fait le cas où un
possesseur de mauvaise foi meurt laissant un héritier qui, lui, est de bonne foi ; mais, ce cas étant
sujet à controverse, mieux vaut prendre un autre
exemple. Ainsi, je me mets en possession sans titre
ni bonne foi d'une maison qui appartient à un de
mes parents dont je suis le seul héritier présomptif,
mais non réservataire ; puis ce parent meurt ; je me
crois héritier et, partant, légitime propriétaire ; mais
plus tard on découvre un testament par lequel mon
parent m'enlevait tout droit à la succession, ou,
seulement, à la maison que je possède. Dans cette
espèce il n'y a aucune difficulté, et je garderai tous
les fruits par moi perçus entre la mort de mon parent
et la découverte du testament qui me dépouille.

Revenons à l'hypothèse que nous avions écartée,
où un possesseur de mauvaise foi meurt laissant un
héritier qui, trouvant le bien possédé au milieu des
autres biens de la succession, et croyant qu'il ap-

partenait légitimement à son auteur, continue de
bonne foi à le posséder. Si cet héritier n'a accepté la
succession que sous bénéfice d'inventaire, il n'y a
pas de difficulté : cet héritier sera tenu sur tous
les biens de la succession et jusqu'à concurrence de
l'émolument qu'il en retirera de rendre les fruits
perçus de mauvaise foi du vivant de son auteur ;
mais, sa personne ne se confondant pas avec celle
de l'auteur, il ne sera tenu à rien de plus et gardera
les fruits perçus depuis la mort de celui-ci. Si nous
supposons au contraire un héritier pur et simple, la
question est fort débattue de savoir si les fruits par
lui perçus depuis qu'il a succédé à son auteur lui
sont acquis définitivement.

Pour la négative on a dit que la possession d'un
héritier pur et simple n'est que la continuation de
celle de l'auteur avec le même caractère de bonne
ou de mauvaise foi qu'elle avait du vivant de celui-
ci. Cet argument n'est pas difficile à réfuter : la
bonne foi, dans la matière de l'acquisition des fruits,
devant s'apprécier au moment de chaque perception,
on peut traiter l'héritier qui est de bonne foi absolument comme on traiterait son auteur lui-même si,
de mauvaise foi au début, il devenait plus tard de
bonne foi. D'ailleurs, la position de cet héritier est
bien digne d'intérêt, et tous les motifs qui ont inspiré
au législateur notre article 549, se rencontrent ici
pour lui faire gagner les fruits. Mais les partisans de
la négative font une nouvelle objection fort sérieuse :
le défunt, disent-ils, s'étant mis en possession de

mauvaise foi, avait, par ce fait même, contracté envers le véritable propriétaire l'obligation de l'indemniser de tout le préjudice que pourrait lui causer
sa possession. Cette obligation passe à son héritier
pur et simple. Si donc on décide que cet héritier,
étant de bonne foi, fait les fruits siens, il faut ajouter que, devant indemniser le propriétaire du tort
qu'il lui cause en gagnant les fruits, il est tenu de
rendre d'une main ce qu'il a gagné de l'autre ; il y
a donc lieu d'appliquer la règle : *Quem de evictione
tenet actio, eumdem agentem repellit exceptio.*

Pour concilier ce raisonnement avec les principes
qui accordent les fruits à tout possesseur de bonne
foi, on a proposé deux distinctions différentes :
D'après un auteur, la solution ne devrait pas être la
même, suivant que le possesseur qui est mort actuellement était de mauvaise foi au moment où il a commencé à posséder, auquel cas son entrée en possession constitue un délit dont il est tenu de réparer
toutes les conséquences, obligation qui passe après
lui à son héritier pur et simple, ou que au contraire,
ayant d'abord pris possession de bonne foi, il a découvert plus tard les vices de son titre ; alors, dit-on,
le fait de rester en possession après qu'il sait ne pas
être légitime propriétaire ne constitue pas un délit ;
il cesse de gagner les fruits, parce que, devant s'attendre à une éviction, il a dû les capitaliser et les
mettre en réserve pour les rendre au besoin, mais il
ne transmet aucune obligation à son héritier. Cette
distinction nous semble peu fondée : dans un cas

comme dans l'autre, il doit y avoir une obligation transmise à l'héritier; toute la différence est que cette obligation est plus lourde et comprend la restitution de plus de fruits dans la première hypothèse que dans la seconde.

Mais une distinction beaucoup plus rationnelle a été proposée, la voici : Le possesseur même de mauvaise foi n'est pas obligé d'avance, toujours, et quand même, à indemniser le propriétaire de la perte des fruits de la chose tant qu'il ne l'aura pas recouvrée (M. Demolombe). Une pareille obligation ne peut survivre à la mauvaise foi du possesseur que s'il cède par dol la possession à une personne de bonne foi : alors, son dol constitue un délit qui perpétue l'obligation, et la rend transmissible à son héritier, fût-il lui-même possesseur de bonne foi. Ainsi, dans le cas où le possesseur primitif, connaissant le vice de son titre, et pour enlever au propriétaire le gain des fruits, cède la possession de son vivant à son fils qui est de bonne foi, il fait là un acte de mauvaise foi dont il doit réparer toutes les conséquences, et, s'il meurt ensuite, cette obligation passe à son fils à l'insu de celui-ci et quoiqu'il soit parfaitement de bonne foi comme possesseur. Dans ce cas, l'héritier, s'il est pur et simple, ne gagnera pas définitivement les fruits. Mais supposons que le possesseur de mauvaise foi soit resté en possession jusqu'à sa mort, attendant la revendication du propriétaire. Il n'était obligé qu'à rendre les fruits perçus de son vivant, et cette obligation passe à son héritier ; mais celui-ci, possédant le bien de bonne foi, rentre dans le cas de l'article 550 ; la perte que le propriétaire éprouve à raison de la bonne foi du possesseur actuel résulte d'un fait nouveau qui n'est pas directement imputable au possesseur de mauvaise foi. Le possesseur actuel, même héritier pur et simple, n'est donc pas tenu de rendre les fruits.

« Le possesseur cesse d'être de bonne foi du moment où les vices de son titre lui sont connus, » dit l'article 550. La Loi ne nous dit pas comment il faut que ces vices lui soient connus ; nous en conclurons qu'il n'y a à cet égard aucune règle rigoureuse. Aucun texte n'exige, par exemple, que le propriétaire ait commencé le procès ou même notifié sa prétention au possesseur ; la connaissance qu'il a du droit du propriétaire, même par une voie étrangère à celui-ci, suffit pour le constituer en état de mauvaise foi. Il n'est pas nécessaire même pour cela qu'il soit convaincu de la justesse de la prétention qu'on élève contre lui ; dès qu'il est averti que la propriété lui est contestée, il n'a plus cette bonne foi absolue que les Romains appelaient *illæsa conscientia quæsiti domini*. Il ne doit plus compter entièrement sur les revenus du bien qu'il possède ; il doit les garder pour le cas où il les faudrait rendre, et il les doit rendre s'il perd le procès en revendication. A plus forte raison, les fruits perçus pendant le procès ne sont-ils pas considérés comme perçus de bonne foi : au motif que nous venons le présenter s'ajoute cette règle

générale de droit, que les effets des jugements re-
montent au jour de la demande, et que tout doit être
remis au même état que si la décision avait été rendue
à ce jour, sans tenir compte de ce qui s'est passé
pendant le procès.

Si le procès a passé par plusieurs degrés de juridiction, le possesseur qui a gagné en première in-
stance ne doit pas garder les fruits qu'il a perçus
pendant les délais de l'appel; en effet, il devait
savoir que le procès n'était peut-être pas terminé,
et garder les fruits en réserve jusqu'à ce que le jugement fût passé en force de chose jugée. Nous n'en
disons pas autant, malgré de puissantes autorités, si
le possesseur, ayant gagné en appel, perdait devant
la nouvelle cour où l'affaire aurait été renvoyée
après cassation, car la cassation n'est qu'une voie de
recours extraordinaire, et quand on a un arrêt pour
soi, il est bien permis de croire le procès terminé.
C'est le cas de dire : *Juste possidet qui auctore
prætoris possidet.* Ce que nous disons de la cassation sera vrai à plus forte raison encore des voies
de recours d'un usage moins fréquent, à l'exercice
desquelles il est bien permis de ne pas s'attendre
comme la tierce opposition ou la requête civile
(dans les cas bien entendu où elle n'est pas fondée
sur le dol personnel du possesseur.)

Quand le revendiquant se désiste de sa demande
ou la laisse périmer, l'effet que cette demande avait
produit de constituer le possesseur en état de mauvaise foi disparaît, mais reste la question de fait de

savoir si le possesseur n'a pas par suite d'autres circonstances connu les vices de son titre et par conséquent cessé d'être de bonne foi.

La bonne foi se présumant toujours, pour que le possesseur puisse être condamné à la restitution des fruits, il faut que le propriétaire prouve sa mauvaise foi. Cette preuve pourra se faire de toute manière, même par témoins quand il s'agira d'une valeur de plus de cent cinquante francs, car la mauvaise foi du possesseur est une circonstance dont il est impossible au propriétaire de se procurer une preuve écrite. La même solution nous semble applicable, et pour la même raison, dans le cas où le possesseur, d'abord de bonne foi, aurait connu plus tard les vices de son titre, quoique beaucoup d'auteurs exigent alors un commencement de preuve par écrit.

III. — Supposons un possesseur de bonne foi, qui ait droit aux fruits d'après les principes que nous venons d'exposer. A quels fruits aura-t-il droit, et de quelle manière les acquerra-t-il ?

L'acquisition des fruits par le possesseur de bonne foi ne repose au fond sur aucun droit ; ce n'est qu'une concession gracieuse que le législateur lui fait, pour des motifs que nous connaissons, dans l'article 549. Le texte de cet article doit donc nous servir à fixer les limites de cette attribution. Il ne parle que des *fruits*. Nous n'accordons donc au possesseur que ceux des produits de la chose qui ont le caractère de fruits, c'est-à-dire qui sont produits par la chose conformément à sa destination. Quant aux autres produits, tels que les coupes faites dans des bois de haute futaie non aménagés, ou les pierres extraites des carrières ouvertes depuis le commencement de la possession, nous déciderons qu'ils doivent être restitués au propriétaire, car, d'une part, ce ne sont pas des fruits, et d'autre part, les motifs de l'article 549 ne nous permettent pas de les laisser au possesseur ; en effet, il n'a pas dû compter sur les produits accidentels et non périodiques pour régler sa dépense en conséquence.

Le possesseur de bonne foi fait les fruits siens par la perception, c'est-à-dire qu'il gagne les fruits de la terre du jour où ils sont séparés du sol, le croît des bestiaux du jour de sa naissance, les produits des mines et des carrières du jour de leur extraction. C'est ce jour-là en effet que tous les fruits deviennent l'objet d'un droit de propriété distinct de la propriété de la chose qui les produit.

La question est assez délicate en ce qui concerne les fruits civils, comme les loyers d'un immeuble loué ou les arrérages d'une rente. L'article 586, au titre de l'usufruit, décide que « les fruits civils sont réputés s'acquérir jour par jour et appartiennent à l'usufruitier à proportion de la durée de son usufruit.» Doit-on appliquer cet article au possesseur de bonne foi, ou décider au contraire qu'il gagne les fruits civils comme les autres fruits par la perception, c'est-à-dire du jour où les loyers ou arrérages sont réellement payés? Cette seconde solution nous pa-

raît la meilleure ; à notre sens, l'article 586 doit
rester spécial à l'usufruit, et aucun texte dans notre
matière ne nous renvoie aux règles de l'usufruit ;
d'ailleurs l'article 549 ne prévoit que les fruits perçus, et ne parle que de *rendre des produits*, ce qui
suppose bien qu'ils sont entre les mains du possesseur, et n'implique nullement pour lui le droit,
quand il est évincé, de se faire remettre des fruits
non encore perçus, quand même ils seraient échus
pendant sa possession de bonne foi. Si on objecte
que le possesseur doit avoir une part de fruits cor-
respondante au temps pendant lequel il a été de
bonne foi et a réglé sa dépense sur la fortune qu'il
croyait avoir, nous répondrons que cet argument, si
on l'admettait, prouverait trop : il tendrait en effet à
critiquer la règle qui fait gagner les fruits naturels au
possesseur par la perception : par exemple, si un
possesseur entré en possession le lendemain de la récolte vient à connaître les vices de son titre la veille
de la récolte suivante, d'après les principes certains
que nous venons d'exposer tout à l'heure, il n'aura
droit à aucune partie de cette récolte, quoiqu'il ait
possédé de bonne foi pendant près d'un an. L'argument de nos adversaires n'a donc aucune force, et
nous ne devons pas sortir des limites qui sont tra-
cées par le texte de l'article 549.

Les fruits une fois perçus sont acquis au possesseur, et, pour qu'il soit dispensé de les rendre, il
n'est pas nécessaire qu'il les ait consommés au moment où il a cessé d'être de bonne foi. Il est vrai

que le droit Romain paraissait exiger que les fruits
fussent consommés, mais nous croyons avoir démontré que c'était là une innovation, appuyée sur
des textes interpolés. Rien ne peut nous faire supposer que le Code civil ait maintenu une pareille exigence, qui serait bien contraire au motif de l'article 549.

Une question pourrait s'élever ici, qui n'est que
l'application d'une question plus générale : Supposons que je possède de bonne foi, non pas la pleine
propriété d'un fonds de terre, mais le droit d'usufruit
sur ce fonds. On se demande si je ferai miens les
fruits que je percevrai, ou seulement les intérêts
d'une somme représentative de la valeur de ces fruits.
Cela revient à se demander si l'usufruit constitue un
droit distinct des fruits perçus par l'usufruitier. La
même question pourrait s'élever à propos de la rente
viagère, car la rente viagère et l'usufruit ont cela de
commun, que ce ne sont pas des droits perpétuels,
d'où on a pu dire dans l'ancien droit que chaque
perception de fruits ou chaque payement d'arrérages,
usant en quelque sorte le fond du droit, devait être
considéré moins comme le revenu du droit que
comme une partie détachée du droit lui même. A
notre avis, cette ancienne opinion a été repoussée
par le code, qui dit dans l'article 588 : « L'usufruit
d'une rente viagère donne à l'usufruitier pendant la
durée de son usufruit le droit d'en percevoir les arrérages sans être tenu à aucune restitution. » Cela
veut bien dire qu'aux yeux de la loi la rente viagère

est un être distinct des arrérages qu'elle produit. Or, ce qui est vrai de la rente viagère l'est également de l'usufruit. Nous accorderons donc au possesseur de bonne foi les fruits ou arrérages eux-mêmes, et non pas seulement les intérêts qu'il en aurait pu retirer.

II. — *Des constructions faites sur le terrain d'autrui par le possesseur de bonne foi.*

Supposons qu'un possesseur ait fait des constructions ou des plantations sur le terrain qu'il possédait; quand il est évincé, la question s'élève de savoir si le propriétaire peut garder ces travaux ou les faire enlever, et, à supposer qu'il les garde, quelle indemnité il doit payer au possesseur pour les frais par lui faits. Nous avons déjà vu comment le droit romain répondait à cette question, ses décisions avaient passé dans l'ancien droit français. L'article 555 fait une distinction entre le possesseur de bonne foi et le possesseur de mauvaise foi :

« Lorsque les plantations, constructions et ouvrages ont été faits par un tiers et avec ses matériaux, le propriétaire du fonds a droit ou de les retenir, ou d'obliger ce tiers à les enlever.

« Si le propriétaire du fonds demande la suppression des plantations et constructions, elle est aux frais de celui qui les a faites, sans aucune indemnité pour lui ; il peut même être condamné à des dommages et intérêts, s'il y a lieu, pour le préjudice que peut avoir éprouvé le propriétaire du fonds.

« Si le propriétaire préfère conserver ces plantations et constructions, il doit le remboursement de la
valeur des matériaux et du prix de la main-d'œuvre,
sans égard à la plus ou moins grande augmentation
de valeur que le fonds a pu recevoir. Néanmoins, si
les plantations, constructions et ouvrages ont été
faits par un tiers évincé, qui n'aurait pas été condamné à la restitution des fruits, attendu sa bonne
foi, le propriétaire ne pourra demander la suppression desdits ouvrages, plantations et constructions;
mais il aura le choix, ou de rembourser la valeur des
matériaux et du prix de la main-d'œuvre, ou de
rembourser une somme égale à celle dont le fonds a
augmenté de valeur. ».

Si nous examinons d'abord l'économie générale
de cet article, nous ne pouvons nous empêcher de
la trouver bien singulière ; en effet, la loi commence
par poser une règle qui paraît absolue, accordant
au propriétaire du fonds un droit d'option, sans distinguer suivant que le possesseur qui a fait les travaux était de bonne ou de mauvaise foi ; puis elle
passe au détail de chacune des deux branches de
l'option, et c'est à propos de la seconde alternative
que, par une phrase incidente, elle établit une distinction entre le cas où le possesseur était de mauvaise foi et celui où à raison de sa bonne foi il n'a
pas été condamné à la restitution des fruits. Cette
bizarrerie de rédaction s'explique par l'historique
des travaux préparatoires : l'article ne faisait d'abord
aucune distinction, mais le tribunal fit observer

que sa solution serait trop dure pour le possesseur de bonne foi, et c'est pour faire droit à cette critique que l'on ajouta la dernière phrase de l'article 555.

Nous n'avons pas besoin de revenir ici sur les conditions de la bonne foi ; tout ce que nous avons dit à cet égard à propos de l'acquisition les fruits par le possesseur s'appliquera ici, et d'ailleurs l'article 555 prend soin d'y renvoyer lui-même. Cet article semble n'accorder au possesseur le traitement plus avantatageux exposé dans sa dernière phrase que si sa bonne foi l'a exempté de la restitution des fruits. Mais ces expressions de l'article ne doivent pas être prises à la lettre ; ainsi, si l'immeuble possédé était improductif, il serait absurde d'en conclure que possesseur, s'il se croyait propriétaire, il n'a pas droit à être traité à raison de ses travaux d'après la fin de l'article comme possesseur de bonne foi.

Résumant le long article qui nous occupe, nous y voyons que : 1° dans le cas de mauvaise foi du possesseur, le propriétaire a le choix, ou de faire enlever les travaux sans aucune indemnité pour le possesseur, ou de les garder, sauf à rembourser à celui-ci tout ce qu'il a dépensé, c'est-à-dire la valeur des matériaux et le prix de la main-d'œuvre ; 2° dans le cas de bonne foi du possesseur, le propriétaire ne peut pas exiger l'enlèvement des travaux, et il est obligé de les conserver, en payant au possesseur, à son propre choix, ou le montant de ses dépenses, ou la valeur de la plus value que les travaux ont procurée au fonds.

Au premier abord, cette disposition paraît traiter plus favorablement le possesseur de mauvaise foi que le possesseur de bonne foi : en effet, supposons que les travaux n'aient procuré au fonds qu'une plus value bien inférieure aux frais qu'ils ont coûté, ce qui sera de beaucoup le cas le plus fréquent, si le possesseur est de mauvaise foi et que le propriétaire veuille garder les travaux, il devra payer le montant de la dépense ; au contraire, si le possesseur est de bonne foi, le propriétaire, ayant le choix de lui payer l'une ou l'autre des deux sommes, préférera naturellement payer la plus faible, c'est-à-dire la valeur de la plus value. Le possesseur de bonne foi recevra donc une indemnité plus faible que le possesseur de mauvaise foi, ce qui est injuste. Ce reproche adressé à la loi disparaîtra devant les deux observations suivantes :

1° Le propriétaire peut contraindre le possesseur de mauvaise foi à enlever tous ses travaux et à remettre les lieux dans leur état primitif, sans indemnité, de sorte qu'aux frais de construction, qui restent à sa charge en pure perte, le possesseur ajoutera les frais de démolition et de rétablissement des lieux, et pourra même être condamné à des dommages et intérêts s'il résulte de tout cela quelque préjudice pour le propriétaire. Or, ce droit dont le propriétaire peut user lui fournit une arme puissante contre le possesseur : il peut, en menaçant celui-ci d'user contre lui de la rigueur de son droit, l'obliger à consentir à des conditions plus avantageuses que le

règlement légal, et, par exemple, à lui laisser ses
travaux pour le prix de la plus value. Il pourra
même y avoir abus si le propriétaire obtient du possesseur de mauvaise foi qu'il tient à sa discrétion par
cette menace l'abandon de ses travaux moyennant
une indemnité inférieure à la plus value, ou même
sans indemnité. Il y a peut-être là dans la loi une
rigueur excessive, qui peut s'expliquer par le peu de
pitié que mérite le possesseur de mauvaise foi, mais
qui facilitera souvent, de la part de propriétaires in-
délicats, un enrichissement injuste aux dépens du
possesseur. Rien de tel n'existe contre le possesseur
de bonne foi, que le propriétaire ne peut pas contraindre à enlever ses travaux sans indemnité. A son
égard, l'article 555 a atteint son but, qui était seulement d'empêcher que le propriétaire ne s'enrichît
aux dépens du possesseur ; car, dès que le propriétaire lui paye toute la plus value que son fonds a
retirée des travaux, il n'y a pas d'enrichissement injuste ; si le possesseur se trouve en perte de la différence entre le prix des travaux et la plus value, c'est
qu'il a été imprudent : d'abord en faisant construire
sur un fonds sans être sûr qu'il lui appartenait, et
puis en faisant des dépenses supérieures à l'augmentation de valeur qu'elles devaient procurer au fonds.

2° Si le propriétaire veut conserver des travaux
faits par un possesseur de mauvaise foi, sans en rembourser tous les frais, mais seulement le montant de
la plus value, il pourra faire abstraction de la mauvaise foi du possesseur, et le traiter comme s'il était

de bonne foi. Celui-ci ne pourra pas réclamer, en vertu du principe : *Nemo auditur propriam allegans turpitudinem*. Mais pour que le propriétaire puisse user de ce moyen, il faut qu'il n'ait pas conclu contre le possesseur à la restitution des fruits : il ne lui serait en effet pas permis de dédoubler en quelque sorte la personne de son adversaire, et de voir en lui, suivant son intérêt du moment, tantôt un possesseur de bonne foi, et tantôt un possesseur de mauvaise foi.

Nous savons déjà quelles conditions sont requises pour qu'un possesseur jouisse des avantages attachés à la bonne foi ; reste à savoir à quel moment la bonne foi doit exister dans la situation qui nous occupe. C'est au moment où le possesseur a fait faire les constructions ou les plantations; ce moment-là est seul intéressant. Peu importe qu'il ait été ou non de bonne foi quand il est entré en possession, s'il l'est devenu depuis; peu importe également qu'il ait ou non connu les vices de son titre lors de l'éviction, s'il les ignorait au moment où il a fait exécuter les travaux.

Une question délicate s'est présentée dans le cas où des travaux ont été faits par un possesseur de mauvaise foi : si le propriétaire ne veut pas les garder en payant la dépense que le possesseur a faite, celui-ci peut les enlever; mais il est des travaux qui, de leur nature, ne peuvent pas être enlevés utilement, et ne sont susceptibles que de destruction : par exemple, des fresques peintes sur un mur. On se demande, dans ce cas et dans les cas semblables, si le possesseur, en présence du refus du propriétaire de l'indemniser de la dépense, et pour empêcher que celui-ci ne profite sans bourse délier de la peine qu'il a prise et des frais qu'il a faits, peut ou ne peut pas détruire les améliorations qu'il avait faites au fonds possédé, et, par exemple, effacer ses peintures. Beaucoup d'auteurs lui refusent ce droit, en disant que la destruction de ces peintures ne pourrait profiter à personne, et que le possesseur, en la faisant, n'obéirait qu'au pur désir de nuire au propriétaire, ce que la loi ne doit pas encourager : *Malitiis non est indulgendum*, que, d'ailleurs, d'après les termes de l'article 555, il a eu en vue des travaux susceptibles d'enlèvement, et que l'hypothèse qui nous occupe est restée en dehors de ses prévisions, et doit être régie par les principes de la gestion d'affaires. Mais les partisans de l'opinion adverse répondent : d'une part, que si l'article 555 n'a pas eu en vue principalement cette hypothèse, rien dans son texte n'autorise à l'exclure, et que les principes de la gestion d'affaires sont inapplicables ici, car le possesseur de mauvaise foi possédait *animo domini*, et n'avait nullement l'intention de faire l'affaire du propriétaire; d'autre part, que le possesseur, en voulant détruire les peintures, ne cherche pas à causer au propriétaire un préjudice gratuit, mais seulement à l'empêcher de s'enrichir à ses dépens en le menaçant de détruire les peintures, et que c'est là le seul moyen qu'ait le possesseur de mauvaise foi de se défendre contre l'avidité du propriétaire, contre l'arme

à deux tranchants que l'article 555 met dans les
mains de celui-ci, et dont nous avons déjà signalé
l'abus possible. De ces deux systèmes, aucun ne
nous satisfait complétement, parce qu'ils nous semblent tous deux trop absolus; pour donner à cette
question une solution équitable, il faut la décider
en fait, suivant des distinctions que les tribunaux
peuvent seuls appliquer d'après les circonstances :
si le propriétaire est un homme à qui des peintures
sur les murs de sa maison procurent un enrichissement ou un agrément réel, et qui puisse en indemniser le possesseur, on doit laisser à celui-ci le droit
de destruction que lui accorde l'article 555 et qui
lui permettra d'amener le propriétaire à composition. Que si, au contraire, le propriétaire n'a aucun
avantage à retirer des peintures, il ne doit aucune
indemnité, ne réalisant aucun enrichissement, et le
droit de destruction accordé au possesseur ne serait
qu'un droit sauvage. Dans une troisième hypothèse
possible, où le propriétaire doit retirer un profit des
peintures, mais n'a pas les moyens de les payer en
une seule fois, les juges arbitreront l'indemnité qu'il
devra, et en détermineront le mode de payement; ils
pourront, par exemple, décider que le propriétaire
fera au possesseur une rente annuelle égale à l'intérêt d'une somme représentative de la plus value
produite par les peintures. Il n'y a du reste dans tout
cela rien d'absolu, et les juges, en faisant ces distinctions, devront considérer à la fois la position
du propriétaire, celle du possesseur, et le caractère

plus ou moins coupable de sa mauvaise foi, et enfin la nature des travaux par lui exécutés.

On a beaucoup discuté aussi sur le point de savoir si les règles posées par l'article 555 sur le possesseur de mauvaise foi étaient applicables aux détenteurs précaires tels que usufruitiers, locataires, qui auraient fait des travaux sur le fonds dont ils avaient la détention. Nous n'entrerons pas dans le détail de ces questions qui sont assez compliquées, mais nous dirons qu'à nos yeux l'article 555 est applicable dans ces hypothèses, quoique son texte ne le dise pas expressément, et qu'il prévoie même spécialement le cas d'un tiers évincé : si le tiers évincé a été l'objet principal de l'article, rien ne prouve qu'il en ait été l'objet exclusif. Si on n'appliquait pas cet article, il faudrait dire que le propriétaire a le droit de garder sans indemnité les constructions ou plantations faites par un détenteur précaire, ce qui est souverainement injuste, surtout depuis que le Code n'admet plus la présomption de libéralité du possesseur envers le propriétaire, présomption étrange que nous avons vu passer du droit romain dans notre ancien droit français.

Le possesseur de bonne foi qui gagne les fruits réalise par là un bénéfice sur la chose du propriétaire ; si d'un autre côté il a fait des constructions sur le fonds, il est créancier du propriétaire à raison de la plus value donnée au fonds. Le propriétaire ne pourrait pas lui dire : « Je vous dois tant pour la plus value, mais vous avez gagné autant et plus que cela avec les fruits, cela se compense, et je ne vous dois rien. » Une telle prét ntion, que Papin en et Pothier avaient admise, ne serait pas admissible aujourd'hui : pour qu'il y ait compensation, il faut deux dettes qui s'entre-croisent ; or ici, le propriétaire est débiteur envers le possesseur, mais le possesseur ne doit rien au propriétaire ; les fruits qu'il a perçus de bonne foi lui sont acquis sans qu'il soit tenu à rien à cause d'eux. Faire une compensation, ce serait le contraindre à une restitution dont l'article 549 a entendu le dispenser. Nous en dirons autant même dans le cas où il serait prouvé par le propriétaire que les travaux ont été payés avec les fruits du fonds, de sorte que l'indemnité relative à la plus value constituera pour le possesseur un bénéfice tout gratuit. P'en ne nous autorise même dans cette hypothèse à admettre cette compensation ; la présomption de la loi, fondement de l'article 549, est que le possesseur de bonne foi vit chaque année avec les fruits qu'il perçoit sur le fonds. S'il a employé ces fruits à faire des travaux, il a dû, pour faire face à ses dépenses annuelles, recourir à d'autres ressources, peut-être s'endetter. Il ne serait pas juste de le contraindre à une restitution détournée qui pourrait être ruineuse pour lui.

Nous en resterons là sur la matière des constructions faites par le possesseur, laissant de côté bien des questions intéressantes, mais qui ne rentrent pas dans le cercle de cette étude sur la bonne foi.

III. — *De la prescription au profit du possesseur de bonne foi.*

Le principe de notre droit en matière de prescription est posé par l'article 2262 : « Toutes les actions tant réelles que personnelles sont prescrites par trente ans, sans que celui qui allègue cette prescription soit obligé d'en rapporter un titre, ou qu'on puisse lui opposer l'exception déduite de la mauvaise foi. » Cet article n'est pas complet : il met sur la même ligne les actions personnelles et les actions réelles, quoique ces deux sortes d'actions ne se prescrivent point de la même manière ; les actions personnelles, en effet, s'éteignent par cela seul que le créancier reste dans l'inaction pendant le temps fixé par la loi (trente ans en général, sauf de nombreuses exceptions), tandis que les actions réelles, par exemple celle du propriétaire en revendication de sa chose, ne s'éteignent pas ainsi *non utendo* ; pour qu'elles puissent être repoussées par la prescription, il faut qu'à l'inaction du propriétaire pendant le temps légal s'ajoute la possession de sa chose par un étranger pendant le même temps.

L'article 2262 nous a donné la règle générale applicable à tout possesseur, de bonne ou de mauvaise foi, avec ou sans juste titre : au bout de trente ans de possession, il peut invoquer la prescription, et est devenu propriétaire ; mais à côté de cette règle commune, il y a d'autres sortes de prescriptions acquisitives, d'un délai plus court, réservées au possesseur de bonne foi. C'est de ces prescriptions favorisées que nous avons à nous occuper; les règles n'étant pas les mêmes, suivant que l'objet possédé de bonne foi est un immeuble ou un meuble, nous allons étudier successivement les deux cas.

I. — *De la prescription des immeubles.* — L'article 2265 dit : « Celui qui acquiert de bonne foi et par juste titre un immeuble en prescrit la propriété par dix ans si le véritable propriétaire habite dans le ressort de la cour d'appel dans l'étendue de laquelle l'immeuble est situé, et par vingt ans s'il est domicilié hors dudit ressort. » Ainsi, la loi exige, pour que le possesseur prescrive par dix ou vingt ans, qu'il ait acquis de bonne foi et par juste titre. La possession, bien entendu, doit être continue et non interrompue, paisible, publique, non équivoque et à titre de propriétaire (art. 2229); mais ce sont là des conditions étrangères à notre sujet et sur lesquelles nous n'avons pas à insister; occupons-nous seulement de la bonne foi et du juste titre.

Nous avons vu déjà ce que c'est qu'un possesseur de bonne foi; en deux mots, c'est le possesseur qui croit être propriétaire. Il n'y a rien à signaler sur ce point, si ce n'est la disposition de l'article 2269 : « Il suffit que la bonne foi ait existé au moment de l'acquisition. » Cet article, reproduisant la décision du droit romain, contredit les précédents de notre ancien droit français; on y décidait, en effet, que la bonne foi devait avoir persévéré tout le temps requis pour prescrire. C'est la solution contraire qui a triomphé, et avec raison.

La bonne foi en matière de prescription n'est donc pas soumise aux mêmes règles qu'en matière d'acquisition des fruits. Nous avons vu, en effet, que pour que le possesseur fasse les fruits siens il doit être de bonne foi au moment de chaque perception. Cette différence est très-rationnelle. L'acquisition des fruits par le possesseur de bonne foi est fondée sur cette présomption légale, que le possesseur a compté sur les fruits pour subvenir à ses dépenses ordinaires; or cela ne peut se supposer que si à chaque instant il se croyait toujours propriétaire, car, du jour où il a connu les vices de son titre, il s'est attendu à être évincé, et alors la prudence la plus vulgaire lui commandait de ne pas dépenser les fruits et de les mettre en réserve. Au contraire, la prescription de l'article 2265 est fondée sur cette double idée, d'une part, que celui qui a négligé de s'occuper de ses immeubles et les a laissé posséder par autrui pendant un temps considérable mérite d'en perdre la propriété; d'autre part, que celui qui a acquis un immeuble, en croyant en être propriétaire, est dans une position plus intéressante que le possesseur de mauvaise foi, car il est exempt de faute; ce n'est pas une faute grave que de rester, après qu'on connaît les vices de son titre, en possession d'une chose qu'on a acquise de bonne foi et avec un juste titre : ce n'est qu'une faiblesse pardonnable, tandis que c'est une faute grave que de s'emparer de mauvaise foi de la chose d'autrui. Cette différence entre les deux situations justifie suffisamment la différence de solution entre notre article 2269 et l'interprétation que nous avons donnée à l'article 549.

Le possesseur doit avoir acquis « par juste titre, » dit l'article 2265. L'article 550 nous parlait « d'un titre translatif de propriété dont le possesseur ignore les vices. » Au fond, ces expressions sont synonymes, et nous pouvons nous reporter aux explications que nous avons données sur cet article 550. Le *juste titre*, c'est le titre qui, de sa nature, devait transférer la propriété, ce qui exclut les titres précaires, et qui ne la transfère pourtant pas parce qu'il est infecté d'un vice ignoré de l'acquéreur. Le vice le plus simple à supposer, celui auquel la loi a songé principalement, est celui qui résulte du défaut de propriété chez l'aliénateur; mais la prescription de dix ou vingt ans s'appliquerait tout aussi bien au cas où l'aliénateur était propriétaire, mais incapable d'aliéner, au cas où l'immeuble était inaliénable (dotal, par exemple) au moment de l'aliénation et a cessé de l'être depuis (par la dissolution du mariage ou la séparation de biens), et à tout autre cas que l'on pourrait supposer, sauf l'application de l'article 2267, dont nous allons parler.

« Le titre nul par défaut de forme ne peut servir de base à la prescription de dix et vingt ans, » dit cet article. Ainsi, je reçois un immeuble à titre de donation dans les conditions les plus régulières d'ailleurs, mais nous n'avons fait qu'un acte sous seing privé au lieu de l'acte notarié qu'exige l'article 931, ou bien nous avons fait un acte notarié, mais il y manquait un témoin, ou encore le notaire a omis de mentionner mon acceptation en termes exprès. Dans tous ces cas, il y a nullité de la donation par vice de forme. Ignorant ces vices, je me mets en possession; je ne pourrai pas prescrire par dix ou vingt ans, le donateur ou ses héritiers, s'ils sont assez déloyaux pour le faire, pourront revendiquer l'immeuble contre moi, même vingt-neuf ans après la donation, tant que je ne pourrai pas invoquer la prescription trentenaire, et je serai traité absolument comme si j'étais un possesseur de mauvaise foi. (Je gagnerai les fruits cependant.) Voilà une disposition bien rigoureuse; elle se justifie pourtant, par cette idée : qu'il est très-facile à celui qui acquiert un immeuble de s'informer des formalités exigées pour cette acquisition, et, la loi connue, de s'assurer que ces prescriptions ont été observées. S'il ne le fait pas, il commet un acte de légèreté impardonnable, qui le rend indigne de la prescription pour ainsi dire de faveur qu'établit l'article 2265.

Au titre nul pour défaut de forme, il faut assimiler sous ce rapport le titre prohibé par la loi. Il est en effet certains actes que le code n'autorise pas; par exemple la substitution. Si une personne acquiert un immeuble en vertu d'une substitution, pour le garder jusqu'à sa mort et le rendre alors à une autre personne si celle-ci est capable alors, ce grevé ne **peut pas prescrire la propriété de l'immeuble par dix** ou vingt ans, parce qu'il n'a pas le titre dont parle l'article 2265, la substitution, hors des cas exceptionnellement autorisés, n'étant pas reconnue par la loi comme juste titre. Mais le bien n'est nullement frappé d'imprescriptibilité, et, au bout de trente ans de possession, la personne dont nous parlons pourra invoquer la prescription, et elle aura alors acquis une propriété irrévocable et libre de toute obligation de rendre.

Si le titre n'existe pas, mais que le possesseur croie à son existence, on se demande s'il pourra prescrire par dix ou vingt ans, comme si le titre existait réellement. Nous avons déjà rencontré la même question à propos de l'acquisition des fruits par le possesseur, et nous avons décidé que, le titre étant exigé par un article formel, il ne pouvait pas être suppléé par l'erreur même la plus excusable du possesseur. Ici, la même décision nous semble encore conforme au texte de la loi; mais nous ne nous dissimulons pas que ce texte est fort rigoureux, et que la loi serait peut-être plus équitable, si elle permettait aux juges de dispenser le possesseur de l'exigence d'un titre réel, dans le cas où l'erreur dans laquelle il est tombé se justifie par des circonstances exceptionnelles. Partout, en effet, où il n'y a ni faute ni négligence à reprocher au possesseur, on devrait lui accorder le bénéfice de la prescription par dix ou vingt ans.

On est quelquefois tenté de confondre la bonne foi et le juste titre, et de dire : une seule condition est nécessaire, la bonne foi, dont le juste titre n'est qu'un des éléments. C'est une erreur : la bonne foi et le juste titre sont deux conditions distinctes dans la prescription ; ce qui le prouve, c'est qu'elles ne sont pas soumises aux mêmes règles quant à la preuve. Il suffit que le possesseur qui invoque la prescription produise le titre en vertu duquel il est entré en possession ; ce titre une fois établi, sa preuve est faite, et il n'a pas besoin de prouver qu'il ignorait les vices du titre, car, aux termes de l'article 2268, « la bonne foi est toujours présumée, et c'est à celui qui allègue la mauvaise foi à la prouver. » Il faudra que celui-ci prouve que le possesseur au moment où il a commencé à posséder, connaissait les vices de son titre, car nous avons déjà vu que la mauvaise foi survenue depuis cette époque n'empêchait pas la prescription par dix ou vingt ans. Cette preuve de la mauvaise foi du possesseur, le propriétaire revendiquant peut la faire de toute manière, même par témoins ou par présomption, quoiqu'il s'agisse d'une valeur de plus de 150 francs, car la mauvaise foi du possesseur est un fait dont le propriétaire ne pouvait pas se procurer un commencement de preuve littérale, aux termes de l'article 1348. Au contraire, le possesseur qui doit prouver le titre, c'est-à-dire la cause de son acquisition, ne peut le faire que par écrit ou au moins avec un commencement de preuve par écrit, s'il s'agit d'une valeur supérieure à 150 francs, parce qu'il n'a tenu qu'à lui de se procurer une preuve écrite de son acquisition.

Nous n'avons pas à rechercher à quels immeubles peut s'appliquer la prescription de dix ou vingt ans, parce que ce point ne rentre pas dans notre sujet. Nous n'étudierons pas non plus les effets de cette prescription, qui sont les mêmes que ceux de la pres-

-cription trentenaire. Disons seulement que celui qui a prescrit par dix ou vingt ans acquiert la propriété franche de toute charge réelle, pourvu qu'il se soit conformé à la loi à l'égard de certains droits : ainsi, il ne prescrit contre les servitudes continues que quand il a fait un acte contraire à leur exercice (article 707) et contre les hypothèques que quand il a fait transcrire son titre (article 2180. Nous supposons bien entendu que l'immeuble est possédé par une autre personne que le débiteur de la dette qu'il garantit, car, s'il était entre les mains de ce débiteur, les règles de la prescription de l'hypothèque seraient différentes).

II. — *De la règle : En fait de meubles, la possession vaut titre.* — Les meubles comme les immeubles s'acquièrent par la possession continuée pendant trente ans, tel est le principe général. L'article 2279 facilite l'acquisition des meubles au profit du possesseur de bonne foi, quand il dit : « En fait de meubles, la possession vaut titre. » Avant d'aborder l'explication de cet article, fixons-nous bien sur son esprit et sur la nature du droit qui en résulte.

Le but de la prescription n'est pas de faire acquérir à celui qui n'a aucun droit la chose d'un propriétaire négligent, et, si cela arrive souvent sous le couvert de la prescription, c'est que les meilleures institutions ne sont pas exemptes d'abus. Le but véritable de la prescription, but équitable et utile, c'est de fournir au propriétaire légitime un moyen de se défendre contre des compétitions injustes sans être obligé de montrer son titre, celui de son auteur, celui de l'auteur de celui-ci, et ainsi de suite, en remontant sans fin. La prescription fixant un délai au bout duquel le possesseur devient propriétaire, le propriétaire actionné, pour établir son droit de propriété, n'a qu'à remonter trente ans en arrière, et cela lui est facile pour les immeubles, dont la transmission n'a jamais lieu sans un acte écrit. Mais les meubles se transmettent beaucoop plus rapidement, et presque toujours (sauf pour certains meubles d'une nature particulière), sans que l'on dresse aucun écrit. L'établissement de la propriété mobilière est donc impossible à faire; celui qui achète un meuble de bonne foi est toujours obligé de s'en rapporter à son auteur, de croire celui-ci sur parole quand il affirme être propriétaire. Supposons que notre article 2279 n'existe pas : cet acheteur serait toujours exposé à être évincé s'il avait été trompé, si son vendeur n'était que dépositaire et non propriétaire de la chose, et que le propriétaire véritable revendiquât la chose, et cela sans qu'on pût reprocher aucune faute à l'acheteur, puisqu'il n'avait aucun moyen de s'assurer que la propriété appartenait bien à son vendeur. La loi a bien fait donc d'établir l'article 2279, car, dans cette hypothèse et autres semblables, si le propriétaire a été imprudent en confiant sa chose à un homme indigne de sa confiance et capable d'en abuser, il est juste que la perte soit pour lui, plutôt que pour l'acheteur qui n'a été coupable ni de faute ni même d'imprudence. Cette décision était commandée par l'équité et par les besoins du commerce qui exige à la fois la rapidité et la sécurité des transactions.

Le nom de *prescription* convient-il à l'article 2279, ou bien doit-il être exclusivement réservé à l'acquisition par la possession continuée pendant un certain temps, auquel cas il faudrait dire que l'article 2279 établit une institution *sui generis*, l'acquisition instantanée des meubles par la possession? C'est là une pure question de mots, qui ne peut avoir aucun intérêt pratique. Certainement le caractère habituel de la prescription est de s'accomplir par l'écoulement d'un certain laps de temps ; mais ce caractère lui est-il essentiel? D'ailleurs, la loi a placé notre article 2279 dans le titre *de la prescription*, à laquelle il se rattache intimement par son but et par le caractère du droit qu'il établit. Nous ne nous ferons donc aucun scrupule d'employer, à tort ou à raison, le mot de prescription, qui nous dispensera de recourir aux périphrases.

Nous avons dit que l'article 2279 établissait une règle spéciale au possesseur de bonne foi ; cependant rien dans son texte ne semble exiger cette condition, et il ne parle que de la possession, sans distinguer si elle est de bonne ou de mauvaise foi. Mais cet article, comme nous venons de le voir, est fait pour venir au secours de celui qui ne pouvait pas s'assurer que son auteur fût propriétaire ; c'est un secours accordé par la loi à la bonne foi, et non une arme offerte aux voleurs et aux recéleurs. D'ailleurs, si cette exigence avait besoin de s'appuyer sur un texte de loi, l'article 1141 nous le fournirait. Cet article suppose que le propriétaire d'un meuble s'oblige successivement à le livrer à deux acquéreurs différents ; et, tranchant le conflit entre ces deux acquéreurs, il décide que celui des deux qui a été mis en possession réelle du meuble est préféré et en demeure propriétaire, encore que son titre soit postérieur en date, ce qui ne peut se justifier que par l'application de l'article 2279. Mais il ajoute une condition : *pourvu toutefois*, dit-il, *que la possession soit de bonne foi*.

Il ne suffit pas même que le possesseur ait acquis la chose de bonne foi pour qu'il puisse invoquer l'article 2279 ; il faut de plus qu'il ait un juste titre, sans quoi l'article 2279 dépasserait son but. Ainsi, nous n'admettrons pas l'héritier d'un dépositaire ou d'un locataire à invoquer cet article, s'il est de bonne foi, pour garder le meuble déposé ou loué. Nous assimilerons donc au point de vue du titre et de la bonne foi, le possesseur d'objets mobiliers qui veut profiter de l'article 2279 à l'acquéreur d'immeuble qui veut profiter de la prescription de dix ou vingt ans. Par exemple, nous appliquerons dans notre matière l'article 2267, qui n'admet pas le titre nul pour défaut de forme comme base de la prescription décennale. Je reçois un meuble à titre de legs ;

si le testament qui contient ce legs n'est pas daté, ou s'il n'est pas écrit en entier de la main du testateur, je ne pourrai pas, en prenant possession du meuble sans connaître la nullité du testament, en devenir propriétaire, et il me faudra pour cela attendre la prescription tentenaire.

Quoique le texte de l'article 2279 ne fasse pas de distinction entre les différentes sortes de meubles, le motif sur lequel il est fondé nous oblige à laisser en dehors de son application certaines catégories d'objets mobiliers. Ainsi, les universalités de meubles, telles que les successions mobilières, car leur transmission ne se fait jamais sans titres, et les meubles incorporels (créances ou rentes) dont l'idendité est aussi facile à reconnaître que celle des immeubles et dont la transmission, ordinairement constatée par écrit, n'est nécessairement pas aussi rapide que celle des meubles corporels. D'ailleurs, on peut dire que les meubles incorporels ne sont pas susceptibles de possession dans le même sens que les meubles corporels. Nous assimilerons cependant aux meubles corporels les créances constatées par des titres au porteur, et nous les soumettrons à l'application de l'article 2279.

La règle: « En fait de meubles, possession vaut titre » n'est pas une règle absolue, et l'article 2269 lui-même lui apporte une exception considérable: « néanmoins, dit-il, celui qui a perdu ou auquel il a été volé une chose peut la revendiquer pendant trois ans, à compter du jour de la perte ou du vol,

contre celui dans les mains duquel il la trouve, sauf
à celui-ci son recours contre celui duquel il la
tient. » Ainsi, nous distinguerons plusieurs situations,
suivant la manière dont la chose est sortie des mains
de son propriétaire légitime.

1er cas. La chose est sortie des mains de son propriétaire sans vol ni perte ; par exemple, elle a été
détournée par un locataire, un emprunteur, un dépositaire, ou bien elle est escroquée. (L'abus de confiance et l'escroquerie ne doivent pas être confondus
avec le vol, et restent sous l'empire de la prescription instantanée). Si la chose est encore entre les
mains du locataire, de l'emprunteur ou de leurs héritiers, aucune prescription n'est possible, quand
même ils posséderaient la chose depuis trente ans,
parce que la possession entachée de précarité ne peut
fonder de prescription. Quant à l'escroc, il possède
animo domini, mais il ne pourra prescrire que par
trente ans, parce qu'il est de mauvaise foi, et obligé
de rendre la chose. Il en sera de même de ses héritiers, fussent-ils personnellement de bonne foi, parce
qu'ils sont toujours tenus de rendre la chose tant
qu'elle est entre leurs mains. Mais supposons que
l'une de ces personnes, détenteurs précaires ou escroc, vende ou donne la chose à un tiers de bonne
foi. Celui-ci sera dans le cas de la prescription instantanée, et, dès qu'il sera entré en possession de
bonne foi, il pourra, en invoquant cette prescription, se faire reconnaître pour propriétaire et repousser la revendication du propriétaire primitif.

Celui-ci sera dépouillé, et n'aura qu'un recours, généralement illusoire, contre l'escroc ou le détenteur précaire infidèle. Mais cela n'a rien d'injuste, car, si l'acquéreur de bonne foi était évincé et réduit lui-même à ce recours, il serait victime d'un malheur qu'il lui était impossible d'éviter, puisque la propriété d'un meuble ne peut presque jamais être établie par titres, tandis que le propriétaire primitif a toujours à se reprocher, soit d'avoir imprudemment choisi pour lui confier sa chose une personne indigne de sa confiance et capable d'en abuser, soit d'avoir cédé avec trop de facilité aux manœuvres frauduleuses d'un escroc. Voilà pour le cas où le possesseur actuel est de bonne foi; s'il était de mauvaise foi, s'il avait reçu la chose des mains de l'escroc sachant que celui-ci n'était pas légitime propriétaire, il ne serait plus dans le cas de l'article 2279, mais il pourrait toujours, comme tout possesseur, invoquer la prescription trentenaire.

2° cas. La chose a été perdue par son propriétaire ou lui a été volée. Dans ce cas, le voleur ou celui qui a trouvé la chose perdue ne peuvent pas invoquer la prescription de l'article 2279, d'abord parce qu'ils sont de mauvaise foi, et puis parce qu'ils sont personnellement obligés de rendre la chose; l'exception que fait la fin de l'article 2279 est donc inutile tant que la chose est entre leurs mains ou entre celles de leurs héritiers; ils ne peuvent devenir propriétaires que par la prescription de trente ans. Mais supposons que la chose soit passée entre les mains d'un tiers ac-

quéreur, à qui le voleur ou l'inventeur l'a transmise ;
dans ce cas, si la seconde partie de l'article 2279
n'existait pas, nous ferions la même distinction que
tout à l'heure, et nous dirions : si le détenteur actuel
est de bonne foi, il est protégé par la règle : *en fait de
meubles, possession vaut titre ;* s'il est de mauvaise
foi, il ne peut acquérir la propriété que par la prescription trentenaire. Mais l'article 2279 ne fait pas
de distinction semblable, il dit : « néanmoins celui
qui a perdu ou auquel il a été volé une chose peut la
revendiquer pendant trois ans, à compter du jour de
la perte ou du vol, contre celui dans les mains duquel
il la trouve ; sauf à celui-ci son recours contre celui
duquel il la tient. » Remarquons que les trois ans commencent à courir le jour de la perte ou du vol ; trois
ans après ce jour, le propriétaire n'a plus aucun recours contre le tiers acquéreur, et ce, quand même
celui-ci n'aurait la chose entre les mains que depuis
moins de trois ans ; il n'y a pas là une prescription
acquisitive fondée sur la possession, mais une prescription libératoire, indépendante de toute possession.
Comme la durée de cette prescription est de moins de
cinq ans, elle n'est pas soumise à la règle de la suspension des prescriptions, et court même contre un
propriétaire mineur ou interdit.

Si le propriétaire intente son action en revendication dans les trois ans depuis la perte ou le vol, il
reprend sa chose, et c'est alors le possesseur actuel
fût-il même de bonne foi qui se trouve en perte s'il
a payé la chose à son auteur. Il a, il est vrai, un re-

cours contre celui-ci ; mais ce recours sera bien rarement efficace ; aussi l'article 2280 vient-il à son secours dans un certain cas : « Si le possesseur actuel de la chose volée ou perdue l'a achetée dans une foire ou dans un marché, ou dans une vente publique, ou d'un marchand vendant des choses pareilles, le propriétaire originaire ne peut se la faire rendre qu'en remboursant au possesseur le prix qu'elle lui a coûté. » La loi protége l'acquéreur qui a ainsi acheté la chose dans des conditions normales, parce qu'alors sa bonne foi est évidente. Le propriétaire ne l'évincera que si la chose a une valeur actuelle supérieure au prix qu'en a donné l'acquéreur, ou si elle a pour lui une valeur d'affection. Dans le cas contraire, où le détenteur actuel de la chose l'a reçu en donation, ou l'a achetée du premier venu ou d'une personne qui ne vend pas habituellement des choses du même genre, sa bonne foi est plus suspecte : sortant des conditions ordinaires des transactions, il aurait dû prendre des informations avant de traiter, et voir à qui il avait affaire. S'il a négligé de prendre ces précautions, tant pis pour lui ; la loi le laisse sans protection. Il sera évincé sans avoir droit à aucune indemnité de la part du propriétaire revendiquant. S'il est donataire, il n'aura, en général, aucun recours ; et, s'il est acquéreur à titre onéreux, il ne lui restera qu'une bien faible ressource, son recours en garantie contre un vendeur probablement insolvable.

De tout ce que nous venons de dire il résulte que

le propriétaire qui a perdu sa chose ou à qui elle a
été volée, ne pouvant pas se voir opposer la règle :
« En fait de meubles, la possession vaut titre, » est
traité par la loi bien plus favorablement que celui
qui a été privé de sa chose par un abus de confiance
ou par une escroquerie. Quelle peut être la raison
de cette différence? Le propriétaire à qui une chose
est volée est toujours exempt de faute, le vol étant
un accident dont il est impossible de se garantir absolument; il en est autrement du propriétaire qui est
victime d'un abus de confiance; il a toujours commis
une imprudence en plaçant mal sa confiance. Mais
si nous admettons bien une différence entre le volé
et la victime d'un abus de confiance, nous ne comprenons guère la solution de la loi pour le cas de
perte, et nous ne voyons pas pourquoi l'escroquerie
ne serait pas assimilée au vol : il semble que dans
une législation logique le propriétaire victime d'une
escroquerie devrait être traité plus favorablement
que celui qui a perdu sa chose. En effet, la perte
résulte presque toujours d'un manque de soin, tandis
que l'escroquerie est accompagnée de manœuvres
frauduleuses, souvent très-habiles, contre lesquelles
il est bien difficile de se mettre en garde et qui
trompent quelquefois les hommes même les plus
clairvoyants. Quoi qu'il en soit, la loi est formelle;
elle ne parle que de *perte* et de *vol*, et sous peine
de tomber dans l'arbitraire, nous ne pouvons entendre ce mot que dans le sens légal de l'article 379
du Code pénal, qui déclare coupable de vol « qui-

conque a soustrait frauduleusement une chose qui
ne lui appartient pas. Or, ces termes ne peuvent
convenir, ni à l'abus de confiance, ni à l'escroquerie, qui constituent des délits *sui generis*, définis dans
d'autres articles. (Voir au Code pénal les articles
379, 405 et 408.)

CHAPITRE II.

DES ACTES FAITS PAR L'HÉRITIER APPARENT

Nous arrivons à l'une des plus graves questions
de notre droit civil, celle de la validité ou de la nullité des actes faits par un héritier apparent. Voici
dans quelle hypothèse la question peut se présenter :
Un individu étant mort, un de ses parents appré-
hende la succession en qualité d'héritier, il la possède pendant un certain temps, en se comportant
comme tel ; il l'administre, il donne à bail les biens
héréditaires, reçoit des payements des débiteurs du
défunt, plaide ou transige sur des difficultés relatives
aux biens héréditaires, vend, donne ou lègue quel-
ques-uns de ces biens. Puis survient un autre parent du défunt, qui prouve qu'il est héritier préférable au possesseur de la succession, évince celui-ci
et prend à son tour la direction des affaires héréditaires. On se demande si cet héritier véritable,
rentrant dans ses biens, doit respecter les actes faits
par l'héritier apparent qu'il a évincé ; si les baux
passés par celui-ci doivent être exécutés après l'en-

trée en possession de l'héritier véritable; si les jugements rendus pour ou contre l'héritier apparent peuvent être invoqués par l'héritier véritable ou lui être
opposés; enfin, si l'héritier véritable peut revendiquer entre les mains des tiers acquéreurs les biens
aliénés par l'héritier apparent, ou s'il doit les laisser
à leurs possesseurs actuels, sauf à se faire indemniser par l'héritier apparent dans une proportion qui
varie suivant les circonstances.

Commençons par dire en peu de mots comment
nous règlerons les rapports entre l'héritier apparent
et le véritable héritier qui se présente, sans supposer encore que l'intérêt des tiers vienne compliquer
le conflit. Et d'abord, pour que l'héritier véritable
puisse exercer quelques droits contre l'héritier apparent, il faut qu'il intente son action en pétition d'hérédité avant que trente ans ne se soient écoulés depuis l'ouverture de la succession et son appréhension
par l'héritier apparent. Passé trente ans, en effet,
son action est prescrite; mais aucune autre prescription ne peut lui être opposée par l'héritier apparent, quelle que soit la bonne foi de celui-ci,
même pour les biens soumis par leur nature à une
prescription plus courte, de dix ou vingt ans comme
les immeubles, ou instantanée comme les meubles
corporels. En effet, entre les deux héritiers (et le
conflit ne s'élève encore qu'entre eux deux), la difficulté ne porte pas sur la propriété de tel ou tel bien
déterminé, meuble ou immeuble, mais sur le titre,
la qualité d'héritier. Or, la succession, dans son en-

semble, et quelle que soit la nature des biens qui la composent, n'est ni un immeuble, ni un meuble corporel, c'est une universalité, qui n'est soumise, ni à la prescription de dix ou vingt ans de l'article 2265, ni à la prescription instantanée de l'article 2279. La prescription trentenaire seule lui est applicable, comme elle l'est à toute espèce de droit.

Supposons donc que l'héritier véritable intente sa pétition d'hérédité avant que l'héritier apparent ne puisse lui opposer la prescription trentenaire; que pourra-t-il demander à l'héritier apparent? Ici, il faut distinguer suivant que l'héritier apparent est de bonne ou de mauvaise foi, c'est-à-dire croit ou ne croit pas être lui-même l'héritier véritable. L'héritier apparent de mauvaise foi a commis une faute en se mettant en possession ou en y restant après la découverte des vices de son titre; il est tenu envers l'héritier véritable de réparer toutes les conséquences de son indue possession; ainsi, il devra rendre tous les fruits, même ceux qu'ils n'a pas perçus, mais qu'il aurait pu percevoir; il est responsable de toutes les dégradations qu'il a commises sur les fonds héréditaires; et s'il a aliéné quelque bien il doit en rendre la valeur (à supposer que l'héritier véritable n'ait pas le droit de revendiquer le bien, ce qui n'est pas notre avis, ou que sa revendication soit inefficace pour une raison ou pour une autre); il doit, disons-nous, rendre la valeur du bien aliéné, quand même il n'aurait pas retiré de cette aliénation un profit personnel aussi considérable, l'ayant faite à titre gratuit ou pour un prix inférieur à la valeur réelle dont il doit compte. Au contraire, l'héritier apparent de bonne foi, qui, nous le supposons, s'est trouvé dans une erreur excusable, croyant être l'héritier véritable, n'a commis aucune faute, et il n'y a à sa charge aucune obligation personnelle : tenu seulement en tant que possesseur, et par une action réelle, il se libère en abandonnant tout ce qu'il a entre les mains, en rendant les biens héréditaires, et, pour ceux qu'il a aliénés, le prix qu'il en a retiré ; en ne rendant rien, s'il les a donnés (sauf l'action en revendication que nous accorderons tout à l'heure à l'héritier véritable); il ne répond des dégradations par lui commises de bonne foi que dans les limites du profit qu'il en a pu retirer, et gagne les fruits de la succession tant qu'il les a perçus de bonne foi, conformément au principe général de l'article 549, principe que l'article 138 au titre « des absents » formule spécialement pour notre hypothèse afin d'abroger une ancienne règle contraire du droit Romain. Cette règle, que l'on exprimait par ces mots : *fructus augent hereditatem*, obligeait le possesseur même de bonne foi, d'une hérédité, à rendre à l'héritier qui l'évinçait tous les fruits qu'il avait perçus, à la différence du possesseur d'un bien déterminé, qui gagnait les fruits perçus de bonne foi, comme nous l'avons déjà vu.

Arrivons maintenant aux rapports entre l'héritier véritable qui revient et les tiers qui ont traité avec l'héritier apparent. Toutes les hypothèses ne présen-

tent pas la même difficulté, et il en est qui sont tran-
chées par la loi, expressément ou implicitement.
Nous aurons donc à examiner successivement la question à l'égard des baux, des payements, des jugements et des aliénations. (Nous nous sommes déjà
occupé des transactions faites entre des tiers et
l'héritier apparent, et nous avons décidé que l'héritier véritable devait les respecter.)

1. Les baux consentis par l'héritier apparent sur
les biens de la succesion doivent être maintenus par
l'héritier véritable pourvu que le tiers qui a passé le
bail soit de bonne foi, et quand même l'héritier apparent l'aurait consenti de mauvaise foi. Cette solution nous est imposée par l'article 136, qui, en cas
d'absence de l'héritier véritable, attribue la succession à ceux avec lesquels il aurait concouru ou qui
l'auraient recueillie à son défaut. Cette attribution
provisoire que fait la loi serait absolument dérisoire
si les héritiers ainsi appelés n'avaient pas au moins
le droit d'administrer la succession.

Nous étendrons la même solution aux autres cas,
même si l'héritier véritable n'était pas absent, mais
inconnu ou simplement dans l'inaction. La bonne
foi des tiers, l'intérêt de l'agriculture et aussi par
conséquent celui de l'héritier véritable exigent cette
solution, car, les tiers n'ayant aucun moyen de vérifier le droit de l'héritier apparent, si la survenance
de l'héritier véritable pouvait amener leur expul-
sion, cultivant en quelque sorte au jour le jour, ils
ne chercheraient qu'à tirer le plus possible du sol,

et l'épuiseraient sans faire aucun sacrifice pour l'améliorer.

Nous maintiendrons ces baux pour toute leur durée, si longue qu'elle soit, sans appliquer ici les articles 1429 et 1430; mais cela doit s'entendre raisonnablement : si donc le bail n'était pas passé dans des conditions normales au point de vue de la durée, du prix, du mode de payement; si, par exemple, le bail obligeait le locataire à payer d'avance un nombre inusité de termes, les juges pourraient voir dans cette circonstance la preuve d'une collusion entre le preneur et le bailleur pour frauder les droits de l'héritier véritable et pour ne lui rendre, s'il revient, qu'un bien improductif pour de longues années. Dans ce cas, ils n'obligeraient pas l'héritier véritable à respecter le bail.

II. Pour les payements, la question est tranchée expressément par l'article 1240, qui est ainsi conçu : « Le payement fait de bonne foi à celui qui est en possession de la créance est valable, encore que le possesseur en soit par la suite évincé. » Ainsi, l'héritier véritable ne pourra pas se faire payer une seconde fois par le débiteur qui s'est libéré de bonne foi entre les mains de l'héritier apparent. Cette solution est fondée sur ce motif, que le débiteur était forcé de payer; que, s'il ne l'avait pas fait de bonne grâce, l'héritier apparent aurait pu le poursuivre et le faire condamner à payer, sans qu'il pût prouver que son adversaire n'était pas l'héritier véritable. En un mot, le payement est un acte nécessaire, et de cet article 1240 nous pouvons conclure, en le généralisant, que, dans l'esprit de la loi, les actes nécessaires faits par l'héritier apparent doivent être maintenus dans l'intérêt des tiers qui les ont faits de bonne foi. C'est sur ce motif que nous nous sommes appuyés pour dire que l'héritier véritable doit respecter les transactions faites de bonne foi avec l'héritier apparent.

III. Le même motif nous servira encore à résoudre notre question en ce qui concerne les jugements rendus sur les difficultés qui se seraient élevées entre l'héritier apparent et des tiers à raison des biens de la succession. Nous dirons que les jugements sont des actes nécessaires, qu'il faut maintenir dans l'intérêt des tiers et même dans l'intérêt de l'héritier véritable ; en effet, tant qu'il ne se présentait pas, l'héritier apparent était seul représentant de la succession à l'égard des tiers, et ceux qui avaient des droits à exercer contre la succession ne pouvaient s'adresser qu'à lui pour interrompre la prescription qui courait contre eux ; à l'inverse, si la succession avait des droits à exercer contre des tiers, l'héritier apparent était seul en position d'interrompre la prescription ; or une action en justice est le moyen le plus naturel de l'interrompre. Ajoutons que les tiers actionnés par l'héritier apparent qui possède la succession ne peuvent pas, le plus souvent, lui contester son droit. Au reste, ce que nous avons dit des baux est vrai aussi des jugements : nous ne maintenons que les actes faits de bonne foi par les tiers ;

c'est le cas de dire : *Fraus omnia corrumpit*, et il faudrait certainement réserver tous les droits de l'héritier véritable s'il était prouvé qu'il y a eu collusion contre l'héritier apparent et le tiers contre qui celui-ci a plaidé.

IV. Quant aux aliénations qui ont été consenties par l'héritier apparent en faveur du tiers de bonne foi, la question est des plus discutées : d'après une jurisprudence que nous pouvons aujourd'hui considérer comme irrévocablement fixée, ces aliénations sont valables, et l'héritier véritable est tenu de les respecter ; au contraire, la majorité des auteurs penche du côté de leur annulation. Malheureusement il n'y a guère lieu d'espérer sur ce point un rapprochement entre la pratique et la théorie, et chacune a raison suivant le point de vue auquel elle se place : d'un côté, les principes du droit ne permettent point, à notre avis du moins, de maintenir ces aliénations, et, d'un autre côté, les nécessités de la pratique ne permettent point de les annuler sans bouleverser profondément toutes les relations d'affaires et sans mettre en péril toutes les acquisitions qui n'ont pas encore eu le temps d'être confirmées par la prescription. Nous allons nous occuper successivement de la vente d'un immeuble, de la donation d'un immeuble, de la vente ou donation d'un meuble ; enfin de l'aliénation, non plus d'un bien déterminé faisant partie de la succession, mais de tout ou partie de la succession elle-même, considérée dans son ensemble.

1° *De la vente, ou généralement de l'aliénation à*

titre onéreux d'un immeuble particulier. — Le point de départ de toute la question, en ce qui concerne cette aliénation, est, suivant nous, l'article 1599 du Code civil, ainsi conçu : « *La vente de la chose d'autrui est nulle ; elle peut donner lieu à des dommages et intérêts lorsque l'acheteur a ignoré que la chose fût à autrui.* » On a pu critiquer cet article en tant qu'il annule la vente de la chose d'autrui dans les rapports entre le vendeur et l'acheteur, ce qui peut être une innovation malheureuse; mais ce qui est incontestablement juste et reconnu par toutes les législations, c'est que cette vente ne peut porter aucune atteinte aux droits du véritable propriétaire, à qui elle est restée étrangère. L'article 1599 sous ce rapport n'est que l'application de ce vieux principe de droit : *Nemo plus juris in alium transferre potest, quam ipse habet;* ou, plus brièvement : *Nemo dat quod non habet;* le vendeur, n'étant pas propriétaire, ne peut rendre l'acheteur propriétaire.

Cela posé, nous pouvons, en raisonnant, dire : L'héritier apparent n'était pas propriétaire, puisqu'il a été évincé; or il n'a pas pu, par la vente, nuire aux droits de l'héritier véritable, ni rendre son acheteur propriétaire, puisqu'il ne l'était pas lui-même. Donc, la vente est nulle, et le véritable héritier peut revendiquer l'immeuble entre les mains de l'acquéreur tant que celui-ci n'a pas accompli le temps exigé par la loi pour la prescription; sauf à l'acheteur évincé, s'il a été de bonne foi, à demander des

dommages et intérêts à son vendeur. Ce raisonnement est d'une logique pressante, et l'un des adversaires les plus illustres de l'opinion qui s'y appuie a
dû avouer qu'il n'y avait rien à y répondre sur le
terrain où il se plaçait. Or, il nous semble bien que
c'est là le vrai terrain de la discussion. Cependant la
jurisprudence ne partage pas cette opinion, et beaucoup d'auteurs avec elle valident ces aliénations et
les déclarent opposables à l'héritier véritable qui
revient. Mais ils ne s'accordent pas tous sur les motifs de leur décision, et ces divergences seront pour
nous un puissant argument contre la solidité de leur
système.

Ce qui, suivant nous, a contribué le plus forte-
ment à pousser la jurisprudence dans la voie où elle
est engagée aujourd'hui, c'est le besoin de maintenir les droits acquis de bonne foi, et la crainte de la
perturbation générale qui se produirait dans les affaires si l'on annulait les aliénations faites par l'héritier apparent. Tous les autres argumens qui ont
été présentés à l'appui de ces considérations n'en
sont que les accessoires; ils n'ont pas conduit la jurisprudence à la décision où elle s'est arrêtée; au
contraire, on a été les chercher, souvent au risque
de torturer la loi, pour fournir une base légale à une
décision commandée par des nécessités pratiques.

Un premier système maintient les aliénations consenties par l'héritier apparent, en se fondant sur la
bonne foi de l'héritier apparent lui-même; elle rai-
sonne ainsi : L'héritier apparent de bonne foi n'est

tenu envers l'héritier véritable que *quatenus locu-*
pletior ex hereditate factus est. Or, si le tiers à qui
il a vendu un immeuble était évincé, il aurait contre
l'héritier apparent, son vendeur, un recours en garantie par lequel il lui demanderait, non-seulement
la restitution du prix par lui payé, mais encore des
dommages et intérêts à raison de la plus-value que
l'immeuble a pu prendre depuis la vente jusqu'à
l'éviction (art. 1630). L'héritier apparent débourse-
rait donc plus qu'il n'a reçu, et se trouverait en
perte sur son patrimoine propre, ce qui est contraire
au principe rappelé plus haut; donc, l'héritier véritable ne doit pas pouvoir évincer l'acheteur qui a
traité avec le possesseur de bonne foi de la succession dans tous les cas où celui-ci serait exposé à un
recours en garantie qui entamerait son patrimoine
personnel. Ce système s'appuie sur des précédents
du droit romain et de notre ancienne jurisprudence,
qui sont extrêmement douteux. Il y a d'ailleurs
moyen, sans contester la vérité des principes qu'invoque ce système, d'échapper aux conséquences
qu'il en prétend tirer; c'est de dire : L'héritier apparent actionné en garantie ne devra, s'il est de
bonne foi, que le prix qu'il a reçu; quant aux dommages et intérêts, ils seront à la charge, non de l'héritier apparent, mais de l'héritier véritable qui
évince le tiers acquéreur. M. Demolombe a donc pu
dire avec raison : « Cette première opinion ne
maintient pas, à vrai dire, les ventes faites par l'héritier apparent; elle n'interdit pas la revendication

au véritable héritier; seulement elle l'oblige à se charger des dommages et intérêts de l'acheteur évincé, et, en cela, elle nous paraît déduire une conséquence plausible de la règle que nous avons nous-même adoptée. » Partisan de l'action en revendication que n'admet pas le savant professeur, nous reconnaîtrons volontiers comme lui la justesse de la solution de détail que nous venons d'exposer.

Une seconde opinion exige la bonne foi des deux parties, tant de l'héritier apparent que de l'acheteur; mais cette opinion, que l'on ne rencontre que dans un certain nombre d'arrêts, aurait peine à justifier cette double exigence; certainement la bonne foi du tiers acquéreur est nécessaire pour qu'il échappe à la revendication, mais il n'y a aucun motif pour le rendre responsable de la mauvaise foi de son vendeur, qu'il a ignorée et dont il ne saurait sans injustice être victime; d'ailleurs ce n'est pas ici le seul cas où la bonne foi de l'acquéreur est seule exigée, et non celle du vendeur : ainsi, l'aliénation à titre onéreux faite de mauvaise foi par un débiteur en fraude de ses créanciers sera maintenue, et les créanciers ne pourront pas reprendre le bien aliéné, à moins qu'ils ne prouvent la collusion de l'acheteur; sinon, sa bonne foi le protégera contre leur revendication (art. 1167).

Enfin, la plupart des auteurs qui maintiennent la vente faite par l'héritier apparent et la Cour de cassation, dont la jurisprudence est fixée en ce sens, n'exigent pas, et en cela ils ont raison, que l'héritier apparent soit de bonne foi ; mais la bonne foi de l'acheteur leur paraît indispensable. Ils ont invoqué à l'appui de leur solution, des arguments bien différents, que nous allons parcourir et essayer de réfuter successivement.

Le principal fondement de ce système est dans des considérations dont nous avons déjà parlé : la nécessité de favoriser la circulation des biens, le besoin de sécurité dans les transactions, la crainte de la perturbation que l'annulation des ventes qui nous occupent amènerait dans la propriété, et surtout la bonne foi irréprochable des tiers qui ont traité avec l'héritier apparent sans pouvoir connaître l'irrégularité de sa vocation ; mais toutes ces considérations ne sont pas nouvelles pour nous ; déjà nous les avons rencontrées quand nous avons recherché le motif de plusieurs dispositions de la loi ; ainsi, la nécessité d'assurer la circulation des biens et la bonne foi du possesseur servent de base à la prescription abrégée de dix ou vingt ans ; la bonne foi du possesseur lui permet de garder les fruits qu'il a perçus ; elle lui assure un traitement moins rigoureux dans le cas où il a fait des constructions ou des plantations sur le terrain d'autrui. Voilà la part assurément fort large que la loi a faite à la bonne foi ; l'étendre au point de refuser à l'héritier véritable le droit de revendiquer son bien aliéné par un *non dominus*, ne serait-ce pas dépasser la volonté de la Loi ? Ne serait-ce pas créer en quelque sorte pour les immeubles en faveur du possesseur de bonne foi une prescription instantanée analogue à celle que l'article 2279 n'établit, et fort sagement, que pour les meubles?

La jurisprudence a voulu échapper à l'argument invincible que les partisans de la nullité tirent de l'article 1599; elle a nié que cet article fût applicable à la question, et voici par quel raisonnement: L'héritier apparent, dit-elle, n'a pas aliéné la chose d'autrui, mais bien sa propre chose; en effet, quand une succession s'ouvre, l'article 724 déclare que « les héritiers légitimes sont saisis de plein droit des biens, droits et actions du défunt;» or, les héritiers légitimes, ce sont tous les parents au degré successible, le collatéral au douzième degré aussi bien que le fils au premier degré. Tous sont appelés; dès que l'un d'eux se met en possession, il ne fait à l'égard des tiers qu'exercer son droit, qu'appréhender ses propres biens; il a le droit d'en disposer en maître; seulement, tout héritier préférable en ordre ou en degré a le droit de venir lui enlever les biens, à condition de respecter tout ce qu'il a fait avant; en d'autres termes, entre tous les parents, la succession est au premier occupant, et l'héritier plus proche qui l'évince prend les choses dans l'état où elles se trouvent. Cette doctrine n'est pas exacte; tous les parents ne sont pas appelés à la fois; ils ne sont qu'aptes à être appelés s'ils viennent en rang utile, mais la loi n'appelle que le plus proche, et lui seul peut appréhender les biens comme siens. Que l'héritier appelé ait accepté la succession, qu'il y soit resté étranger, ou qu'il en ait même ignoré l'ouverture,

18

peu importe, sa position est la même, et l'acceptation ne lui procure aucun avantage ; elle lui enlève seulement la faculté de renoncer. Mais si une autre personne, parente ou étrangère, s'est mise en possession, elle possède la chose de l'héritier, et, si elle la vend, fût-elle même de bonne foi, elle vend la chose d'autrui, et son ayant cause ne peut devenir propriétaire que par la prescription. C'est ce qui arrive, par exemple, dans le cas où, l'héritier appelé étant absent, l'article 136 défère la succession à ceux qui auraient concouru avec lui ou l'auraient recueillie à son défaut ; cette dévolution ne les rend pas propriétaires et ne leur donne pas le droit d'aliéner ; ces héritiers en possédant la succession possèdent le bien de l'absent ; s'il revient avant le temps de la prescription, ou si les possesseurs renoncent à l'invoquer, il leur reprendra la succession, et il sera alors prouvé que les aliénations qui auraient été faites pendant son absence par les héritiers apparents ont été faites *a non domino*. Nous en conclurons qu'elles sont nulles à l'égard de l'absent de retour.

Un dernier argument a été présenté par M. Demolombe pour justifier le maintien de la vente d'immeubles consentie par l'héritier apparent. Le savant professeur, après avoir reconnu que tous les arguments que nous avons présentés jusqu'à présent n'ont aucune base réelle, et que l'héritier apparent, en vendant un immeuble de la succession, a vendu la chose d'autrui, déclare néanmoins cette vente valable, parce que, pour la faire, l'héritier apparent

avait un mandat suffisant. En effet, d'après lui,
l'article 136, déférant la succession à l'héritier apparent dans le cas d'absence de l'héritier véritable, lui
donne mandat d'administrer la succession pour le
compte de celui-ci s'il revient, avec les pouvoirs d'un
administrateur général, et même le pouvoir d'aliéner à titre onéreux ; car bien souvent l'aliénation est
un acte nécessaire, par exemple pour payer les dettes de la succession, et dans d'autres cas encore ; or,
si l'on ne reconnaissait pas à l'héritier apparent le
droit de vendre, la situation serait sans issue, car la
loi n'a organisé aucun moyen pour rendre l'aliénation possible ; elle n'a pas dit, par exemple, que
l'héritier apparent pourrait aliéner avec l'autorisation du tribunal. Dans le cas où l'héritier véritable
n'est pas absent, mais est inconnu ou garde le silence, M. Demolombe reconnaît que le mandat qu'il
avait vu dans l'article 136 fait défaut, et alors il
avoue que le système de la nullité est le plus juridique ; cependant il se demande si l'on ne pourrait pas
voir un mandat suffisant pour l'héritier apparent
dans la possession publique qui entraîne pour lui à
l'égard des tiers un pouvoir d'administration plus ou
moins étendu suivant les circonstances, et dans le
droit que peuvent avoir les parents d'un défunt d'administrer une succession qui leur restera définitivement si le parent plus proche qui est appelé ne vient
pas la leur enlever. Ce système de M. Demolombe
ne nous semble pas acceptable ; en effet, il repose
sur un mandat tacite, résultant, d'après lui, tantôt

de l'article 136, et tantôt des circonstances de fait qui ont pu faire croire aux tiers que l'héritier apparent était le véritable héritier. Nous reconnaissons parfaitement ce mandat, en tant qu'il confère à l'héritier apparent des pouvoirs d'administration ; mais nous ne pouvons pas admettre qu'il ait le droit d'aliéner ; en effet, aux termes de l'article 1988, « le mandat conçu en termes généraux n'embrasse que les actes d'administration. S'il s'agit d'aliéner ou hypothéquer, ou de quelque autre acte de propriété, le mandat doit être exprès. » M. Demolombe semble faire assez bon marché de cet article, quand il dit : « C'est là une simple règle d'interprétation, qui ne s'oppose pas absolument à ce que l'on reconnaisse dans un mandat quelconque le pouvoir d'aliéner, si dans l'espèce il est constaté que telle a été effectivement l'intention, soit de la loi, soit de la partie qui a conféré le mandat. C'est ainsi qu'autrefois le *procurator omnium bonorum cum libera administratione* avait le pouvoir d'aliéner lorsque le mandant partait pour un pays éloigné. » Mais si l'ancien droit admettait que le pouvoir d'aliéner pût s'induire par voie d'interprétation d'un mandat qui n'en parlait pas expressément, c'est peut-être pour mettre fin à cette extension souvent arbitraire que notre article 1988 a exigé un mandat exprès. Cet article n'est qu'une règle d'interprétation, cela est vrai, mais il ne s'agit justement ici que d'interpréter soit l'article 136, soit des circonstances de fait ; et étendre l'article 1988 contrairement à son texte positif, comme le fait le savant professeur, cela revient à le supprimer complétement.

Nous persistons donc, malgré toute l'autorité de la jurisprudence et des jurisconsultes qui ont soutenu l'opinion contraire, à penser que, en droit, la vente d'un immeuble consentie par un héritier apparent est nulle à l'égard de l'héritier véritable. Nous ne nous dissimulons pas tous les inconvénients que notre solution peut présenter dans la pratique, mais au législateur seul appartient d'y remédier ; le jurisconsulte ne peut qu'appliquer la loi telle qu'elle est, si imparfaite qu'elle soit.

2° Si au lieu d'une vente nous supposons une donation d'immeuble faite par un héritier apparent, la solution que nous venons de donner passe sans soulever aucune difficulté ; la jurisprudence elle-même reconnaît que cette donation est nulle malgré la bonne foi du tiers, quoique le principe d'où elle part doive pourtant la conduire à la valider ; pour M. Demolombe, qui fonde la nullité de la vente sur une idée de mandat, il peut, sans inconséquence, dire que le mandat d'administrer, si général qu'on le suppose, et même étendu jusqu'au pouvoir d'aliéner à titre onéreux, ne comprend pas celui de faire des libéralités.

3° Si l'héritier apparent avait vendu ou même donné un meuble, la question ne s'élèverait pas ; de deux choses l'une, en effet : ou l'acquéreur a été de bonne foi, auquel cas il est protégé par l'art. 2279 contre la revendication de l'héritier véritable, ou il

a été de mauvaise foi, et alors sachant qu'il traitait
avec un aliénateur sans droit, il ne peut pas prétendre
être devenu propriétaire, et il est exposé à la revendi-
dication tant qu'il n'a pas parfait le temps de la prescription, qui ne peut être que de trente ans. Il
pourrait y avoir difficulté seulement dans le
cas où l'héritier apparent aurait aliéné un meuble
incorporel, cédé une créance, par exemple, car,
alors, l'article 2279 est inapplicable ; la question
est alors la même que pour les ventes immobilières,
et nous donnerons la même solution pour les mêmes motifs. Constatons que sur ce point la jurisprudence est de notre avis ; elle annule la cession de
créance, mais cette solution ne peut guère se concilier avec le maintien des ventes immobilières.

4° Quand l'héritier apparent a aliéné, non plus
tel ou tel bien faisant partie de la succession, mais
la succession elle-même, considérée dans son ensemble et comme universalité, soit en totalité, soit
pour une quote-part, on se demande encore si l'héritier véritable, à supposer qu'il se représente,
pourra évincer le cessionnaire. Ici encore, à nos
yeux, la question est la même : la succession,
comme chacun des biens qui la composent, n'a
qu'un seul maître, l'héritier véritable, et, quand
l'héritier apparent l'a vendue, il a vendu la chose
d'autrui. Nous annulerons donc cette vente aussi
bien que celle d'un immeuble à titre particulier. La
jurisprudence semble n'avoir pas vu le lien étroit
qui unit ces deux points, car elle maintient la vente

d'un immeuble déterminé, tandis qu'elle annule la cession du droit héréditaire dans son ensemble ; or, quand on part de cette idée, que l'héritier apparent n'a pas vendu la chose d'autrui, mais la sienne propre (et c'est à ce point de vue que se place la jurisprudence), cette différence paraît bien difficile à justifier. M. Demolombe, sur ce point, donne la même solution que nous, mais pour un autre motif : il reconnaît que l'héritier apparent, en cédant son droit héréditaire, excède son mandat ; « qu'il n'administre plus lorsqu'il abdique au contraire son rôle, lorsqu'il résigne son mandat en livrant à un autre l'universalité qui faisait l'objet de sa gestion. » Entre l'acheteur d'un immeuble particulier et le cessionnaire de l'hérédité dans son ensemble, il y a toutefois cette différence, que le premier peut, s'il est de bonne foi, devenir propriétaire irrévocable par la prescription de dix ou vingt ans, tandis que le second, fût-il de bonne foi, ne peut prescrire que par trente ans; car la succession est une universalité, qui n'est pas soumise, même pour les immeubles qu'elle comprend, à la prescription de dix ou vingt ans.

CHAPITRE III.

DE LA BONNE FOI DANS LES CONTRATS ET QUASI-CONTRATS

En dehors des différentes matières dont nous nous sommes occupé, et où la bonne foi joue un rôle important, il y a, dans la matière des contrats, un certain nombre d'articles épars dans lesquels la loi modifie la rigueur de sa décision, à raison de la bonne foi de l'une ou de l'autre des parties. Il serait impossible de ramener ces articles à une théorie générale ; nous allons seulement citer les principaux d'entre eux avec quelques explications.

I. — En principe, pour faire un paiement valable, il faut pouvoir rendre celui à qui l'on paie propriétaire de la chose payée. Telle est la règle que pose la première partie de l'article 1238, en ces termes : « Pour payer valablement, il faut être propriétaire de la chose donnée en paiement, et capable de l'aliéner. » Supposons que l'une de ces deux qualités manquait chez le débiteur, et, d'abord, qu'il n'était pas propriétaire de la chose qu'il a livrée.

Les principes que nous avons déjà étudiés nous suffisent pour régler le conflit entre le propriétaire et le créancier qui a reçu le paiement : si la chose est mobilière et que le créancier l'ait reçue de bonne foi, il en est devenu propriétaire instantanément, par l'effet de la règle : « En fait de meubles, la possession vaut titre; » si c'est un immeuble et qu'il en soit entré en possession, de bonne foi, il peut l'acquérir par dix ou vingt ans; enfin, s'il la reçue de mauvaise foi, quelle qu'en soit la nature, mobilière ou immobilière, il n'en peut devenir propriétaire que par la prescription de trente ans.

Mais un conflit peut aussi s'élever entre le débiteur qui a donné en paiement la chose d'autrui et le créancier qui l'a reçue : d'abord, si celui-ci, venant

à apprendre le vice du paiement, veut contraindre
le débiteur à payer une seconde fois, en lui disant :
Vous deviez me rendre propriétaire; vous ne l'avez
pas fait, et je suis exposé à une éviction; reprenez
ce que vous m'avez livré, et donnez-moi en paiement une autre chose, dont vous soyez propriétaire.
Le créancier pourra élever encore la même prétention, dans le cas où il ne serait plus exposé à être
évincé, ayant acquis la propriété instantanément en
vertu de l'article 2279 ou par la prescription de dix
ou vingt ans (nous ne parlons pas de celle de trente
ans, parce que, si elle était acquise, la dette
serait prescrite, et le créancier n'aurait plus rien à
réclamer au débiteur). En effet, le créancier est
libre de ne pas profiter de la prescription si ce moyen
de défense répugne à sa conscience, et le débiteur
n'a pas le droit de le contraindre à l'invoquer. Mais,
bien entendu, si le créancier, actionné par le propriétaire primitif de la chose, lui avait déjà répondu en
invoquant la prescription, le paiement, à son égard,
aurait produit les mêmes effets que s'il avait été fait
par le propriétaire, et il n'aurait plus aucun droit à
exercer contre son ancien débiteur.

A l'inverse, le débiteur, se voyant exposé à l'action du véritable propriétaire, peut-il dire au créancier : La chose que je vous ai livrée en paiement n'é-
tait pas à moi; rendez-la-moi pour que je la restitue
à son propriétaire; en voici une autre qui est à moi,
et que je vous donne à la place? D'après la rigueur
des principes, cette prétention ne serait pas admis-

sible, et le débiteur n'aurait pas le droit d'évincer le
créancier, car celui qui a payé, comme celui qui a
vendu, est garant de l'objet qu'il a livré, et étant
garant de l'éviction, ne peut pas évincer lui-même
celui à qu'il a donné la chose. Mais le Code n'a pas
suivi ce système ; il a considéré que la prétention du
débiteur quand il offre une autre chose au créan
cier est équitable et ne cause aucun tort à celui-ci, et
il a décidé que le créancier, tant qu'il aurait la chose
entre les mains, devrait consentir à l'échange proposé. Cela résulte *a contrario* de la seconde partie
de l'article 1238. « Néanmoins, le paiement d'une
« somme en argent ou autre chose qui se con-
« somme par l'usage ne peut être répété contre
« le créancier qui l'a consommée de bonne foi,
« quoique le paiement en ait été fait par celui qui
« n'en était pas propriétaire ou qui n'était pas ca-
« pable de l'aliéner. » Ainsi, si le créancier a la
chose, il doit la rendre ; s'il l'a consommée de mauvaise foi, pour se soustraire à la restitution, il doit la
rendre encore et son obligation ne pouvant s'exécuter se résout en dommages et intérêts envers l'ancien
débiteur ; s'il l'a consommée de bonne foi, il n'a rien
à rendre et alors tant pis pour le débiteur qui a eu
l'imprudence de donner en paiement une chose qui
n'était pas à lui.

Si le débiteur était propriétaire de la chose qu'il a
donnée en paiement, mais incapable de l'aliéner, la
position est toute différente de celle que nous venons de voir : et d'abord, deux personnes seulement

sont en présence, le débiteur et le créancier; et puis
le créancier n'a pas le droit de faire annuler le paiement, car la nullité de ce paiement est toute relative
et ne peut être invoquée que par l'incapable, et non
par la personne capable qui a traité avec lui. Mais si
le débiteur incapable y a intérêt (par exemple, si, n'é-
tant tenu d'une obligation alternative, il a payé seul
et sans autorisation celle des deux choses qui avait
le plus de valeur), il peut-faire annuler le paiement
pour donner l'autre chose. Or, aux termes de l'article 1238, il n'en a plus le droit dès que le créancier a consommé de bonne foi la chose payée. On a
critiqué cette disposition; en effet, le créancier qui
a consommé la chose payée et en a tiré profit n'a rien
à rendre, tandis que, s'il ne l'avait pas consommée,
il serait tenu de la rendre pour en recevoir une autre
de moins de valeur à la place; il se trouve donc, par
le fait de la consommation, réaliser un bénéfice aux
dépens de l'incapable, bénéfice que la bonne foi ne
saurait justifier complétement, car la bonne foi peut
être une raison pour éviter une perte, mais elle ne
peut autoriser personne à s'enrichir aux dépens
d'autrui. Cette critique est juste, et l'on pourrait
dire que l'incapable, ne pouvant plus revendiquer sa
chose, devrait avoir contre le créancier une action
personnelle en indemnité. Mais l'existence d'une telle
action serait difficilement conciliable avec les termes
de notre article.

II. Le paiement, pour être valable, doit, en principe, être fait entre les mains du créancier ou de

son fondé de pouvoir. Cependant, « le paiement fait de bonne foi à celui qui est en possession de la créance est valable, encore que le possesseur en soit par la suite évincé » (Art. 1240). Dans cet article, dont nous avons déjà rencontré l'application à propos des paiements reçus par l'héritier apparent, la loi entend par possesseur d'une créance celui qui est dans une position telle, qu'on puisse raisonnablement le considérer comme créancier véritable, ainsi, l'héritier apparent du créancier. Mais la personne qui détient l'acte constatant la créance n'est pas par cela seule en possession de la créance si elle ne peut présenter aucun titre de succession ou de cession, et le paiement fait entre ses mains n'est pas libératoire. Il en serait autrement si le titre était au porteur, car alors le possesseur du titre peut être considéré comme possesseur de la créance elle-même, celle-ci devant à plusieurs points de vue être assimilée à un meuble corporel.

III. Dans notre législation, la compensation s'opère de plein droit sans avoir besoin d'être invoquée par les parties, et même à leur insu; d'un autre côté, il est de principe que l'extinction d'une obligation principale entraîne l'extinction de tous les accessoires qui la garantissaient, tels que privilèges, hypothèques, cautionnements. Appliquons rigoureusement ces principes au cas où l'une des parties, se sachant débitrice et ignorant qu'elle était créancière, a payé dans cette erreur la dette dont elle était tenue. Nous devons dire qu'elle a payé ce qu'elle ne devait plus ; que, par conséquent, elle a une *condictio indebiti ;* que si la créance était accompagnée de garanties spéciales, elles se sont éteintes en même temps que la créance elle-même, et que la *condictio indebiti* qui reste seule est une action purement personnelle, dépourvue de toute garantie. La loi n'a cependant pas adopté ce raisonnement logique ; elle rattache les privilèges, hypothèques et cautionnements de la créance primitive à la nouvelle créance qui a pris sa place, toutes les fois que celui qui a payé avait juste raison d'ignorer la compensation. Telle est la décision de l'article 1299, ainsi conçu : « Celui qui a payé une dette qui était de droit éteinte par la compensation ne peut plus, en exerçant la créance dont il n'a point opposé la compensation, se prévaloir au préjudice des tiers, des privilèges ou hypothèques qui y étaient attachés, à moins qu'il n'ait eu une juste cause d'ignorer la créance qui devait compenser la sienne ». Cette faveur de la loi n'est pas attribuée indifféremment à toute espèce de bonne foi ; elle est réservée à l'erreur excusable, fondée sur une juste raison. Mais, la loi ne disant pas dans quel cas on a une juste cause d'ignorer la créance dont on est titulaire, nous pensons que les juges devront se montrer fort circonspects sur ce point, et n'admettre le créancier à exercer ses droits contre des tiers que quand il aura été trompé par des circonstances exceptionnelles. En effet, cette disposition de loi est exorbitante et bien dure pour les tiers, cautions ou propriétaires

de biens hypothéqués, qui, voyant le créancier devenir débiteur, ont pu compter sur l'extinction des
droits qui pesaient sur eux. On ne voit guère pourquoi cette attente légitime (pour ne pas dire ce
droit acquis) serait sacrifié à raison de la bonne foi
même la plus irréprochable d'une autre personne,
circonstance qu'il n'a pas été en leur pouvoir d'empêcher.

IV. Aux termes des articles 1376 et 1377, celui
qui a payé par erreur ce qu'il ne devait pas a le
droit de le répéter contre celui à qui il l'avait payé,
quand même celui-ci aurait reçu le payement de
bonne foi, se croyant créancier en même temps que
l'autre partie se croyait débitrice. La répétition de
l'indû, qui repose sur ce grand principe, que nul
ne doit s'enrichir sans cause aux dépens d'autrui,
soulève une question de preuve assez délicate. Le
demandeur pour obtenir gain de cause dans sa
répétition, doit prouver qu'il a payé, et que la dette
qu'il croyait payer n'existait pas; mais doit-il prouver encore qu'il a payé par erreur, ou bien au contraire est-ce au prétendu créancier qui a reçu le
payement à prouver que ce payement d'une dette
inexistante a eu lieu en connaissance de cause? Certainement, en règle générale, la preuve est à la
charge du demandeur seul, et, spécialement, l'erreur étant un fait exceptionnel, ne se présume pas et
doit être prouvée. Cependant, ici, nous dirons que
c'est au créancier qui repousse la répétition à prouver que le payement a été fait sciemment. En effet,

d'une part, quand le demandeur a prouvé qu'il a payé ce qu'il ne devait pas, il a prouvé que le défendeur a réalisé à ses dépens un enrichissement injuste; si celui-ci veut garder la chose payée, c'est à lui à prouver que la tradition qu'il a acceptée, n'ayant pas pour cause l'extinction d'une dette, avait une autre cause licite; d'autre part, si l'erreur ne doit pas se présumer, les libéralités doivent se présumer moins encore, surtout les libéralités manuelles et déguisées; or, si celui qui a payé savait qu'il payait l'indû, son acte ne peut s'expliquer que par la volonté de faire une donation soustraite aux formalités protectrices que la loi a organisées.

Que celui qui a reçu le payement l'ait reçu de bonne ou de mauvaise foi, sachant ou non qu'il ne lui était rien dû, la répétition n'en peut pas moins, en principe, être exercée contre lui. Mais les conséquences n'en sont pas les mêmes dans les deux cas, et, sur plusieurs points, la loi traite celui qui a reçu le payement de bonne foi plus favorablement que celui qui l'a reçu de mauvaise foi.

1° Si celui qui a reçu le payement était réellement créancier, mais d'une autre personne que celle qui a payé, il y a un cas où la répétition ne peut plus avoir lieu. « Ce droit, dit l'article 1377, cesse dans le cas où le créancier a supprimé son titre par suite du payement, sauf le recours de celui qui a payé contre le véritable débiteur. » Cette disposition, fort équitable dans le cas où le créancier, se croyant payé par son véritable débiteur, a détruit le titre dont il ne devait plus avoir à faire usage, ne se concevrait pas si on l'appliquait au créancier qui a reçu l'indû de mauvaise foi. En effet, dans ce cas, la destruction du titre ne pourrait s'expliquer que par la volonté d'échapper à la répétition, et de rejeter sur celui qui a payé les chances de l'insolvabilité du débiteur véritable.

2° « S'il y a eu mauvaise foi de la part de celui qui a reçu, il est tenu de restituer tant le capital que les intérêts et les fruits du jour du payement » (article 1378). Au contraire, s'il a reçu l'indû de bonne foi, il ne doit rendre que le capital, et n'est comptable des fruits et intérêts que du jour où sa bonne foi a cessé. Cette disposition a une grande analogie avec celle de l'article 549, qui attribue les fruits au possesseur de bonne foi.

3° « Si la chose indûment reçue est un immeuble ou un meuble corporel, celui qui l'a reçue s'oblige à la restituer en nature, si elle existe, ou sa valeur si elle est périe ou détériorée par sa faute, il est même garant de sa perte par cas fortuit s'il l'a reçue de mauvaise foi » (article 1379). Il est donc considéré comme étant en demeure de plein droit quand il est de mauvaise foi, et même, la loi ne faisant aucune distinction, il faut décider qu'il est responsable même des cas fortuits qui se seraient également produits si la chose était restée entre les mains de celui de qui il la tient ; à ce point de vue, celui qui a reçu l'indû de mauvaise foi est traité aussi rigoureusement que le voleur. Quant à celui qui a reçu l'indû de bonne foi, il ne répond que de sa faute, et n'est responsable des cas fortuits, et même de sa négligence, qu'à compter du jour où il cesse d'être de bonne foi.

4° Aux termes de l'article 1380, « si celui qui a reçu de bonne foi a vendu la chose, il ne doit restituer que le prix de la vente, » quand même il serait inférieur à la valeur réelle de la chose. Dans la même hypothèse, le vendeur de mauvaise foi devrait rendre la valeur de la chose, et, s'il l'avait vendue pour un prix supérieur à sa valeur, il devrait néanmoins restituer le prix, sans quoi il lui resterait entre les mains la différence entre ces deux sommes, ce qui constituerait pour lui un bénéfice injuste.

5° « Celui auquel la chose est restituée doit tenir compte, même au possesseur de mauvaise foi, de toutes les dépenses nécessaires et utiles qui ont été faites pour la conservation de la chose » (art. 1381). Quant aux dépenses nécessaires, elles lui profitent, et il les aurait faites lui-même si la chose avait été entre ses mains. Mais pour ce qui est des dépenses utiles, telles que les travaux de construction, de plantation ou autres, qui ont augmenté la valeur de la chose, nous croyons qu'il faudrait appliquer ici l'article 555, et distinguer comme il le fait entre celui qui a reçu l'indû de bonne foi et celui qui l'a reçu de mauvaise foi. Notre article ne parle pas des dépenses voluptuaires; il faut décider que le propriétaire, n'en tirant aucun profit, n'en doit aucune indemnité, même à celui qui les a faites de bonne foi.

On ne peut pas dire, en ce cas, que le possesseur se trouve en perte par la faute de celui qui a payé l'indû, car la faute a été réciproque, et si l'on a tort de croire que l'on doit quand on ne doit pas, on a tort également de se croire créancier quand on ne l'est pas.

V. Les articles 2003 et suivants énumèrent plusieurs causes qui mettent fin au mandat, et, entre autres, la révocation du mandataire et la mort du mandant. Dès que l'un de ces événements se produit, le mandataire cesse de pouvoir engager le mandant par les actes qu'il fait. Mais il se peut que la révocation du mandataire ou la mort du mandant soient inconnues, soit du mandataire lui-même, soit des tiers; il en résulte que des actes peuvent être passés entre le mandataire qui n'a plus de pouvoir et des tiers, les deux parties ou les tiers seulement étant de bonne foi. Ces actes seront-ils obligatoires pour le mandant ? Les articles 2005, 2008 et 2009 prévoient cette question, et la résolvent dans le sens le plus équitable.

Supposons d'abord que la cessation du mandat, comme du mandataire, soit ignorée des tiers. Nous nous trouvons alors dans le cas des articles 2005 et 2009 : Art. 2005 : « La révocation notifiée au seul mandataire ne peut être opposée aux tiers qui ont traité dans l'ignorance de cette révocation, sauf au mandant son recours contre le mandataire. » Art. 2009 : « Dans les cas ci-dessus (mort du mandant ou renonciation du mandataire au mandat), les en-

gagements du mandataire sont exécutés à l'égard des
tiers qui sont de bonne foi. » Il serait injuste, en effet,
de rendre les tiers responsables d'événements qu'ils
n'ont pu connaître, en leur refusant l'action contre
le mandant pour ne leur laisser qu'un recours souvent peu efficace contre l'ancien mandataire qui les
a trompés. Le mandant a, d'ailleurs, un moyen d'é-
chapper à la responsabilité que ces articles font peser
sur lui, c'est de retirer au mandataire le titre dont il
était porteur, et qui constatait ses pouvoirs, et l'article 2004 lui en donne le droit; alors il pourra répondre aux tiers qui l'actionneront : Vous ne deviez
pas traiter avec celui qui se présentait comme mon
mandataire, sans exiger l'exhibition de ses pouvoirs;
si vous avez été dupés, c'est par votre imprudence;
subissez-en les conséquences. Il est cependant un
cas où il ne suffirait pas de retirer au mandataire ses
pouvoirs écrits : si des tiers ont l'habitude de traiter
avec lui et le connaissent depuis longtemps comme
mandataire, on ne peut pas leur reprocher de ne
pas se faire représenter à chaque nouvelle affaire le
titre qui constate ses pouvoirs; en ce cas, le mandant, s'il ne veut pas répondre des actes de son mandataire, postérieurs à la cessation de ses pouvoirs,
devra notifier personnellement la révocation à chacune des personnes qui sont en relations habituelles
d'affaires avec le mandataire. Il est bien entendu que
le mandant qui, pour avoir négligé ces précautions,
se trouve responsable des actes frauduleux de son
ancien mandataire a un recours contre celui-ci s'il

en peut tirer quelque chose. Cela résulte du principe général de l'article 1382, et l'article 2005 a d'ailleurs pris soin de nous le rappeler ici.

Il pourrait arriver que la cessation du mandat fût inconnue, non-seulement des tiers, mais du mandataire lui-même; alors il faudrait appliquer l'article 2008 : « Si le mandataire ignore la mort du mandant ou l'une des autres causes qui font cesser son mandat, ce qu'il a fait dans cette ignorance est valide, » c'est-à-dire obligatoire pour le mandant ou ses héritiers. Cette disposition n'a pas besoin d'une longue justification; si elle n'existait pas, le mandataire se trouverait obligé personnellement, contre sa volonté, dans des cas où il n'y a de sa part ni faute, ni négligence. Ainsi, quand le mandant veut révoquer son mandataire, il doit le lui faire savoir; de même, à la mort du mandant, ses héritiers doivent notifier au mandataire la cause qui met fin à ses pouvoirs. Ils s'exposent, en effet, s'ils ne le font pas, à être obligés par ses actes, sans avoir de recours contre lui.

CHAPITRE IV.

DE LA BONNE FOI DANS LE MARIAGE.

Dans l'étude de la bonne foi comme dans celle de l'erreur, nous avons rejeté à la fin ce qui a trait au mariage, parce que la nature toute spéciale de ce contrat le soustrait à l'application des règles ordinaires.

En règle générale, quand un mariage est annulé, soit qu'affecté d'un vice essentiel il n'ait jamais eu qu'un semblant d'existence, soit qu'il ait été seulement annulable, dès que la nullité en a été prononcée, tous les effets qu'il avait pu produire dans le passé, légitimité des enfants, droit de successibilité réciproque, puissance paternelle, régime matrimonial, etc., tous ces effets, disons-nous, cessent de se produire dans l'avenir, et sont rétroactivement effacés dans le passé. Tel est le principe, mais les articles 201 et 202 y apportent une exception considérable.

Art. 201 : « Le mariage qui a été déclaré nul, produit néanmoins les effets civils, tant à l'égard des époux qu'à l'égard des enfants, lorsqu'il a été contracté de bonne foi. »

Art. 202 : « Si la bonne foi n'existe que de la part de l'un des deux époux, le mariage ne produit les effets civils qu'en faveur de cet époux, et des enfants issus du mariage. »

Ainsi, quand l'un des époux a contracté un mariage nul de bonne foi, c'est-à-dire le croyant valable, cette bonne foi de l'une des parties suffit pour que les enfants nés de cette union aient tous les droits d'enfants légitimes, et pour que l'époux de bonne foi soit traité dans le passé comme s'il était époux légitime ; et si les deux époux étaient de bonne foi, ignorant tous les deux les vices de leur union, tous deux conservent les droits d'époux légitimes dans le passé, jusqu'au jour où le mariage a été déclaré nul. On appelle *mariage putatif* celui qui est nul, mais produit ainsi des effets civils, parce que les époux ou l'un d'eux étaient de bonne foi.

La disposition de ces deux articles est vraiment équitable : si les effets du mariage contracté de bonne foi étaient rétroactivement effacés, comme l'exigerait la rigueur des principes, la Loi punirait l'époux qui s'est marié de bonne foi, croyant former une union légitime ; avec l'époux, elle punirait les enfants nés de cette union en les déclarant bâtards, et cette rigueur serait à la fois injuste et inutile : injuste, parce qu'elle frapperait ceux qui n'ont aucune faute à se reprocher ; inutile, parce que la loi, en punissant, ne doit avoir qu'un but : prévenir par l'intimidation, les contraventions nouvelles que l'on serait tenté de commettre ; or la crainte de la peine ne peut agir que sur ceux qui ont conscience de l'infraction dont ils se rendent coupables ; ceux qui sont de bonne foi, ne se doutant pas que ce qu'ils font n'est pas permis, ne sont jamais arrêtés par la crainte de la sanction légale. La Loi a donc agi sagement, en édictant nos deux articles 201 et 202 ; elle a bien fait de pardonner là où la sévérité n'aurait servi à rien. La Loi n'est d'ailleurs pas pour cela dépourvue de sanction, et il reste une grande différence entre le mariage putatif, et le mariage valable : quand un mariage est annulé, les effets qu'il a produits dans le passé peuvent être maintenus eu égard à la bonne foi, mais, à compter de l'annulation, il cesse d'en produire : ainsi, les enfants conçus avant le jugement qui a annulé le mariage sont légitimes ; mais ceux qui seraient nés plus de trois cents jours depuis le jugement ne sont que des enfants naturels. Il faut, en effet, suivant nous, appliquer ici la présomption établie par l'article 315 au titre *de la Paternité et de la Filiation* sur la durée *maximum* de la gestation, et considérer comme conçu avant l'annulation du mariage l'enfant né dans les trois cents premiers jours de cette annulation.

Ici comme en toute matière, la bonne foi doit se présumer, et cela est fort juste ; en effet, il est bien rare que deux personnes contractent volontairement un mariage qu'elles savent n'être pas valable, et il est naturel de supposer que, si elles se sont mariées, c'est qu'elles croyaient pouvoir le faire régulièrement. Il faudra donc, pour que les effets d'un mariage annulé soient effacés rétroactivement, que la personne qui l'attaque prouve non seulement qu'il était entaché d'une cause de nullité, mais que les deux époux ou l'un d'eux étaient de mauvaise foi en le contractant. Ainsi, si c'est un collatéral, un frère, par exemple, qui attaque le mariage de son frère décédé pour enlever la succession aux enfants nés du mariage, il devra prouver que les deux époux étaient de mauvaise foi, sa belle-sœur aussi bien que son frère. Sans doute, cette preuve sera souvent fort difficile, et par là bien des mariages contractés de mauvaise foi échapperont à la sanction de la Loi : mais la preuve de la mauvaise foi ne devra pas toujours être exigée directement, et dans bien des cas elle ressortira des circonstances ; ainsi, l'erreur de droit sera difficilement présumée, surtout si elle est grossière ; de même, certaines erreurs de fait ne devront être admises qu'à bon escient : par exemple, on pourrait bien considérer comme étant de mauvaise foi celui qui épouse une femme qu'il sait avoir été déjà mariée, sans s'assurer du décès de son premier mari, quand même il affirmerait avoir cru celui-ci mort, si les circonstances n'ont pas raisonnablement autorisé cette erreur, car une telle négligence est impardonnable et équivaut à la mauvaise foi. Sur ce point comme sur tant d'autres, il n'y a rien d'absolu, et nous accorderons aux juges du fait un large pouvoir d'appréciation.

Les dispositions du Code sur les mariages putatifs ont leur origine dans le droit canonique ; le droit Romain ne nous fournit aucune règle générale analogue. On pourrait citer, il est vrai, la loi 57, § 1 *de ritu nuptiarum* (Dig., XXIII, II), où le Jurisconsulte rapporte un rescrit des empereurs Marc-Aurèle et Lucius Verus, qui valide un mariage nul contracté de bonne foi ; mais il suffit de lire ce rescrit pour voir qu'il n'est qu'une décision particulière, inspirée aux empereurs par des circonstances de fait exceptionellement favorables, et non l'application d'un principe général que l'on ne trouve nulle part ailleurs. La Loi 4 *de incestis et inutilibus nuptiis* (Code V. V) est un rescrit par lequel Valentinien, Théodose et Arcadius prononcent, contre ceux qui contractent des mariages prohibés par les lois, la confiscation de la dot et des libéralités entre époux. Ils exceptent de ces dispositions ceux qui, tombés d'abord dans une erreur sincère, se sont séparés immédiatement après la découverte de leur erreur. Cette Loi paraît bien poser un principe général, mais elle ne donne au mariage contracté de bonne foi aucun effet civil qui le rapproche du mariage valable ; elle fait seulement remise aux époux de bonne foi d'une peine prononcée dans l'intérêt du fisc, sans toucher en rien à la question de droit civil qui nous occupe.

C'est donc le droit canonique qui, le premier, formula un principe général sur le mariage putatif : son système sur ce point est résumé dans la définition suivante, qui a été laissée par Hertius : *Matrimonium putativum est quod bona fide et solemniter saltem opinione conjugis unius justa inter personas jungi vetitas consistit.* Il fallait donc qu'il y eût eu une célébration publique du mariage, et que l'un des deux époux au moins fût tombé dans une erreur excusable. Notre ancienne jurisprudence suivit les traces du droit canonique, et sur ce point comme sur tant d'autres, les rédacteurs du Code civil ont pris Pothier pour guide. Voici en quels termes celui-ci commence le chapitre qu'il consacre à notre matière :
« Le cas auquel le mariage, quoique nul, a des ef-
« fets civils, est lorsque les parties qui l'ont con-
« tracté étaient dans la bonne foi, et avaient une
« juste cause d'ignorance, d'un empêchement diri-
« mant qui le rendait nul. »

Aujourd'hui, on discute beaucoup, tant sur le point de savoir dans quel cas il y a mariage putatif, que sur les effets à accorder à cette sorte de mariage. Nous allons examiner successivement ces deux questions, qu'il faut, suivant nous, résoudre autant que possible dans le sens le plus favorable à la validité des mariages et à la légitimité des enfants. C'est du reste le résultat auquel on arrive presque toujours, quand on s'attache fidèlement au texte des articles 201 et 202.

1. *Quand y a-t-il mariage putatif?* Plusieurs systèmes ont été proposés sur ce point.

Suivant Zachariæ et ses savants commentateurs, MM. Aubry et Rau, il faudrait faire une distinction entre le mariage radicalement nul, ou inexistant, et le mariage simplement annulable. D'après eux, l'article 201, parlant du mariage déclaré nul qui produit néanmoins des effets civils, suppose qu'il y a un mariage réel, quoiqu'irrégulier; mais quand le mariage n'a jamais existé, il ne peut pas être question de lui faire produire des effets civils; c'est ce qui arrive quand il n'y a eu aucune célébration du mariage devant un officier de l'état civil, ou quand les époux ou l'un d'eux n'ont pas donné leur consentement; quand l'officier public a négligé de déclarer au nom de la loi les parties unies par le mariage, ou quand l'un des époux était mort civilement. D'ailleurs, pourrait-on dire encore à l'appui de ce système, les articles 201 et 202 sont placés au chapitre IV du titre du mariage, chapitre qui ne parle que des mariages annulables; il faut donc en restreindre l'effet aux cas prévus par ce chapitre, c'est-à-dire au mariage entaché de violence ou d'erreur,

ou contracté sans le consentement des ascendants,
au mariage contracté sans publicité ; ou encore au
cas où l'un des époux n'avait pas atteint l'âge légal,
ou était déjà engagé dans les liens d'un précédent
mariage.

M. Demolombe est moins exigeant : il repousse
cette distinction absolue, et admet qu'il peut y
avoir mariage putatif dans certains cas où le mariage
est pourtant frappé d'une nullité radicale. Ainsi le
savant doyen reconnaît que le mariage, contracté
avec un mort civilement, peut être considéré comme
un mariage putatif si les époux ont été de bonne foi.
Il ne restreint pas les effets du mariage putatif aux
cas prévus par le chapitre IV du titre du mariage,
car, dit-il, « cette opinion (celle de MM. Zachariæ,
« Aubry et Rau), en prêtant au législateur une mé-
« thode rigoureuse qui n'est pas toujours la sienne,
« arrive ainsi à des conclusions certainement con-
« traires à sa volonté. » Cependant il exige qu'il y
ait eu une célébration devant un officier de l'état
civil. Peu importe que cette célébration ait été régulière ou non, peu importe que l'officier de l'état
civil qui y a figuré ait été compétent ou non; mais
M. Demolombe ne peut reconnaître le caractère de
mariage putatif à l'union qui aurait été contractée
devant toute autre personne qu'un officier de l'état
civil; par exemple, devant un greffier de justice de
paix, un notaire, un ministre d'un culte ou un simple particulier, ou encore moins au mariage par un
simple acte sous seing privé ; en effet, il ne voit pas

là de mariage; or, à ses yeux, pour qu'il y ait un mariage putatif, il faut qu'il y ait eu au moins un mariage tel quel, une célébration quelle qu'elle soit ; sinon, il peut y avoir une bonne foi respectable, mais elle ne peut pas produire les effets d'un mariage.

Le second de ces deux systèmes nous semble certainement bien préférable au premier; cependant, il ne nous satisfait pas complétement. Nous dirons sans difficulté, avec M. Demolombe, que le mariage entaché d'une nullité radicale peut cependant être putatif si l'un des époux ignorait, soit le fait qui cause cette nullité, soit la loi qui la prononce. Mais nous nous séparons de ce second système quand il exige un célébration telle quelle du mariage; à nos yeux, ce n'est pas nécessaire; en effet, le texte de l'article 201 est on ne peut plus large dans sa rédaction; il n'exige qu'une seule condition, la bonne foi. Il parle, il est vrai, du mariage *contracté* de bonne foi, et on a argumenté de ce mot pour dire qu'il fallait une célébration devant un officier de l'état civil, sans quoi le mariage ne serait pas *contracté*; mais il nous semble que ce mot a, au contraire, une portée toute différente : en effet, dans tout contrat solennel, il y a deux choses qu'il ne faut pas confondre : la volonté même des parties, et les formes dont elle doit être entourée. Dans le mariage, notamment, cette distinction est parfaitement juste; or, si la loi avait voulu exiger une célébration pour que le mariage fait de bonne foi pût produire des

effets civils, il semble qu'elle se serait servie du mot
célébré; si, au lieu de ce mot, elle a employé celui
de *contracté*, c'est qu'il entrait dans sa pensée d'é-
tendre sa faveur au mariage que les parties ou l'une
d'elles ont cru, dans leur ignorance des faits ou de
la loi, valablement formé, quoiqu'il n'y ait eu aucune célébration, même imparfaite, devant un officier de l'état civil. D'ailleurs, si telle a été, comme
nous le pensons, l'intention de la loi, elle a donné
une décision fort équitable : pourquoi, en effet, considérer comme illégitimes les enfants nés d'un mariage formé devant notaire, quand on accorde le
bénéfice de la légitimité à ceux qui sont nés d'un
magiage contracté de bonne foi par le frère et la
sœur? L'ignorance est-elle moins digne de faveur
dans le premier cas que dans le second? Il nous
semble donc plus naturel et plus conforme au but
et à la rédaction de l'article 201 de ne poser aucune
règle *a priori*, et de déclarer putatif même le mariage le plus informe, même celui qui aurait été contracté devant un notaire, devant un ministre du
culte, ou devant un simple particulier, si, en fait,
l'ignorance des deux parties ou de l'une d'elles a été
assez profonde pour qu'elles crussent un tel mariage
régulier. Quant au mariage fait par acte sous seing
privé, nous donnerons encore la même solution,
sans nous dissimuler que les juges ne devront ac-
cueillir qu'avec la plus grande défiance la prétention
de ceux qui soutiendraient avoir commis une pareille
erreur. En un mot, suivant nous, tout doit dépen-

dre, en cette matière, de l'intelligence plus ou
moins grande des parties, de leur instruction plus ou
moins développée, et des manœuvres frauduleuses
plus ou moins habiles qui ont pu être pratiquées
pour les tromper. C'est aux juges du fait à apprécier
souverainement ces circonstances.

Quel que soit le parti que l'on prenne sur la question qui vient de nous occuper, la bonne foi n'est
toujours exigée qu'au moment où le mariage a été
contracté. Si plus tard l'époux de bonne foi a eu
connaissance de la nullité de son union, il n'en conserve pas moins, pour lui et pour ses enfants, les
droits d'époux et d'enfants légitimes. Telle est la
décision de l'article 201, qui parle du mariage *contracté de bonne foi*, et ne dit pas, ce qui serait bien
différent : Le mariage produit des effets civils tant
que les époux sont de bonne foi. Et cela est fort juste,
car on ne saurait guère faire de reproches aux époux
qui se sont unis de bonne foi, s'ils ne se séparent pas
immédiatement après la découverte de leur erreur :
si, dans la crainte du scandale ou l'espoir de couvrir
la nullité de leur mariage, ils attendent pour le
rompre que l'autorité publique soit intervenue.

II. *Quels sont les effets du mariage putatif?* Aux
termes des articles 201 et 202, le mariage putatif
« produit les effets civils, tant à l'égard des époux
qu'à l'égard des enfants, » lorsque les deux époux
sont de bonne foi; et, si l'un des époux seulement
est de bonne foi, « il ne produit les effets civils qu'en
faveur de cet époux et des enfants issus du mariage. »

Voyons quels sont les *effets civils* du mariage, d'abord à l'egard des enfants, et puis à l'égard des époux.

1° *A l'égard des enfants*. Le mariage putatif leur confère le même bénéfice que leur donnerait le mariage régulier de leurs parents, c'est-à-dire la légitimité, avec les différents avantages qu'elle entraîne : d'abord, le droit de porter le nom de leur père et ses armes, s'il en a, et puis surtout le droit de succéder à leurs père et mère, même à celui des deux qui n'était pas de bonne foi, ainsi qu'à tous les parents de leurs père et mère, et réciproquement de leur transmettre leur succession, comme le feraient des enfants nés d'un mariage régulier. Nous ne citons pas ici le droit à des aliments, parce que ce droit appartient aux enfants naturels et même adultérins ou incestueux aussi bien qu'aux enfants légitimes.

Le mariage régulièrement contracté produit un effet important, qui est de légitimer les enfants nés des deux époux avant leur mariage, et par eux reconnus avant la même époque. On s'est demandé si ces enfants pourraient être légitimés par le mariage seulement putatif que contracteraient leur père et leur mère après les avoir reconnus. Supposons donc l'espèce suivante : un jeune homme et une jeune fille, tous deux célibataires, et non parents à un degré prohibé, forment une liaison exempte par conséquent d'adultère et d'inceste ; ils ont un enfant et le reconnaissent tous deux, puis ils se marient ; quelque

temps après, les parents du mari, qui n'ont pas consenti à son mariage, le font annuler en vertu de
l'article 182. La jeune femme, croyant que son mari
avait plus de vingt-cinq ans tandis qu'il n'en a en
réalité que vingt-quatre, ne s'était pas inquiétée du
défaut d'autorisation, et avait cru contracter un mariage valable ; il y avait donc mariage putatif. L'enfant est-il légitimé ? Oui, disons-nous, car il l'eût été
si le mariage avait été valablement contracté ; or la
bonne foi de la mère doit procurer à l'enfant tous
les mêmes avantages que si le mariage avait été régulier. Ce système nous paraît irréprochable ; on lui a
fait cependant deux objections, auxquelles nous
allons répondre : 1° On a dit : aux termes de l'article
202, le mariage putatif ne produit des effets civils
qu'en faveur *des enfants issus du mariage.* Or l'enfant dont il s'agit est issu, non du mariage, mais
d'un commerce antérieur au mariage. Les réponses
ne manquent pas à ce raisonnement : d'une part,
nous disons que, si l'article 202 parle en effet *des
enfants issus du mariage,* l'article 201 parle, lui, des
enfants, en général. Or c'est l'article 201 qui pose
le principe, et l'article 202, dont la disposition n'a
du reste rien d'exclusif, n'a été ajouté que pour régler le cas où l'un des deux époux seulement était de
bonne foi ; d'autre part, l'article 202, lui-même, fait
produire au mariage putatif des effets civils en faveur de l'époux de bonne foi ; or, dans notre espèce,
la femme qui s'est mariée de bonne foi a un intérêt
considérable à ce que son enfant soit légitimé, pour

pouvoir exercer sur lui les droits de la puissance paternelle, pour pouvoir lui laisser toute sa succcession à l'exclusion de ses autres parents, etc. Nous pouvons le déclarer légitimé, non plus dans son intérêt, puisqu'on nie que l'article 202 le permette, mais dans l'intérêt de sa mère, ce que tout le monde est forcé d'admettre. 2° On a objecté encore que la bonne foi est exigée par les articles 201 et 202; or, qu'il n'avait pu y avoir aucune bonne foi dans le commerce, sinon criminel, au moins illicite, des suites duquel l'enfant est né. Mais cette objection n'a aucune force, car les articles relatifs au mariage putatif n'exigent nullement l'existence de la bonne foi au moment de la naissance ou de la conception des enfants, mais seulement au moment du mariage. C'est ainsi que l'enfant conçu de mauvaise foi par des époux qui s'étaient mariés de bonne foi, puis avaient découvert les vices de leur union, naîtra légitime, de l'aveu même de nos adversaires. Nous légitimerons donc l'enfant dont nous parlons, parce qu'il serait légitime si le mariage avait été valable, et que la bonne foi de la mère doit procurer au mariage tous les effets civils, sans distinction, d'un mariage valable.

La question est beaucoup plus compliquée si, au lieu d'un enfant naturel simple comme dans l'espèce précédente, nous supposons un enfant incestueux ou adultérin. Par exemple, une homme marié et une femme libre ont un enfant, la femme ignorant que son amant est marié ; ils reconnaissent tous deux cet enfant, puis, la femme étant toujours dans la même erreur, ils se marient. L'enfant est-il légitimé? La question est la même si nous supposons deux parents à degré prohibé qui ont un enfant dans l'ignorance de leur parenté, puis se marient, l'empêchement et la bonne foi subsistant toujours. Cette question avait déjà été prévue dans notre ancien droit, et Pothier la tranchait dans le sens contraire à la légitimation ; il citait même dans ce sens un arrêt rendu sur les conclusions de d'Aguesseau. A l'appui de cette solution, qui est, aujourd'hui encore, suivie par la plupart des auteurs, on peut invoquer l'argument que nous faisions valoir dans la question précédente, et dire : le mariage contracté valablement (après la dissolution du premier mariage du père ou après dispenses obtenues quand cela est possible en cas de parenté) ne pourrait pas légitimer l'enfant ; or un mariage putatif ne peut pas produire plus d'effets que n'en produirait un mariage régulier ; donc, l'enfant ne peut pas être légitimé. D'ailleurs, si la bonne foi dans un mariage peut lui faire produire des effets civils, la bonne foi dans le concubinage ne peut pas effacer le vice qui résulte de l'adultère ou de l'inceste. Ces arguments sont très-forts, et, pour notre part, nous n'y voyons pas de réponse. Cependant, quelques auteurs ont penché du côté de la légitimation : on peut invoquer d'abord en ce sens la faveur que mérite toujours la légitimité ; mais cette considération ne peut suffire, et l'on a dû chercher un argument plus juridique : le mariage dont nous parlons, a-t-on dit, est putatif, et, sans contredit, il procure

le bénéfice de la légitimité aux enfants qui naissent
après sa célébration ; or, si l'on refuse la légitimation
à ceux qui sont nés et reconnus avant, on se trouve
en face d'un résultat très-singulier : des enfants nés
des mêmes parents, et dont les uns sont légitimes, et
les autres adultérins ou incestueux. Certainement il y
aura là quelque chose de bizarre, mais c'est la conséquence nécessaire de principes certains; et d'ailleurs,
on peut justifier cette différence en disant que,
quand le caractère d'enfant incestueux ou adultérin
a une fois frappé un enfant, il lui imprime une tache
que rien ne peut plus effacer ; tandis que, quand un
enfant est né depuis un mariage contracté de bonne
foi il n'est plus le fruit d'une faute, mais d'une
union, qui pour être irrégulière et nulle en droit, n'en
est pas moins morale et licite, de la part de l'un des
parents au moins.

2° *A l'égard des époux.* Il faut faire ici une distinction, suivant que les deux époux ou seulement
l'un d'eux étaient de bonne foi. A l'égard des enfants,
nous pouvions confondre ces deux cas, la bonne foi
d'un seul de leurs parents suffisant pour leur assurer
le bénéfice de la légitimité même par rapport à
celui de leurs père et mère qui s'était marié de
mauvaise foi.

Si les deux époux étaient de bonne foi, ils ont la
puissance paternelle sur les enfants absolument
comme s'ils étaient légitimement mariés, c'est-à-dire
que le père seul l'exerce pendant le mariage, et
qu'elle ne passe à la mère qu'à défaut du père; cette

puissance entraîne, comme celle qui appartient aux
père et mère légitimes, le droit de jouissance légale
sur les biens de l'enfant mineur de dix-huit ans. Si
le père seul est de bonne foi, il a la puissance paternelle avec le droit de jouissance légale tant qu'il vit;
à sa mort, la mère, qui était de mauvaise foi, lui
succède bien dans l'exercice des droits de correction
et d'éducation, mais elle n'a pas la jouissance légale,
qui est réservée aux parents légitimes, à l'exclusion
des père et mère naturels. Si, à l'inverse, la mère
est de bonne foi, le père étant de mauvaise foi, le
père a, tant qu'il vit le droit de correction, mais le
droit de jouissance légale n'appartient à personne :
en effet le père, n'étant pas légitime, ne peut l'avoir,
et il ne peut pas non plus dans ce cas passer à la
mère, car c'est un attribut inséparable de la puissance
paternelle; mais si le père meurt avant que l'enfant
n'ait dix-huit ans, la mère acquérant le droit de correction et d'éducation, rien ne s'oppose plus à ce que
le droit de jouissance légale vienne s'y ajouter.

L'époux qui était de bonne foi conserve, après la
dissolution du mariage, le droit d'exiger de son conjoint de bonne ou de mauvaise foi son secours et son
assistance en cas de besoin, conformément à l'art. 212,
car c'est là un effet civil du mariage; et il n'y aura
pas de réciprocité si les deux époux ne sont pas de
bonne foi. (Nous ne parlons pas ici du devoir de
fidélité, qui, par son essence, ne peut exister qu'entre personnes mariées et ne peut donc survivre à
l'annulation du mariage, chacun des époux recou-

vrant dès lors sa liberté et le droit de former une nouvelle union.)

L'article 228, prévoyant le cas de la dissolution d'un premier mariage, décide que « la femme ne peut contracter un nouveau mariage qu'après dix mois révolus depuis la dissolution du mariage précédent. » Il faut appliquer cette disposition, dans le cas où un mariage contracté de bonne foi, par l'un des deux époux au moins, est annulé. Cette prescription de la loi est un effet civil du mariage, établi pour des raisons de morale publique, et surtout dans l'intérêt de l'enfant qui pourrait naître dans les dix mois, et pour assurer sa filiation; or, le mariage putatif doit produire tous les effets d'un mariage valable dans l'intérêt de l'enfant qui en est ou en pourrait être issu.

Si les deux époux étaient de bonne foi, il faut appliquer les dispositions des articles 215 à 226, sur l'incapacité de la femme mariée, de telle sorte que les actes faits par la femme sans l'autorisation, soit du mari, soit de la justice, entre le jour de la célébration du mariage et celui de l'annulation, pourront être annulés à la demande, soit du mari, soit de la femme. Si la femme seule était de bonne foi, elle pourra demander la nullité de ces actes, mais le mari de mauvaise foi ne pourra pas, de son côté, l'invoquer. De même, le mari pourra seul demander la nullité, à l'exclusion de la femme, s'il est seul de bonne foi; alors, la femme devra toujours subir les conséquences de ses actes, et ils seront seulement

non opposables au mari et à la communauté, si tel est
le régime adopté : le résultat sera alors à peu près
le même que quand une femme régulièrement mariée
a été autorisée par la justice au refus du mari.

L'époux de bonne foi succède à l'enfant né du
mariage putatif, puisqu'il est légitime à son égard.
L'époux de mauvaise foi lui succède également si
nous ne supposons ni adultère ni inceste, car les
père et mère succèdent à leur enfant naturel reconnu
mort sans postérité (article 765). Mais ces deux successions ne sont pas régies par le même principe :
Ainsi, les frères et sœurs partagent la succession avec
les père et mère légitimes, leur laissant à chacun un
quart, tandis que l'existence du père ou de la mère
naturels suffit pour exclure les frères, tant naturels
que légitimes. Cette différence pourra donner lieu à
une situation assez compliquée : Primus et Secunda
se marient sans le consentement des parents de Primus, Secunda étant de bonne foi, parce qu'elle croit
que Primus a plus de vingt-cinq ans, mais Primus
étant de mauvaise foi. De ce mariage ils avaient déjà deux enfants, Tertius et Quartus, quand les parents de Primus, apprenant le mariage, le font annuler. Puis l'un des enfants, Tertius, meurt, laissant
son frère Quartus, son père Primus qui était de mauvaise foi, et sa mère Secunda qui était de bonne foi.
Comment réglerons-nous la succession de Tertius?
La difficulté vient de ce que Primus, père naturel,
pourrait peut-être prétendre n'avoir pas à souffrir
de la présence de Quartus, car aux termes des arti-

cles 765 et 766 les père et mère naturels excluent les
frères, même légitimes, ceux-ci étant réduits à un
droit de succession anomale, auquel nous supposons
qu'il n'y a pas lieu dans l'espèce. Voici comment nous
trancherons la question : soit une succession de la
valeur de quatre-vingt mille francs. Secunda, mère
légitime, a droit comme telle à un quart de la succession puisqu'elle est en concours avec un frère légitime; nous lui donnerons donc vingt mille francs.
Quartus, frère légitime, sera traité également comme
si le mariage avait été régulier au lieu d'être putatif
d'un côté seulement, et, à ce titre, il prendra la
moitié de la succession, soit quarante mille francs,
et les vingt mille restants seront pour Primus. Personne, ce semble, ne pourra réclamer contre cette
solution ; ni Secunda ni Quartus, qui sont traités
comme tous parents légitimes en cas pareil, ni Primus qui ne saurait arguer de sa qualité de parent
naturel pour s'en faire un titre contre Quartus, car
on n'est pas admis à invoquer sa propre faute. Au
contraire, on pourrait trouver notre décision trop
favorable à Primus, puisqu'il est traité absolument
comme s'il s'était marié de bonne foi; mais c'est là
un reproche qui doit s'adresser à la loi; l'injustice en
effet, s'il y en a une, est dans l'article 766, qui accorde aux parents naturels en concours avec des
frères autant et plus de droits que l'article 749 n'en
accorde aux parents légitimes dans les mêmes circonstances.

Non-seulement les deux époux succèdent à l'enfant

né d'un mariage putatif, mais les parents de l'époux de bonne foi lui succèdent aussi comme ils succéderaient à tout enfant légitime; cela va sans dire. Mais il n'en serait pas de même des parents de l'époux de mauvaise foi; ils ne succéderaient pas plus à l'enfant né d'un mariage putatif qu'à tout autre enfant naturel du conjoint de mauvaise foi, car les enfants naturels ne sont unis par aucun lien de successibilité aux parents des père et mère qui les ont reconnus.

Si l'un des époux meu' sans parents jusqu'au douzième degré ni enfants naturels avant que le mariage contracté de bonne foi ne soit annulé, son conjoint peut lui succéder s'il est de bonne foi, mais non s'il est de mauvaise foi.

La question est assez délicate si nous supposons que les deux époux survivent à l'annulation de leur mariage : l'un d'eux mourant ensuite, le conjoint survivant, s'il était de bonne foi, pourrait-il lui succéder? Les autorités les plus considérables lui refusent ce droit, car, dit-on, il n'est plus époux au moment de la mort de son ancien conjoint; or l'article 767, n'accordant le droit de succession qu'au conjoint *non divorcé*, semble bien exiger que le lien du mariage subsiste jusqu'à la mort du *de cujus*. Quoique ce raisonnement soit très-fort, nous inclinerons cependant à admettre ici une vocation héréditaire; et, nous servant d'un argument que nous avons déjà employé, d'accord en cela avec la majorité des auteurs, nous dirons : Si le mariage eût été valable, le lien eût subsisté jusqu'au jour de l'ou-

verture de la succession, et le conjoint survivant
eût succédé; or le mariage putatif doit procurer au
conjoint de bonne foi les mêmes avantages qu'un
mariage valable; donc, il doit succéder.

Si un tiers avait fait une donation à l'un des
époux par contrat de mariage ou autrement, mais
en faveur du mariage, la donation doit-elle être
maintenue quand le mariage, contracté de bonne
foi, vient à être annulé? Oui, certainement, si elle
s'adressait à l'époux de bonne foi; nous en dirons
même autant, quoique la question devienne plus
délicate, quand la donation est faite à un époux de
mauvaise foi, s'il y a des enfants du mariage putatif;
car la donation faite en faveur du mariage s'adresse
à l'ensemble de la famille, aux enfants, plutôt qu'à
la personne même du donataire. Il est vrai que
cette solution procure un avantage à l'époux de
mauvaise foi, qui peut-être va dissiper les biens
donnés et n'en laissera rien aux enfants, sans que
ceux-ci puissent avoir aucune garantie contre cette
fraude. Mais il vaut mieux faire courir ce risque aux
enfants que de les priver complétement de la donation en la déclarant révoquée. S'il n'y avait pas
d'enfants, la donation tomberait avec le mariage,
faute de donataire à qui elle pût appartenir. Nous
supposons là une donation de biens présents; si la
donation était de biens à venir, il faudrait attendre
la mort du donateur, et, à cette époque, la donation irait, soit à l'époux donataire s'il est de bonne
foi, soit aux enfants, que le donataire fût ou non

de bonne foi, en vertu de la substitution vulgaire que renferme virtuellement l'institution contractuelle (article 1082), substitution qui est faite pour le cas d'incapacité de l'institué contractuel comme pour celui de son prédécès.

Il peut aussi se présenter une autre question, sœur de la précédente : L'un des époux, n'ayant pas d'enfants, avait, avant le mariage putatif qu'il a contracté, fait une donation à un tiers; cette donation est-elle révoquée si du mariage putatif il naît un enfant? Il n'y a pas de doute qu'elle l'est, si l'époux donateur s'est marié de bonne foi; mais que faut-il décider s'il s'est marié de mauvaise foi? Nous dirons qu'elle n'est pas révoquée, car elle ne peut l'être que par la naissance d'un enfant légitime; or l'enfant né d'un mariage putatif n'est pas légitime à l'égard de celui de ses parents qui est de mauvaise foi. D'ailleurs, en déclarant la donation révoquée, nous violerions ce principe, que la révocation pour cause de survenance d'enfant est établie dans l'intérêt du donateur lui-même, et non de son enfant, et nous ne procurerions aucun avantage certain à l'enfant, car le donateur a le droit de disposer à son gré des biens compris dans la donation révoquée.

Si les époux se sont fait des donations, elles sont maintenues en faveur du donataire de bonne foi, mais le donataire de mauvaise foi ne peut garder la donation à lui faite. Cette inégalité entre les époux aura lieu quand même les donations seraient qualifiées de mutuelles ou de réciproques, car une pareille qualification ajoutée à des libéralités ne saurait en changer le caractère ni en faire des actes à titre onéreux de telle sorte que, l'une des donations venant à tomber, l'autre se trouvât sans cause.

Quant aux conventions matrimoniales, soit que les époux aient fait un contrat de mariage, soit qu'à défaut de contrat ils soient mariés sous le régime de la communauté légale, il faut voir en elles un seul acte, à titre onéreux, dont toutes les clauses se tiennent, et qui doit être appliqué entièrement, dans son ensemble, ou pas du tout. Ainsi, si les deux époux sont de bonne foi, leurs intérêts se règleront absolument comme si, le mariage étant parfaitement régulier, le régime prenait fin par la mort de l'un d'eux; si l'un des deux époux seulement était de bonne foi, celui-là seul aurait le choix de réclamer une liquidation conforme aux règles du titre *du contrat de mariage*, ou de demander que les biens mis en commun soient partagés d'après les principes ordinaires du contrat de société; mais s'il prend parti pour l'application du contrat de mariage, il devra en exécuter toutes les dispositions; c'est à lui à bien voir, avant de faire son choix, ce qui lui est le plus avantageux.

De grandes complications peuvent se produire en cas de bigamie : ainsi, Primus épouse Secunda, puis, avant la mort de celle-ci, il contracte un nouveau mariage avec Tertia, à laquelle il fait accroire que Secunda est morte; ce second mariage est donc putatif, et doit procurer à Tertia les effets civils d'un

mariage régulier. Comment faudra-t-il régler les
conventions matrimoniales, par exemple si les deux
mariages ont été faits sous le régime de la communauté? C'est une question extrêmement difficile, dans
les détails de laquelle nous n'avons pas à entrer.
Voici cependant une solution qui a été présentée par
de nombreux auteurs, et qui nous semble concilier
pour le mieux les intérêts des différentes femmes. On
liquide la communauté de Primus et de Secunda absolument comme s'il n'y avait jamais eu aucune
union avec Tertia, c'est-à-dire en y comprenant
tous les biens acquis par Primus même depuis le
mariage putatif contracté avec Tertia ; on prend soin
seulement d'en déduire les biens apportés par Tertia
et les récompenses qui lui sont dues pour les valeurs
qu'elle a apportées et dont il serait injuste que Secunda tirât profit. La masse ainsi formée, Primus et
Secunda en prennent chacun la moitié ; puis, Secunda étant désintéressée, le conflit s'élève entre Primus
et Tertia. Celle-ci a le droit de dire : Si, comme je le
croyais, notre mariage avait été régulier, j'aurais
droit à la moitié de tout ce que nous avons gagné
depuis sa célébration jusqu'à son annulation. Or,
Secunda, votre première femme, a pris cette moitié ;
c'est là un préjudice que j'éprouve à raison de votre
mauvaise foi ou de votre erreur ; vous m'en devez
réparation. Tertia a ainsi droit à la même somme
que si son mariage avec Primus avait été régulièrement contracté ; mais son droit se réduit à une simple créance contre Primus, créance qu'elle peut exer-

cer, soit sur la part de celui-ci dans la communauté, soit, en cas d'insuffisance, sur ses biens personnels. Elle est donc moins bien traitée que Secunda; mais c'est là un inconvénient inévitable, et une solution différente blesserait les droits acquis de Secunda, dont la position est pour le moins aussi intéressante que celle de Tertia.

Si, à la mort de Primus, Secunda et Tertia se présentent concurremment pour lui succéder, aucune n'ayant de droits plus forts que l'autre, nous les admettons par moitié au partage de la succession.

Il va sans dire que les effets du mariage putatif cessent dès qu'il est annulé, car alors les deux époux sont avertis de l'erreur qu'ils avaient commise, et deviennent de mauvaise foi ; ainsi, si, au lieu de se séparer, les deux époux continuent à vivre ensemble, cette prolongation de leur union n'est plus qu'un concubinage, et les enfants qui en seraient conçus ne seraient plus légitimes par application de l'art. 201, mais naturels, absolument comme s'il n'y avait jamais eu de mariage entre leurs parents. C'est à la date du jugement qui prononce en dernier ressort l'annulation du mariage qu'il faut s'attacher pour déterminer le moment exact où le mariage putatif cesse de pouvoir produire les effets civils d'un mariage valable.

Nous terminons ici cette étude des effets de l'erreur et de la bonne foi en droit français. Si nous voulons résumer en quelques lignes ce que nous

avons dit, nous devons reconnaître que le Code civil, en cette matière comme sur tant d'autres points,
ne se prête pas facilement à la généralisation; ses
décisions sont inspirées par un incontestable esprit
d'équité, mais il est souvent difficile d'en extraire les
principes généraux qui ont guidé le législateur dans
son œuvre. Cela est frappant surtout en ce qui tou-
che la bonne foi, c'est-à-dire l'erreur considérée en
tant qu'elle procure un avantage à celui qui s'est
trompé : on peut dire que la bonne foi n'a d'influence que là où une disposition légale est venue le
dire expressément, et que, dans les cas non prévus, il
faut n'en tenir aucun compte et appliquer les règles
rigoureuses du droit, sans distinguer suivant la bonne
ou la mauvaise foi des parties. Au reste, le Code,
suivant en cela l'exemple de la législation romaine et
de notre ancienne jurisprudence, a prévu tous les
cas où il était important de faire à la bonne foi sa
part d'influence, et l'absence d'un principe général
en cette matière, si tant est qu'il eût été possible d'en
formuler un, ne pourra avoir dans la pratique aucun
inconvénient sérieux.

Quant à l'erreur proprement dite, le Code s'en est
occupé d'une manière générale, et, dans l'art. 1110,
il nous en donne la théorie ; mais cette théorie n'est
point complète : d'abord, la loi laisse de côté les divers cas où l'erreur, au lieu d'autoriser seulement
l'annulation du contrat qu'elle entache, l'empêche
absolument de naître, en lui enlevant un de ses éléments essentiels. Et, dans les cas même que le Code

a prévus, c'est-à-dire dans le cas d'erreur sur la substance de la chose et dans le cas d'erreur sur la personne, il a évité prudemment de poser des règles
trop absolues; laissant un certain vague dans ses expressions, il s'en est référé à l'expérience des juges,
et leur a confié un large pouvoir pour apprécier les
faits, non pas arbitrairement, comme on le dit trop
souvent, mais équitablement. Nous pensons que les
rédacteurs du Code civil ont donné en cela une
grande preuve de sagesse, car les règles absolues
sont trop souvent injustes, et il n'y a de bonne loi
que celle qui, appliquée par des magistrats éclairés,
leur permet de tenir compte dans chaque affaire de
toutes les circonstances qu'un code ne peut jamais
prévoir. Nous nous sommes efforcé d'entrer sur ce
point dans l'esprit du législateur, et, dans presque
toutes les questions controversées, nous nous sommes
rangé à l'opinion qui laisse aux juges le pouvoir d'appréciation le plus étendu.

POSITIONS.

I. — Droit romain.

1. La distinction entre l'erreur de fait et l'erreur de droit se réduit à peu près à une distinction de fait entre l'erreur excusable et l'erreur inexcusable.

2. La loi 18 au Digeste, *de rebus creditis*, Liv. XII, Tit. I, ne fait pas obstacle à ce que *l'accipiens* devienne propriétaire des deniers qu'il reçoit; elle dit seulement qu'il n'y a pas de *mutuum*.

3. La loi 45, *in fine*, au Digeste *de contrahenda emptione*, Liv. XVIII, tit. I, n'annule pas la vente; elle décide seulement que le vendeur devra une indemnité à l'acheteur.

4. Dans le droit classique, le possesseur de bonne foi, attaqué par l'action en revendication, gardait tous les fruits par lui perçus de bonne foi, même non encore consommés.

5. La *condictio indebiti* peut se fonder sur une erreur de droit.

6. Le possesseur, pour faire les fruits siens, doit être de bonne foi au moment de chaque perception de fruits.

7. L'*arbitrium judicis* peut être exécuté *manu militari*.

II. — Droit civil français.

1. Toute espèce d'erreur sur la chose peut entraîner l'annulation du contrat, si, en fait, les juges trouvent qu'elle a été substantielle.

2. Pour qu'une erreur sur les qualités de la chose puisse entraîner l'annulation du contrat, il n'est pas nécessaire qu'elle ait été réciproque.

3. La transaction est soumise au droit commun de l'article 1110 quant à l'erreur sur la personne.

4. Toute espèce d'erreur sur les qualités de la personne peut être une cause d'annulation du mariage; les juges du fait apprécient souverainement quelles sont les qualités dont l'ensemble constitue la personne aux termes de l'article 180.

5. Le délai de dix ans dont parle l'article 1304 est une véritable prescription.

6. Les articles 201 et 202 sont applicables au mariage contracté de bonne foi, même en dehors de toute célébration devant un officier de l'état civil.

7. Le mariage putatif peut légitimer les enfants nés des époux avant leur mariage.

8. Les aliénations immobilières consenties par un héritier apparent sont nulles à l'égard de l'héritier véritable s'il se présente.

9. L'erreur de droit doit être assimilée à l'erreur

21

de fait partout où la loi ne distingue pas expressément.

10. L'héritier réservataire qui renonce à la succession, après avoir reçu une donation entre vifs ne peut conserver cette donation que jusqu'à concurrence de la quotité disponible.

III. — PROCÉDURE CIVILE.

1. Le jugement rendu par défaut à l'égard du demandeur n'anéantit que la procédure, et laisse intacts les droits des parties.

2. Le tribunal a qualité pour appliquer d'office la nullité qui résulte de l'article 48 du code de procédure civile.

IV. — DROIT CRIMINEL.

1 Le jugement rendu par une juridiction criminelle a l'autorité de la chose jugée si la même question se représente devant les juges civils.

2. L'accusé acquitté par un arrêt de la Cour d'assises peut être condamné à des dommages-intérêts à raison des faits qui avaient motivé la poursuite criminelle.

3. L'huissier qui fait porter une signification par un clerc, quoique dans l'exploit il mentionne qu'il l'a faite lui-même, ne commet pas un faux.

V. — Droit des Gens et Droit Public.

1. Le fait par un neutre d'accorder le passage sur son territoire aux troupes armées d'un belligérant constitue une violation de la neutralité.

2. Le lit des cours d'eau non navigables ni flottables appartient aux propriétaires riverains.

Vu par le président de la thèse,

Colmet de Santerre.

Vu par le doyen de la Faculté,

G. Colmet-Daage.

Permis d'imprimer :

Le vice-recteur de l'Académie,

A. Mourier.

TABLE.

APPENDICE.

DROIT FRANÇAIS.

PREMIÈRE PARTIE.

DEUXIÈME PARTIE.

PARIS. — TYPOGRAPHIE LAHURE

rue de Fleurus, 9

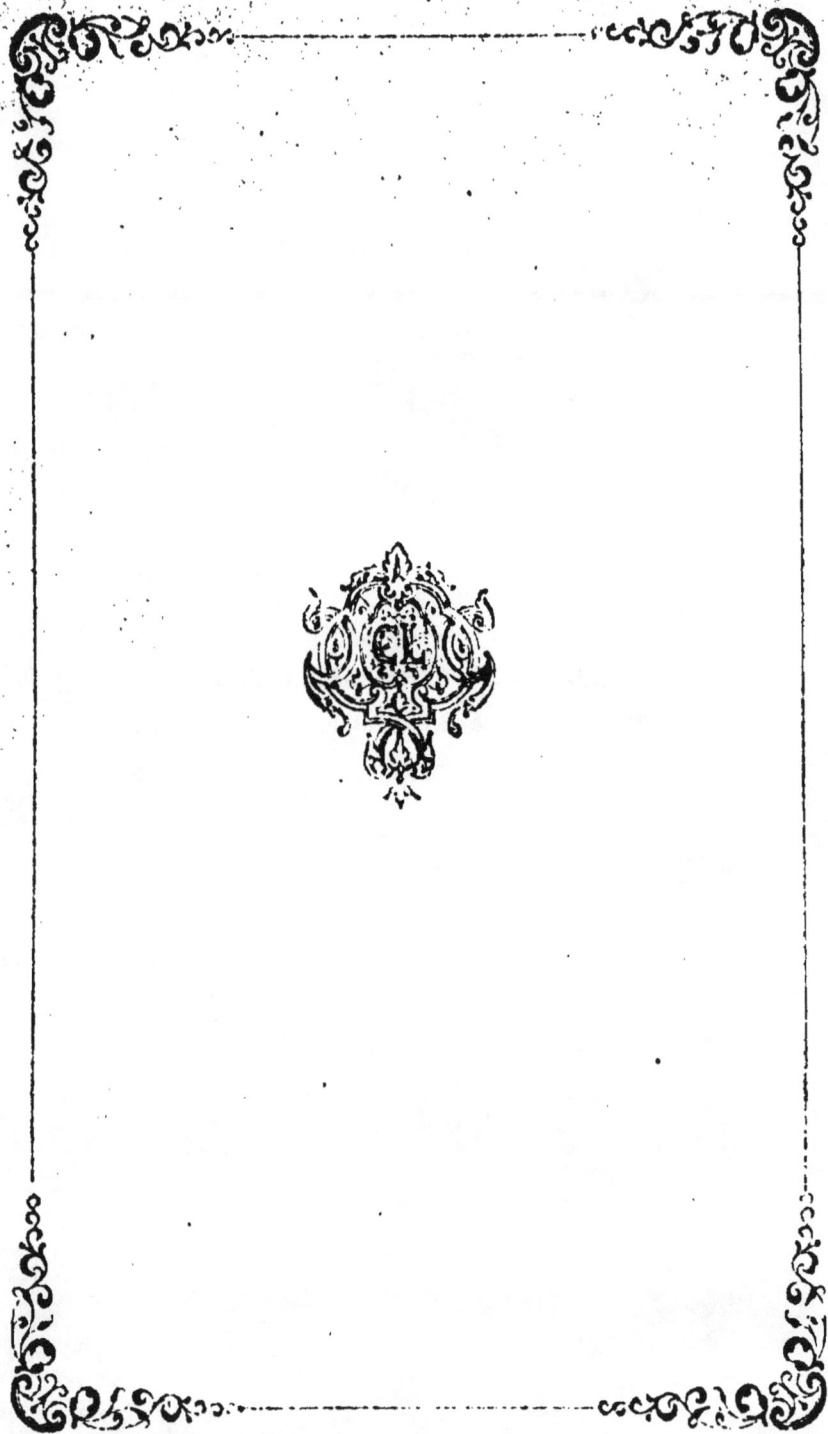